**Hunter Bidens
Laptop from Hell**

1. Auflage Oktober 2022

Copyright © 2021 by Miranda Devine
Originally published in the United States by Post Hill Press.

Titel der amerikanischen Originalausgabe:
*Laptop from Hell: Hunter Biden, Big Tech, and the Dirty Secrets
the President Tried to Hide*

Copyright © 2022 für die deutschsprachige Ausgabe bei
Kopp Verlag, Bertha-Benz-Straße 10, D-72108 Rottenburg

Alle Rechte vorbehalten

Bibliografische Information der Deutschen Nationalbibliothek:
Die Deutsche Nationalbibliothek verzeichnet diese Publikation
in der Deutschen Nationalbibliografie; detaillierte bibliografische
Daten sind im Internet über *http://dnb.d-nb.de* abrufbar.

Übersetzung aus dem Amerikanischen: Richard Taylor
Lektorat: Annerose Sieck
Umschlag, Satz und Layout: Nicole Lechner

Coverabbildung: © Demetrius Freeman / The Washington Post / Getty Images

ISBN: 978-3-86445-886-6

MIX
Papier | Fördert
gute Waldnutzung
FSC
www.fsc.org   FSC® C014496

Gerne senden wir Ihnen unser Verlagsverzeichnis
Kopp Verlag
Bertha-Benz-Straße 10
72108 Rottenburg
E-Mail: info@kopp-verlag.de
Tel.: (0 74 72) 98 06-10
Fax: (0 74 72) 98 06-11

Unser Buchprogramm finden Sie auch im Internet unter:
www.kopp-verlag.de

Miranda Devine

Hunter Bidens
Laptop
from Hell

Die Zensur der Internet-Giganten und die schmutzigen Geheimnisse des Joe Biden

KOPP VERLAG

Für Cole

Inhalt

»Korruption ist ein Krebsgeschwür, das am Vertrauen
der Bürger in die Demokratie nagt …
Sie raubt unserer Nation unsere gemeinsame
Stärke und Entschlossenheit.
Korruption ist eine andere Form von Tyrannei.«

Joe Biden, Kiew, Ukraine, 2014

Im Frühjahr 2019, 4 Jahre nach dem Krebstod seines Bruders Beau, befand sich Hunter Biden in einer Abwärtsspirale.

Seine Cracksucht war außer Kontrolle geraten, seine Frau hatte sich nach 24 Jahren Ehe von ihm scheiden lassen, und die heiße Affäre mit der Witwe seines Bruders war auch zum Scheitern verurteilt.

Eine Stripperin aus Arkansas verklagte ihn auf Unterhalt. Seine Geschäftspartner waren im Knast, verschwunden oder womöglich tot. Das Vermögen, das er von internationalen Oligarchen und US-Spendern aus dem Steuerparadies Delaware bekommen hatte, war verschleudert oder unerreichbar.

Er hatte das vergangene Jahr in diversen Entzugskliniken verbracht, zwischen Airbnb-Wohnungen und dem dekadenten Hollywoodhotel Chateau Marmont, fühlte sich geringgeschätzt und nicht respektiert und war wütend auf seine Familie und die ganze Welt.

Im April kündigte sein Vater, der ehemalige Vizepräsident Joe Biden, seine Kandidatur zum Präsidenten der Vereinigten Staaten an.

2 Wochen später gab Hunter Biden seinen Laptop zur Reparatur in einer Apple-Reparaturwerkstatt in Delaware ab und kam nie wieder.

Dies ist im Grunde die Geschichte eines privilegierten Politikersohnes, der den tragischen Tod seiner Mutter nie verwunden hat.

Im Jahr 1972, als Hunter Biden gerade 2 Jahre alt war, fuhr seine Mutter Neilia Hunter Biden mit ihren drei Kindern von ihrem Haus in Wilmington, Delaware, zum Weihnachtseinkauf, als ihr Wagen mit einem Lkw kollidierte. Neilia und Hunters kleine Schwester Naomi starben. Hunter und sein 3-jähriger Bruder wurden verletzt und verbrachten über einen Monat im Krankenhaus.

Ihr Vater Joe Biden hatte immer davon geträumt, wie der Kennedy-Clan eine irisch-katholische Familiendynastie zu führen. Jetzt durchlebten sie eine Familientragödie à la Kennedy.

Es war gerade einen Monat her, da hatte Joe Biden einen umkämpften Senatssitz gewonnen und wurde damit einer der jüngsten US-Senatoren aller Zeiten.

Das konnte Joe ja nicht aufgeben, oder? Also trocknete er seine Tränen und schwor seinen Amtseid im Krankenzimmer seiner beiden mutterlosen Jungs, Hunter mit Kopfverletzungen und Beau mit einem Beinbruch. Dann ließ er Hunter und Beau in der Obhut ihrer Tante Val und fuhr nach Washington, um sein Amt anzutreten. Nach Feierabend fuhr er fast jede Nacht 3 Stunden mit dem Zug heim, um bei seinen schlafenden Kindern zu sein.

»Das Erste, woran ich mich erinnern kann, war, neben meinem Bruder im Krankenhaus zu liegen«, sagte Hunter in seiner Trauerrede für Beau 2015.

»Ich war fast drei. Ich weiß noch, wie mein Bruder – der ein Jahr und ein Tag älter war als ich – meine Hand hielt, mir in die Augen sah und sagte: ›Ich liebe dich. Ich liebe dich. Ich liebe dich.‹«

Die Schwarz-Weiß-Fotos der beiden verbundenen kleinen Jungen im Krankenhausbett, während ihr Vater im Hintergrund seinen Amtseid als Senator ablegt, bewegten die ganze Nation. Joe Bidens Karriere profitiert immer noch von diesen Fotos.

Während seiner politischen Laufbahn holte Joe Biden immer wieder diese Geschichte aus der Schublade, wenn es darum ging, ihn als heldenhaften Vater bei den Wählern beliebt zu machen.

Immer wieder nutzte »Quid Pro Joe« (Anm. d. Redaktion: Spitzname, den Donald Trump Joe Biden verpasste) die Herzschmerzgeschichte, um sich vor Kritik zu schützen. Der Schicksalsschlag machte Joe Biden nur stärker, so schien es. Doch sein Sohn Hunter sollte ihn nie überwinden.

Nach der Trauerfeier für seinen geliebten Bruder schrieb Hunter in einer Notiz an sich selbst: »Ich kniete mit meinem Vater in der letzten Kirchenbank und betete … und nun betete ich nicht nur für meine tote Mutter und Schwester, sondern auch für meinen toten Bruder. Und zum ersten Mal betete ich auch für mich.«

»Ich bat: Bitte lass mich bei euch sein, bitte sagt mir, dass ihr mich liebt, bitte lasst mich nie vergessen, bitte lasst mich zu euch kommen.«

Oktoberüberraschung

»Diese Wahl ist auch eine Charakterfrage.«
Joe Biden, Februar 2020

Weniger als einen Monat nach der US-Präsidentschaftswahl 2020 piepte um 23:35 Uhr mein Handy. Ich war zu Hause in Midtown Manhattan, nur einige Straßenzüge von der Redaktion der *New York Post* entfernt, wo ich als Kolumnistin arbeitete.

Der Anwalt von Rudy Giuliani, Bob Costello, hatte mir von seinem Haus auf Long Island eine SMS geschickt: »Ich soll dir eine kleine Kostprobe von Beweisen schicken, in deren legalem Besitz ich bin, die dich vielleicht interessieren könnten«, schrieb er.

»Ich bin im Besitz von etwa 40 000 E-Mails, mindestens 1000 Textnachrichten und Hunderten von Fotos und Videos die Person betreffend … Das eigentlich Wichtige sind die E-Mails, aber die Fotos sind auch sehr aussagekräftig.«

Es folgten drei schockierende Bilder.

Das erste Foto zeigte den 47-jährigen Hunter Biden, abgemagert, aber immer noch gut aussehend, wie er sich etwas anzündet, das wie eine Crackpfeife aussieht.

Das zweite zeigte den schlafenden Hunter Biden mit der erloschenen Crackpfeife im Mund.

Das dritte Foto zeigte einen halb nackten Hunter Biden im Badezimmerspiegel, mit einer frischen Tätowierung auf seinem gebräunten Rücken, die noch mit Plastikfolie bedeckt war, mit langen, aggressiven Striemen wie von einer Tigerklaue.

Hunter hatte sich eine Landkarte der Fingerseen im nördlichen Bundestaat New York auf den Rücken stechen lassen. Dort war seine verstorbene Mutter Neilia aufgewachsen, dort hatte Hunter die glücklichsten Tage seiner Kindheit in den langen Sommerferien mit seinen Großeltern mütterlicherseits, schottischen Protestanten, in ihrer Hütte am Owasco Lake verbracht.

Hunters Verbindung mit der Seenlandschaft im nördlichen Teil des US-Bundesstaates New York war so stark, dass er viele seiner glücklosen Firmen später nach Orten dieser Region benannte: *Owasco*, *Seneca* und *Skaneateles*.

Die Fotografien machten sehr deutlich, dass Castello und Giuliani im Besitz einer außerordentlichen Sammlung von Material waren, das den Sohn des künftigen US-Präsidenten durch Feinde Amerikas zutiefst verwundbar und erpressbar machte.

Für jeden, der in New York als Journalist arbeitet, ist Rudy Giuliani eine unschätzbare Quelle. Der energische 76-jährige ehemalige Bürgermeister hatte Insiderwissen über alles, von der New Yorker Mafia bis hin zur Stimmungslage im Oval Office.

In den 80er-Jahren besiegte er als junger Staatsanwalt die Mafia und wurde daraufhin zum ersten republikanischen Bürgermeister von New York City seit 1971. In den 1990ern reifte er zum leicht exzentrischen, Scotch schlürfenden Berater von Präsident Donald Trump.

Giuliani hatte vom Inhaber einer Apple-Reparaturwerkstatt in Delaware eine Kopie des Inhalts von Hunter Bidens Laptop geschickt bekommen, den dieser dort vergessen hatte.

Das Material sei »absolut unglaublich«, sagte der ehemalige Bürgermeister.

Der Laptop enthielt eine Vielzahl von Bildern, die Hunter Bidens zügellosen Drogenkonsum und Amateurpornos zeigten. Aber der wahre Skandal war in den Geschäftsunterlagen, Banküberweisungen und E-Mails auf dem Laptop zu finden. Sie gab Aufschluss über das weltweite Einflussvermittlungsgeschäft der Familie Biden mit den despotischsten Regimen der Welt – und der Beteiligung von »Honest Joe« (Anm. d. Redaktion: des »ehrenhaften« Joe Biden).

Damit sollte sich ein Ausmaß von Korruption eröffnen, das zwar in Washington üblich ist, aber in diesem Fall von einem wahren Großmeister in globalem Ausmaß praktiziert wurde.

Der schmutzige Sündenpfuhl dieses privilegierten Politikersohns stand im krassen Widerspruch zu den gigantischen Öl- und Gasgeschäften, an denen Hunter Biden beteiligt war, ein zugedröhnter Nichtsnutz, der mit dem Secret Service im Schlepptau durch geopolitische Minenfelder stolperte.

Der Laptop dokumentiert in farbigen Details Hunters Begegnungen mit kriminellen Oligarchen, von Monte Carlo und dem Comer See bis nach Hongkong und Shanghai, von der Strandvilla eines Milliardärs in Acapulco zu den wüsten Ölfeldern Kasachstans, und von einem Judowettbewerb in Budapest mit Wladimir Putin bis zum Abendessen in Peking mit Xi Jinping.

Ein chinesischer Tycoon kocht Hunter in seinem neuen 50-Millionen-Dollar-Penthouse in Manhattan ein Abendessen, ein ukrainischer Oligarch nimmt ihn mit zu seiner Fischerhütte in Norwegen. Schöne russische Begleiterinnen und diebische Drogendealer tummeln sich in seinem selbst gewählten Exil auf dem Sunset Boulevard, und es kommt zu spektakulären Szenen, in denen ein durchgeknallter Hunter scheitert und sein unglücklicher Onkel Jim Biden zu seiner Rettung anrückt. Rückblenden in eine schmerzvolle Kindheit wechseln sich ab mit Textnachrichten, die das Aus von Hunter Bidens Affäre mit der Witwe seines Bruders dokumentieren.

Aufsehenerregende finanzielle Gewinne stehen in scharfem Kontrast zu düsteren Kapiteln, bei denen Geschäftspartner tot im Jangtse treiben. Es ist ein Leben voller Gier und Luxus in einer finsteren Halbwelt von kriminellen Oligarchen außerhalb der Reichweite des Gesetzes.

Bei all seinen heimlichen Eskapaden war sich Hunter stets darüber im Klaren, was die Leute von ihm wollten: Zugang zu seinem mächtigen Vater.

Das war für Hunter Biden und seine beiden Onkel Frank und Jim das Familiengeschäft, wie die 11 Gigabyte auf dem Laptop bis ins kleinste Detail dokumentieren. Über 9 Jahre, von 2010 bis 2019, wirft der Laptop einen Schatten auf Joe Bidens Laufbahn als Vizepräsident der Regierung Obama, ein Amigo-Senator aus Delaware, der später der mächtigste Mann der Welt werden sollte.

Die Daten auf dem Laptop belegen zudem, dass Präsident Joe Biden die Unwahrheit sagte, als er behauptete, nichts von den Geschäften seines Sohnes in China, der Ukraine, Kasachstan, Russland und anderen Ländern gewusst zu haben.

• • • •

5 Tage nach Costellos mitternächtlichem Anruf veröffentlichte die *New York Post* am 14. Oktober 2020 den ersten von mehre-

ren Aufmachern von Emma-Jo Morris und Gabrielle Fonrouge über den Inhalt von Hunter Bidens Laptop.

Unter der Überschrift »Bidens geheime E-Mails« enthüllte die Skandalgeschichte, dass sich Joe Biden laut einer E-Mail von 2015 mit einem hohen Vertreter der ukrainischen Erdgasfirma Burisma getroffen hatte, die seinem Sohn 1 Million Dollar im Jahr bezahlte, um im Vorstand zu sitzen.

8 Monate später flog Joe Biden nach Kiew und drohte, der ukrainischen Regierung 1 Milliarde Dollar an Hilfsgeldern zurückzuhalten, falls diese nicht ihren obersten Staatsanwalt Wiktor Schokin feuern würde, der gegen Burisma ermittelte.

Diese E-Mail sollte eigentlich in jedermanns Sinne Nachrichtenwert haben.

Doch kaum war die Story in der *New York Post* erschienen, wurde sie in allen sozialen Medien zensiert. Facebook kündigte an, seine Reichweite gedrosselt zu haben. Twitter sperrte 2 Wochen lang das Konto der *New York Post*, gab allerdings nach der Wahl zu, einen Fehler gemacht zu haben.

Es war eine erschreckende Ausübung roher politischer Macht durch ungewählte Internetriesen, das Oligopol der Silicon-Valley-Firmen, die die Hightechindustrie dominieren.

Diese gezielte Zensur der ältesten Tageszeitung Amerikas, mit der vierthöchsten Auflage, war nichts weniger als Wahlkampfbetrug.

Es war eine historische Zäsur, die die Alarmglocken auf der ganzen Welt klingeln ließ und im Kongress die Entschlossenheit stärkte, die Macht der Sozial-Media-Giganten zu beschränken.

Umfragen zufolge hätten die explosiven Nachrichten der internationalen Verwicklungen der Familie Biden wichtige Wahlgänge verändert und möglicherweise die ganze Wahl gekippt, wenn die ganze Geschichte vor der Wahl bekannt geworden wäre.

Ich habe mehrere Empfänger der E-Mails von Hunter Biden kontaktiert und die Echtheit dieser Mails überprüft. Weitere Unterlagen des ehemaligen Hunter-Biden-Partners Tony Bobulinski, darunter WhatsApp-Nachrichten zwischen ihm, Hunter und Jim Biden, decken sich mit dem Material auf dem Laptop.

Auslandszahlungen auf Bankkonten, die mit Hunter und seinen Partnern in Verbindung stehen und die im Rahmen eines Untersuchungsausschusses des US-Senats gegen Hunter detailliert aufgeführt wurden, lieferten zusätzliche Informationen zu den Kontoauszügen und Steuerunterlagen auf dem Laptop. Weitere Bestätigungen kamen von Banken, die Warnmeldungen über »verdächtige Aktivitäten« an das Finanzministerium melden mussten. Andere E-Mails kamen von Hunter Bidens ehemaligem, inzwischen inhaftierten Geschäftspartner Bevan Cooney, der sie den Enthüllungsjournalisten Peter Schweizer und Matthew Tyrmand zur Verfügung gestellt hatte.

Die Geschichte von Hunter Bidens Laptop, die in diesem Buch erzählt wird, wurde also von mehreren unabhängigen Quellen bestätigt.

Es ist die schockierende Geschichte, wie die Familie Biden aus reiner Geldgier die nationalen Interessen der USA verkauft haben, unter anderem an das kommunistische China, Amerikas größtem geostrategischen Rivalen.

Die Schlussfolgerung ist unausweichlich. Der jetzige Präsident der Vereinigten Staaten kann seine lukrativen Familiengeschäfte unmöglich von seiner Wirtschafts- und Außenpolitik trennen.

New York, Juni 2021

1

Es klopft an der Tür

»Er ist der klügste Mensch, den ich kenne.«
Präsident Joe Biden über Hunter bei CBS News, 2020

Es war die sechste Woche von Hunter Bidens Crack-Kokain-Orgie im berüchtigten Hotel Chateau Marmont in Hollywood im Mai 2018. Er bewohnte ein Gartenhäuschen für 820 Dollar pro Nacht am Pool, nur wenige Schritte von dem Bungalow entfernt, in dem vor 36 Jahren John Belushi an einer Überdosis Kokain und Heroin gestorben war, und ließ sich rund um die Uhr von Nutten und Dealern verwöhnen.

Hunter schwamm in Geld, denn er hatte gerade seine Geschäfte mit dem chinesischen Energiekonzern CEFC abgewickelt, nachdem im März sein Geschäftspartner und Vorstand, der Milliardär Ye Jianming, plötzlich in Shanghai verschwunden war. 4 Monate zuvor wurde ein weiterer CEFC-Partner, Patrick Ho, am Flughafen John F. Kennedy in New York verhaftet, weil er versucht hatte, afrikanische Staatsoberhäupter zu bestechen.

Zu Hunters Luxuslifestyle gehörte in dieser Zeit auch ein Lamborghini Gallardo Spyder, den er für 650 Dollar am Tag von Legends Car Rentals gemietet hatte. Er fuhr den Lamborghini so lange, bis ihm ein Fahrer seinen Porsche 911er 4250 Kilometer quer durchs Land vom Parkhaus des Flughafens Washington-Dulles fuhr, wo er ihn abgestellt hatte.

Das berühmt-berüchtigte Chateau Marmont am Sunset Boulevard in Hollywood ist eine diskrete, leicht heruntergekommene Promi-Oase, wohin sich Hunter gerne nach seinen finanziellen Zahltagen oder seinen Beziehungsdramen zurückzog.

Hunter frönte seinen Gelüsten wie der griechische Gott Pan – dem satyrhaften Schürzenjäger und Lustmolch der antiken Mythologie, dessen Bild im Logo des Hotels abgebildet ist.

In seiner Biografie beschreibt Hunter, wie er lernte, auf dem Gasherd des Gartenhäuschens Crack zu kochen. Die weißen Klumpen wog er auf einer Waage der Marke »Cheech and Chong« in Plastiktüten ab und fotografierte sie.

Er bestellte sich Nutten mit slawischen Namen ins Haus: »Hallo, hier spricht Rob. Ich bin im Chateau Marmont. Bist du frei?«

Tag und Nacht rauchte er Crack, trank Wodka und drehte Amateurpornos. Einmal reihte er bunte M & Ms auf seinem erigierten Glied auf und machte davon Fotos.

Zeitweise zog er aus dem Chateau Marmont aus und wohnte ein paar Tage in den nahe gelegenen Hotels The Jeremy oder Le Peer.

Wo auch immer er hinzog, folgten die Krisen. Hinter seinem Rücken nannte ihn seine Schwägerin und Geliebte Hallie Biden »Johnny Drama«.

Eines bewölkten Frühlingstages in Los Angeles holte Hunter seinen Pornokonsum nach. Er buchte 1000 Dollar von einer seiner Wells-Fargo-Bankkarten auf sein Streamray-Konto, wo sich Damen mit Namen wie PerfekteTitten und SamanthaSpritzt für Geld vor der Kamera live entkleiden und räkeln.

Leider erhielt er ständig Warnhinweise von Wells Fargo, dass sein Limit von 65 000 Dollar ausgeschöpft war.

Er ging nicht ans Telefon. Die Rechnungen stapelten sich, und sein Onkel Jim Biden und dessen Frau Sara bedrängten ihn wegen Geld. Sie schickten ihm eine Erinnerung an ihre Rechnung über 82 500 Dollar für eine »Monatsgebühr für internationale Geschäftsentwicklung« für den Monat Mai.

Also schrieb Hunter seinem Bankberater bei Wells Fargo, Edward Prewitt: »Bitte überweisen Sie 99 000 Dollar an Jim Biden und 75 000 Dollar an mich.«

Das sollte ihm alle vom Hals schaffen, wenigstens für eine Weile.

Dann ärgerte sich Hunter über die Kontobewegungen seiner Firma Hudson West III bei der New Yorker Filiale der Cathay Bank, auf das im Vorjahr 5 Millionen Dollar aus China geflossen waren, noch vor Patrick Hos Verhaftung.

Hunter starrt die Bankauszüge an: 1 Million Dollar auf dem Tagesgeldkonto und 520 000 Dollar auf einem Girokonto. Aber woher kommt diese Abbuchung von 2 Millionen Dollar vom 16. März?

Hunter umkringelt den Betrag und kritzelt »Was???« mit seinem Kürzel daneben, drückt dabei fest auf, schreibt in einer kindlichen Schrift »Warum?« daneben, und unterstreicht es mehrmals. Dann fotografiert er den Auszug.

Genug davon. Jetzt wird Party gemacht.

Er scrollt durch seine Lieblings-Escort-Agenturen in L.A. und bucht sich eine Dame namens Yanna (Name geändert), eine

24-jährige Russin von Emerald Fantasy Girls, die zumindest Englisch spricht, anders als viele andere Damen, was immer sehr nervig ist, wenn es ums Bezahlen geht.

»Russin, grüne Augen, schlanke, brünette Elitehostess«, so Yannas Selbstbeschreibung, gefolgt von einem Menü mehr oder weniger tabuloser Sexpraktiken.

Doch Hunters sexuelle Eskapaden mit Yanna in seinem 469-Dollar-pro-Nacht-Zimmer im The Jeremy liefern nicht nur voyeuristische Einblicke in das Lotterleben des späteren Präsidentensohnes, sondern werfen auch die politische Frage auf, wie sehr Hunter Bidens Finanzen mit denen von Joe zusammenhingen.

Ein Tag verschwimmt mit dem anderen. Schließlich will Yanna ihre Kohle. Leider ist Hunters Dispo gerade ausgeschöpft und Yanna wird nicht gehen ohne die 8000 Dollar, die er ihr für ihr langfristiges Stelldichein schuldet.

Am Morgen des 24. Mai 2018 fügt Hunter ein neues Empfängerkonto auf seiner Bezahl-App Zelle hinzu: die Buchungsempfängerin bei Emerald Fantasy Girls. Er ist ziemlich verkatert und durch den Wind, die Überweisung geht nicht durch. Nach einigen Minuten erhält er eine Betrugswarnung von der Wells Fargo Bank.

Er holt eine andere Karte aus seiner Geldbörse und versucht, 8000 Dollar zu überweisen, aber es geht nicht durch. Er durchsucht seinen Geldbeutel wieder: »Probier mal die.« Wieder nichts. Noch eine Karte. Diesmal klappt's.

Yanna geht, Hunter legt sich erst einmal hin. Während er schläft, wird sein Bankkonto leergeräumt. Gemäß den Belegen auf seinem Computer geht jetzt eine Überweisung nach der anderen durch.

Um 10:22 Uhr gehen die ersten 8000 Dollar raus. Um 10:50 Uhr 2000 Dollar von einem anderen Konto. Um 10:59 Uhr verschwinden wiederum 3500 Dollar, um 11 Uhr weitere 8000, und noch einmal 3500 Dollar um 11:03 Uhr. In weniger als einer Stunde fließen 25 000 Dollar ab. Weitere 3500 Dollar sollen am Nachmittag überwiesen werden, was aber gerade noch aufgehalten wird.

Kurz darauf beginnt Hunters Handy zu piepsen. Yanna schreibt: »Ich habe viele Überweisungen auf meinem Konto. Seit gestern Nacht 8000, 8000, 3500. Melde dich, sobald du kannst, damit ich zurücküberweisen kann. Besser auf meiner Privatnummer.«

Dann schreibt sie: »Schön, so viel Geld auf meinem Konto zu haben.«

Ihre letzte Nachricht: »Natürlich kriegst du alles zurück. Mit Karma ist nicht zu spaßen.«

Um 16:19 Uhr antwortete Hunter knapp: »Bitte rücküberweisen.«

Aus den SMS geht hervor, dass im Laufe der nächsten Woche das meiste Geld zurücküberwiesen wurde. Am 12. Juni schrieb Yanna jedoch an Hunter, dass sie wegen Problemen mit ihrem Konto die letzten 5000 Dollar nicht rücküberweisen könne.

»Bullshit«, schrieb Hunter. »Ich habe das so satt.«

Wir wissen nicht, was sich danach zwischen Yanna und Hunter zutrug. Yannas private Handynummer funktionierte nicht mehr. Emerald Fantasy Girls gab es auch nicht mehr.

Was wir vom Laptop wissen, ist, dass zwei ehemalige Secret-Service-Agenten in seinem Hotel auftauchten und merkwürdige Fragen stellten, und zwar wenige Stunden, nachdem Hunters Ärger mit seinen Bankkarten begann.

Hunter erhält nun Textnachrichten von einem »Rob«, der in Hunters Adressbuch als Secret-Service-Mitarbeiter im Büro Los Angeles verzeichnet ist.

Sein voller Name soll hier vertraulich bleiben, aber er taucht mit einer Telefonnummer und E-Mail-Adresse vom Secret Service und mit einem Foto-Avatar und dem Titel »Leitender Special Agent des United States Secret Service« in dem Laptop auf.

Laut dem Secret Service ist Rob seit dem 30. April 2018 im Ruhestand – weniger als 3 Wochen vor Hunters Koksorgie in Los Angeles. Angeblich habe der Secret Service »Mitgliedern der Familie Biden 2018 keine Schutzdienste geleistet«.

Es gibt jedoch auf Hunters Laptop eine Nachricht vom 24. Mai 2018 um 18:37 Uhr von Rob: »H – ich bin in der Lobby. Bitte komm runter. Danke, Rob.«

Hunter antwortet: »5 Minuten.«

5 Minuten später schreibt Rob wieder: »Komm schon H, es geht um Celtics (Joe Bidens) Konto.«

»Washington ruft mich alle 10 Minuten an. Lass mich raufkommen oder komm runter. Ich kann dir sonst nicht helfen H.«

»Celtic« war Joe Bidens Codename beim Secret Service, als er Vizepräsident war.

Hat Hunter Yanna von einem Konto bezahlt, das Joe Biden gehört? War es ein gemeinsames Konto?

Hunter antwortet: »Ich bin gleich da, versprochen. Tut mir leid.«

5 Minuten später schreibt Rob wieder an Hunter, dass jetzt der ehemalige stellvertretende Leiter des Secret Service, Dale Pupillo, der früher für Hunters Vater zuständig war, eingetroffen ist.

»Er geht jetzt an die Rezeption. Ruf sie jetzt an und sag ihnen, dass sie uns einen Schlüssel geben sollen H«, schreibt Rob.

»Als dein Freund sage ich dir, wir müssen das jetzt klären. Ruf die Rezeption an, damit sie uns einen Schlüssel geben, sonst muss ich davon ausgehen, dass du in Gefahr bist und den Schlüssel verlangen.«

9 Minuten später schreibt Hunter: »Echt jetzt, Rob, ich komme gleich. Versprochen. War im Bad, Kumpel. Komme jetzt runter.«

30 Sekunden später antwortet Rob: »Wir stehen vor deiner Tür. Mach auf.«

Wir wissen nicht, was sich dann zwischen Hunter und seinen Aufpassern ereignete. Fest steht jedoch, dass Hunter die Nacht über wach blieb, und sich bis 4:04 Uhr morgens mehrmals in die verschlüsselte Regierungswebseite *secure.login.gov* einloggte.

Am nächsten Morgen beschließt er, spontan zu seinem Vater nach Washington zu fliegen und bucht einen Flug erster Klasse mit der United Airlines.

Zu diesem Zeitpunkt ist Joe Biden bereits seit 18 Monaten als Vizepräsident aus dem Amt ausgeschieden. Weder er noch Hunter haben Anspruch auf den Schutz des Secret Service. Laut seiner Biografie *Beautiful Things* verzichtete Hunter Biden seit 2014 auf Secret-Service-Bewachung, obwohl sein Vater zu diesem Zeitpunkt noch 2 Jahre Vizepräsident bleiben sollte.

Joe Biden blieb jedoch mit Dale Pupillo in Kontakt, einem drahtigen Beamten aus dem Mittleren Westen, der während Joe Bidens Amtszeit die meiste Zeit für seinen Schutz zuständig war, und der einmal Papst Benedikt als den Menschen angab, den er am meisten bewunderte.

Joe verdiente sich Pupillos ewige Treue, als er mit Jill am 11. September 2009 mit der Air Force 2 nach Merrillville, Indiana, zur Totenwache von Pupillos Vater John flog. 2015 verließ Pupillo den Secret Service, arbeitete jedoch weiterhin für die Bidens.

E-Mails auf dem Laptop zeugen von einem engen Verhältnis der Bidens und Pupillo.

»Ihr seid wunderbare Menschen«, schrieb Pupillo im März 2012 an Hunter und seine Frau, Kathleen Biden, und teilte ihnen mit, dass er versetzt werde.

»Sie sind Teil der Familie geworden. Liebe Grüße«, antwortet Kathleen.

Eine weitere E-Mail von Pupillo nach seinem Ausscheiden aus dem Secret Service im März 2015 bezog sich auf Geschäftsbeziehungen mit der Familie Biden. Unter dem Betreff »Rechnungen für die Ho-Ermittlungen« bittet Pupillo um Bezahlung für eine »Hintergrundrecherche«. Hunter bekam die E-Mail am 2. April 2018 von seinem Onkel Jim weitergeleitet.

Im Anhang befanden sich drei Rechnungen in Höhe von insgesamt 7500 Dollar für die »Hintergrund- und Social-Media-Überprüfung im Rahmen der Sorgfaltspflicht« bezüglich dreier Geschäftspartner von Hunter Biden: Tony Bobulinski, James Gilliar und Patrick Ho.

Nicht lange nach Hunters Hollywoodeskapaden musste wieder Joes alte Secret-Service-Leibgarde einspringen, um Hunter aus der Bredouille zu retten. Aber diesmal läuft das Saubermachen nicht so glatt.

2

Der verlorene Sohn

*»Das Familiengeschäft ist nicht die Politik,
sondern Dienstleistung.«*
Hunter Biden, Beautiful Things, 2021

Hunter ist wütend. Er hat seine Gucci-Bomberjacke in seinem Lieblingsstripclub in Washington vergessen, und die »Tänzerin«, die sie zuletzt trug, ist verschwunden.

Jetzt ist er die erste Nacht wieder daheim an der Ostküste bei seiner Familie, nachdem ihn die Secret-Service-Agenten in L.A. auf Kaution rausgeholt hatten, wo ihn die russische Prostituierte ausgenommen hatte. Joe hofft, dass sein Sohn zu Hause wieder zur Ruhe kommen wird. Weit gefehlt.

»Deine Kollegin hat sich meine 8000-Dollar-Gucci-Jacke ausgeliehen«, schreibt er am 29. Mai 2018 Sylvia, der Geschäftsführerin des Archibald's Gentlemen's Clubs. Es ist die erste einer Reihe von wütenden SMS-Nachrichten.

»Tut mir leid, dass ich mich letzte Nacht nicht mehr gemeldet habe. Ich habe deiner Freundin etwa 700 Dollar in bar bezahlt und noch einmal 500 Dollar per Apple Pay – eine Scheißaktion, aber ich hatte meine Gründe, glaub mir. Ich wollte auf jeden Fall zurückkommen, sonst hätte ich nicht eine Gucci-Bomberjacke im Wert von 8500 Dollar zurückgelassen, die mir Alessandro höchstpersönlich gegeben hat.«

Alessandro Michele, der Creative Director von Gucci, ist ein Mann, also weiß Hunter nicht, wovon er redet. Sylvia erklärt ihm, dass die Stripperin inzwischen in Deutschland ist und nicht mehr ans Telefon geht. Nach einer Woche ohne Neuigkeiten wird Hunter langsam sauer.

»Echt jetzt, Sylvia, du hast gesagt, ihr seid beste Freunde, und jetzt kannst du sie in Deutschland nicht erreichen?«

»Wir waren zu dritt im Separee und sie hatte meine Jacke an, wie du sicherlich bemerkt hast. Du hast ausdrücklich gesagt, das Mädel, dass du ausgesucht hast, ist eine gute Freundin.«

Sylvia antwortet ihm: »Wir waren nie zusammen im Separee. Wir saßen kurz zusammen, als du ihr per PayPal Geld schicken wolltest. Dann seid ihr beide nach unten gegangen. Ich habe euch nicht wiedergesehen. Wenn du ihr deine Jacke gegeben hast und dann gegangen bist, ist das ganz allein deine Schuld.«

Hunter schickt Sylvia keine Textnachrichten mehr. Der Streit hält ihn nicht davon ab, bis zum Jahresende weitere Tausende von Dollar in einem zwielichtigen Etablissement, drei Straßen vom Weißen Haus entfernt, auszugeben.

Laut der Klatschseite der *New York Post, Page Six*, kennt man ihn dort als VIP-Kunde, der großzügig Trinkgeld verteilt und mit Kreditkarten bezahlt, die nicht auf seinen Namen lauten.

Der einzige Zweck von Hunters überstürzter Reise nach Washington ist, dass Joe Biden seinen Sohn wieder ins rechte Lot bringen und ihn dazu bewegen will, für die Familie Biden den Geldfluss zu sichern, anstatt sein Leben in Hollywood zu vergeuden.

Zu diesem Zweck ermutigt Joe Hunter, sich mit Jeff Cooper zu treffen, einem wichtigen Biden-Spender. Cooper betreibt die größte Abmahnkanzlei für Asbestklagen in den USA.

Im Jahre 2005 begann das in Illinois ansässige Unternehmen SimonsCooper gemeinsam mit Hunters verstorbenem Bruder Beau Biden und seiner Kanzlei Bifferato, Gentilotti & Biden millionenschwere Klagen im Bundesstaat Delaware einzureichen. In dieser Zeit war Joe Biden, als Senator aus Delaware, Vorsitzender des mächtigen Justizausschusses im Senat.

»Ruf an. Ich sitze hier gerade mit Jeff Cooper«, schreibt Joe am 15. Juni 2018 in einer dringenden Textnachricht an Hunter.

Etwa eine Stunde später schickt Joe eine Handynummer an Hunter: »Das ist die Nummer von Jeff. Er hat einen Job für dich. In Liebe, Dad.«

Jeff Cooper war ein langjähriger Unterstützer von Hunters Businesskarriere. Cooper hatte außerdem eine Menge Geld mit dem 30 Milliarden Dollar schweren Asbest-Entschädigungsgeschäft verdient, und zwar deswegen, weil Joe Biden seinen Vorsitz im Justizausschuss verwendet hatte, um eine Reform des Asbestrechts zu verhindern, wie Paul Sperry auf *RealClearInvestigations* schreibt.

Als Joe Biden Vizepräsident wurde, machte Cooper Hunter Biden zum Vorstandsmitglied seiner Risikokapitalfirma Eudora Global und schenkte ihm Anteile, die Hunter Biden etwa 80 000 Dollar im Jahr einbringen sollten, wie Dokumente auf seinem Laptop belegen.

Immer wieder nutzte Joe Biden seine Beziehungen, um Hunter prestigeträchtige und lukrative Jobs zu beschaffen, sodass er einen exaltierten Lebenslauf voller unverdienter Privilegien vorwies.

Nachdem Joe Vizepräsident von Barack Obama geworden war, übernahm Hunter eine verantwortungsfreie Beraterstelle bei Boies Schiller Flexner LLP, einer New Yorker Kanzlei mit engen Verbindungen zur Demokratischen Partei und den Clintons. Er musste dort nicht im Büro erscheinen oder an Meetings teilnehmen, aber als Sohn des Vizepräsidenten bekam er 216 000 Dollar im Jahr, wie sein Geschäftspartner Eric Schwerin, der damalige Vorsitzende von Hunter Bidens Rosemont Seneca, in einer E-Mail vom 16. Januar 2017 schrieb.

Schwerin erwähnt in dieser Mail auch eine »Einmalzahlung« in Höhe von 300 000 Dollar, die 2 Jahre zuvor von Jeff Coopers Firma Eudora geleistet wurde.

SimonsCooper zeigte sich schon früher den Bidens gegenüber als sehr großzügig. 2009 spendete die Firma 1 Million Dollar als Startkapital für Hunters gescheiterten Versuch, mit seinem Onkel Jim einen Hedgefonds zu starten. Wie die meisten von Hunter Bidens Geschäftsideen endete diese im Desaster, und die Bidens mussten das Geld zurückzahlen.

Im Frühling 2018 ist Joe jedoch nicht mehr Vizepräsident und Hunter weilt rast- und ruhelos in Wilmington, Delaware. Er wohnt bei Joe und seiner Stiefmutter Jill in ihrem großen Haus am See in der Barley Mill Road.

Nachdem er das Meeting mit seinem Vater und Jeff Cooper geschwänzt hatte, gibt es keine Zeichen mehr dafür, dass Hunter Cooper kontaktiert hat. Stattdessen schreibt er wildfremden Frauen auf Tinder und bucht bei Escort-Agenturen wie Sweetkink.

Den anzüglichen Fotos auf seinem Laptop nach traf sich Hunter wieder kurzfristig mit seiner Schwägerin und Geliebten,

Hallie Biden, in ihrem Haus am Meer in Annapolis, Maryland. Hunter ist auf eine zynische und selbstzerstörerische Weise von ihr besessen. Aber Hallie hat nach 2 Jahren ihrer On-off-Beziehung genug von seinen Lügen und seiner Eifersucht.

3 Tage, nachdem er wieder daheim ist, zieht Hunter täglich 1000 Dollar aus dem Bankomaten und textet seinem Dealer: »Kannst du für mich was auftreiben?«

Die gelieferte Ware ist jedoch enttäuschend: »Ich komme mir echt verarscht vor«, schreibt Hunter in einer SMS.

Je länger er in Delaware bleibt, desto klarer wird ihm, warum er ursprünglich nach Los Angeles geflohen war. »Delaware ist der schlimmste Ort für mich«, schreibt er einem Freund. »Ich muss hier weg.«

Seine Beziehung zu Hallie ist vergiftet. Sie versucht, clean zu werden und wirft ihm seinen Drogenmissbrauch vor. Er beschimpft sie als »dumme Fotze« und beschuldigt sie, ihn mit einem Bekannten namens David zu betrügen, dem er eines Abends bis zu einer Sportbar in Wilmington folgt.

»Du verdammter Schlappschwanz«, textet Hunter. »Ich sitze vor Roccos Sportbar, Dave. Komm raus und stell dich.«

Hallie hat Hunters SMS-Nachrichten geblockt, also schreibt er an ihre 13-jährige Tochter Natalie: »Natalie, sag deiner Mutter, sie soll mich anrufen. Nicht du. Danke.«

»Sag ihr nichts Verletzendes«, antwortet Natalie.

Diese sanfte Zurechtweisung erzürnt Hunter: »Natalie, kümmere dich um deinen eigenen Scheiß und sag mir nicht, was ich tun oder lassen soll. Du bist 13. Was fällt dir ein, mir zu sagen, was ich sagen soll. Sag deiner Mutter, ich werde nicht mit ihr reden, wenn du dabei bist, im Haus oder im Auto … Sie soll mich jetzt anrufen, verdammt!«

Jetzt übernimmt Hallie Natalies Handy: »Hier ist Hallie. Wenn du mit mir etwas zu besprechen hast, mach's bitte wie besprochen über deinen Vater. Bitte sag Natalie nicht, dass ich dich anrufen soll, wenn du etwas von mir willst, sie ist zu jung.«

Es sind die weisesten Worte, die Hunter seit Monaten zu hören bekommen hat.

Er will so schnell wie möglich wieder nach Hause ins Chateau Marmont, wo ihn keiner beschimpft oder verurteilt. Doch auch nach seiner Rückkehr zu seinem Lotterleben in L.A. wird er von lästigen Erinnerungen an seine Sünden an der Ostküste eingeholt.

»Ich wollte mich nur mal melden«, schreibt ihm am 3. Juli 2018 die 27-jährige Stripperin Lunden Alexis Roberts, Künstlername »Dallas«, die Hunter aus einem anderen Washingtoner Stripclub kennt, dem The Mpire Club.

Es gibt einen Grund, warum Hunter inzwischen das The Mpire meidet.

Roberts ist von ihm schwanger, und er will nichts mit ihr oder dem Baby zu tun haben.

3

Lotterleben in Los Angeles

»Hotel-Knigge für Cracksüchtige. ODER Warum Crack besser als Wodka ist, aber nicht so viel Spaß macht wie Crack und Wodka. ODER Warum Crack und Flugreisen sich gut kombinieren lassen: vom Delta-Flughafenshuttle zur Air Force One. (Es ist alles gut, Bruder, solange du einen Kumpel zum Rauchen hast.)«

Hunter Biden, Vorschläge für einen Buchtitel, Juni 2018

Das Chateau Marmont ist seit 90 Jahren als Sündenpfuhlzentrale Hollywoods berüchtigt. Es gehört schon einiges dazu, dort Hausverbot zu bekommen. Doch Hunter Biden schaffte im Sommer 2018 genau das.

Spätnachts am Donnerstag, den 19. Juli 2018, checkte Hunter Biden, wie schon so oft, im Hotel in einer kleinen, steilen Seitengasse des Sunset Boulevard ein. Der Nachtpförtner will ihm gerade den Zimmerschlüssel mit dem grünen Bommel überreichen, da bemerkt er einen Warnvermerk in Hunters Akte im Computersystem: Alle Reservierungen von Hunter Biden müssen durch die Geschäftsführung genehmigt werden.

»Was zur Hölle, Alter. Was verdammt …«, schäumt Hunter in einer Serie von SMS-Nachrichten an den Chateau-Hotelpagen Mike einen Tag später.

»Echt jetzt? Eine Warnung im System sagt, ich darf unter keinen Umständen das Hotel ohne Genehmigung der Managerin betreten. Was zur Hölle, Alter.«

»So ein Scheiß, Alter. Ich frag mal rum«, antwortet Mike.

»Scheiß drauf«, antwortet Hunter. »Das war so verdammt peinlich. Die beiden Damen waren mit mir an der Rezeption und sagten ›Was ist hier los?‹«

Ein paar Minuten später antwortet Mike: »Mir wurde gesagt, du hast Hausverbot wegen Drogenmissbrauchs, was Unsinn ist.«

Hunter. »Drogenmissbrauch??? Ich habe im Chateau Marmont wegen Drogenmissbrauchs Hausverbot? Das ist doch Verarschung.«

Mike: »LOL genau. Musst du mir nicht sagen. Ich rede morgen mit ihr.«

Hunter: »Das wäre wohl das erste Mal in der Geschichte des Hotels. Ist das ein Ehrenmal? Ehrlich, das gab es noch nie im Chateau. Ich war nie ausfallend, es gab nie eine Beschwerde gegen mich, weder von Gästen noch von Angestellten. Ich dachte immer, ich bin bei den Angestellten recht beliebt. Dann bekomme ich Hausverbot, ohne dass mir jemand etwas sagt. Ich erfahre es vom Nachtportier. Wahnsinn.«

Er beschwert sich die ganze Nacht bei dem Hotelpagen, während er in ein anderes Hotel in West Hollywood zieht, ins La Peer. (»Cooles Hotel, muss ich sagen.«)

Mike schreibt ihm später: »Ich hab dein Kundenprofil aufgerufen. Da steht wirklich HAUSVERBOT.«

Hunter: »Wie kann das sein, Mann? Wie können sie mir Hausverbot erteilen? Habe ich irgendwen beleidigt? War ich nicht zu allen freundlich und großzügig?«

Mike: »Das weiß ich doch. Ich habe die Reservierungsmädels gefragt und sie sagten, in deinem Zimmer war letztens ein Loch in der Wand.«

Hunter: »Ein Loch? Alter, was heißt das überhaupt? Und was hat das mit Drogen zu tun? Warum sollte ich ein Loch in der Wand nicht einfach reparieren lassen? Ich habe noch nie ein Loch in eine Wand gemacht.«

Mike: »Schick dem Eigentümer eine E-Mail.«

Hunter: »OK. Mein Vater kommt in ein paar Stunden.«

Wir wissen nicht, ob Hunter auf Mikes Rat hörte und dem Promi-Eigentümer des Chateau Marmont, André Balazs, eine E-Mail schickte. In seinem letzten bekannten SMS-Austausch mit Mike im März 2019 beklagte sich Hunter, dass ihm seine Familie bei seiner Auseinandersetzung mit dem Hotel nie die nötige Unterstützung zukommen ließ: »Ich bekomme Hausverbot im Chateau und sie sagen mir bloß: ›Lass es gut sein‹.«

Ein Jahr später, mitten in der Coronapandemie, war die Hotelbelegschaft weitgehend freigestellt, während Balazs gegenüber der *Variety* erklärte, er wolle das Hotel in einen Privatclub für Megareiche verwandeln.

Es war das Ende einer Ära für das »Schloss am Sunset«. Einst Lieblingsabsteige für Party-Promis – von James Dean und Marilyn Monroe bis Lindsay Lohan und Keanu Reeves. Das Chateau hatte unter dem Motto »Immer ein sicherer Hafen« jahrzehntelang alle Schandtaten geduldet.

Led Zeppelin fuhren ihre Harleys durch die Gänge, Scarlett Johansson und Benicio del Toro sollen sich am Abend der

Oscarverleihung im Aufzug verlustiert haben, Britney Spears hatte im Speisezimmer einen Nervenzusammenbruch, und John Belushi starb im Alter von 33 Jahren, nach einer durchzechten Nacht mit Robert de Niro und Robin Williams, an einer Überdosis.

Auf der offiziellen Webseite zitierte das Chateau Marmont den Begründer von Columbia Pictures Harry Cohn: »Wenn du Scheiße bauen musst, mach's im Marmont.«

Als Hunter Biden Hausverbot bekam, gerieten die Dinge im Chateau Marmont gerade außer Rand und Band, schreibt der *Hollywood Reporter*: »Zimmer werden in ungekanntem Ausmaß zerstört.« Putzfrauen, die 13 Dollar die Stunde verdienten, mussten gebrauchte Sexspielzeuge unter den Betten hervorholen sowie Spritzen und menschliche Körperflüssigkeiten in speziellen Hygienecontainern entfernen.

Aber Hunter Bidens Mega-Ausraster 2018 war sogar für das Chateau Marmont zu viel.

In jenem Frühjahr brachte sich Hunter Biden im Chateau bei, wie man mit Backpulver, Azeton, Wasser und Kokainpulver Crack kocht. Er erhitzte es in einem Gläschen für Babynahrung auf dem Herd der winzigen Küche seines »Gartenhäuschens« am Pool, zwischen Zitronenbäumen und Bougainvillea. Hier war es nichts Ungewöhnliches, Gäste beim Kokskonsum von ihren Dinnertellern zu sehen.

Hunters Häuschen wurde zum Honigtopf für eine »Ameisenkarawane von (Drogen-)Dealern und ihrer Entourage, die zu jeder Tages- und Nachtzeit anrollten«, wie er in seiner Biografie *Beautiful Things* schrieb.

»Sie leerten die Minibar und bestellten Filet Mignon und eine Flasche Dom Perignon beim Zimmerservice.«

»Eine Frau bestellte sogar ein Extra-Filet für ihren handtaschengroßen Hund ... Sie spazierten mit den monogrammierten Hotelhandtüchern, -sofakissen, -tagesdecken und -aschenbechern hinaus.«

»Die Rechnungen rollten herein: Gucci-Slipper, ein Sportsakko für 800 Dollar, Rimowa-Koffer«, schrieb er. »Ich konnte nicht mehr zählen, wie viele Geldbeutel und Kreditkarten gestohlen wurden … Ich habe meiner Familie daheim in Delaware gesagt, ich arbeite daran, nüchtern zu werden – was auch immer das zu diesem Zeitpunkt bedeutete.«

Hunter erwähnt sein Hausverbot im Chateau Marmont in seiner Biografie nicht direkt. Stattdessen behauptet er, das Hotel hätte ihn völlig zu Unrecht gebeten zu gehen, da sich andere Gäste über seine Besucher beschwert hätten.

»Für mich war das glatter Rassismus, und das habe ich ihnen gesagt«, schrieb er. Er erklärt nicht, warum er das behauptet. Man kann nur vermuten, dass die »Ameisenkarawane« von Nutten, Dealern und Gaunern, die ihn seiner Darstellung nach ausnahmen, dunkelhäutig waren – was wiederum von Hunter etwas rassistisch wirkt.

Dem Hotel, das ihm Hausverbot erteilt hat, öffentlich Rassismus vorzuwerfen, war Hunters Rache. Er ritt noch monatelang darauf herum.

Nach dem Rauswurf aus dem Chateau macht es sich Hunter in seiner neuen Bleibe gemütlich und textet einem Kumpel namens Rush: »Ich bin jetzt im La Peer, ein echt cooles Hotel in West Hollywood … Komm auf einen Drink vorbei.«

Rush antworten: »Ich bin meeegabreit.«

Hunter: »Ha. Cool. Ich sitze hier mit ein paar Freunden, mein Dad kommt später vorbei.«

Tatsächlich fliegt Joe Biden am nächsten Tag nach L.A., um seinen Sohn zu besuchen.

»Was macht dein Dad eigentlich hier? Will er nur mit dir abhängen?«, textet ihm seine Lieblingscousine Caroline.

»Er hat was in Phoenix zu tun, und wahrscheinlich auch hier, aber er sagt, er ist nur meinetwegen hier«, schreibt Hunter. »Wie auch immer.«

Hunter weiß jedoch, dass er der Grund ist, weswegen sein Vater quer durchs Land geflogen war.

Seit Wochen beschimpft er seinen Vater in langen, wirren Textnachrichten als Verräter. Er wirft Joe vor, in seinem Streit mit Hallie für sie Partei zu ergreifen.

Hunter hatte kurz nach dem Krebstod seines Bruders im Mai 2015 eine Affäre mit dessen Witwe Hallie begonnen. Hunter sagt, sie hätte ihn »verführt«.

Er verließ seine Frau Kathleen und seine drei Töchter, die damals 15, 17 und 22 Jahre alt waren, und zog zu Hallie, seiner Nichte Natalie und seinem Neffen Robert Hunter II. in ihr Haus in Delaware, das 3 Kilometer von Joe und Jills Haus am See entfernt lag. Im Februar 2018 zogen sie in ein Haus am Strand mit Pool in Annapolis, Maryland, um, für 7000 Dollar im Monat.

Doch laut Hunters Schwester Ashley war der Drogenmissbrauch der beiden »außer Kontrolle« geraten.

Ashley schrieb an Hallies Schwester, Liz Secundy, nach ihrem Besuch Anfang 2018: »Sie sind totale Messies! Ihr ganzes Drogenbesteck lag herum, damit meine Eltern es sehen konnten.«

Aus dem Familienhaus von Hallie und Beau Biden war eine Partyhöhle geworden, in der die Gäste die ganze Nacht auf der Veranda Crack rauchten.

Außerdem drehte Hunter Amateurpornos mit Hallie. Er stellte sie für alle Welt sichtbar auf PornHub, mit Titeln wie »Einsame Witwe«.

Ende 2017 zahlte er 57 000 Dollar für einen Entzug in Malibu, Kalifornien, beklagte sich aber über jeden, der ihn von den Drogen wegbringen wollte. Er war rasend eifersüchtig und beschuldigte Hallie, mit anderen Männern zu schlafen. Er projizierte seine eigene Untreue auf Hallie. Sie zofften sich ohne Ende in Textnachrichten und Anrufen, von denen Hunter manche aufzeichnete. Während sie schlief, durchsuchte er ihr Handy nach Beweisen für ihre Untreue und fotografierte unbekannte Telefonnummern ab, um sie später zu googeln.

Irgendwann sagt sie ihm, er könne ihre Kinder erst wiedersehen, wenn er clean wäre. Sein Vater sehe das auch so.

»Wir haben offenbar sehr unterschiedliche Begriffe von Loyalität, Dad«, textete Hunter am 11. Juli an Joe.

»Wenn dir andere ohne Beweise erzählen, dass ich Drogen nehme/trinke/usw., schuldest du mir keine Loyalität oder Respekt …«

»Deine Sicht von mir, als hilfloser nichtsnutziger Säufer und Cracksüchtiger, ist so wahnsinnig verletzend.«

»Ich glaube, wir sollten uns eine Weile lang nicht sprechen, Dad. Ich staune immer, wenn du sagst, dass du zu mir stehst. ›Das ist Krieg, du bist wütend, du wirst nie zulassen, dass sie mir das antut. Du bist mein Sohn, natürlich glaube ich dir.‹ Und dann bestätigst du alles, wozu sie alle manipuliert hat zu glauben …«

»Du hältst mich zum Narren … Sie hat schon allen gesagt, du findest, dass ich die Kinder nicht sehen darf, wenn du nicht dabei bist.«

Joe sagt Hunter, dass er sich irrt: »Die Frage ist, wo deine Loyalität liegt. Glaubst du deinem Vater, der dich nie angelogen hat?«

Hunter nimmt ihm das nicht ab: »Lass mich eine Weile in Ruhe, Dad, damit ich über deine mangelnde Loyalität zu mir nachdenken kann.«

Joe antwortet: »Du verdrehst das.«

Hunter. »Ach ja? Verzeihe, dass ich das so verstanden habe, wie sie es verstanden hat und allen erzählt hat, ich soll nicht mit den Kindern alleine sein. … Tut mir leid, aber ich hab davon echt die Schnauze voll.«

Am folgenden Tag schreibt ihm sein Vater, dass er nach L.A. kommt und fügt den emotionalen Appell hinzu: »Ich muss dich in den Arm nehmen.«

Hunter antwortet mit 555 Worten, indem er unter anderem schreibt. »Komm, wenn du von dir aus kommen willst, Dad. Wenn du meinetwegen kommst, muss ich dir sagen, ich kann dich nicht anlügen, damit du dich gut fühlst und dir sagen, ich verstehe das, Dad ... Ich will immer, dass es dir gut geht. Ich weiß, alles was du für mich tust, geschieht aus Liebe.«

Dann drückt er sein Gefühl der Unzulänglichkeit aus, sein lebenslanges Bedürfnis, von seinem angebeteten Vater ernst genommen zu werden.

»So viel Liebe kann auch wehtun, Dad. Man kann sie benutzen, um das zu bekommen, was man will. Seit 20 Jahren fühlt sich das so an, als würdest du mich auf mein Zimmer schicken, während die Erwachsenen reden. Du sagst, du respektierst meine Meinung und mein Urteil, ›ABER du bist Alkoholiker, Hunter ... Ich weiß nicht, ob ich kandidieren kann, Hunter, aus Rücksicht auf die Familie‹ (d.h. ich kann nicht kandidieren, weil du so viel Scheiße baust, Hunter) ...«

»Wenn du nicht kommst, um zu sagen, ›es tut mir leid, ich hatte aus folgenden Gründen Unrecht ...‹ glaub mir, ich habe nicht die Nerven, um zu hören ›du verdrehst das, Hunter, das habe ich nie gesagt, Hunter. Du musst wieder gesund werden, Hunter.‹ Wenn das alles ist, was du mir zu sagen hast, Dad, also nur mehr Vorwürfe und gut gemeinte Ratschläge ... noch mehr Ausreden, warum du recht hast, und alles aufgrund deines Verlustes – wobei ich denselben Verlust an deiner Seite erlitten habe –, wird das nicht gut laufen.«

3 Tage später schickt Hunter noch eine wütende WhatsApp an seinen Vater: »Warst du heute bei Beaus Haus, Vater? Hast du Hallie geküsst, in der Küche abgehangen, mit allen geredet,

Hallie zum Abschied geküsst, mit einer großen Umarmung. ...
Du siehst, ich bekomme das mit ... dein Benehmen verbreitet
sich wie ein Lauffeuer.«

Joe antwortet: »Ich habe sie nicht geküsst, ich habe (Enkel)
Hunter umarmt und gefragt, ob er ALLEIN mit mir zu Janssens
(Feinkost) mitgehen kann. Ich hab ihn nach dem Frühstück abgeliefert und die Einfahrt nicht verlassen. Ihre Mutter ging gerade. Es begann zu regnen und ich winkte zum Abschied ...«

»Ich gebe dir mein Wort als ein Biden, bei der Gesundheit
meiner Enkelkinder ... Ich bin loyal und vergöttere dich. Sie will
uns beide auseinanderbringen. Ich glaube, sie denkt, ich würde
sie nicht verjagen, weil ich meine Enkelkinder nicht verlieren
will. Aber es wird ihr nicht gelingen.«

Ein paar Tage später schreibt Hunter lange, wütende Textnachrichten an Hallies Tochter Natalie, die zu diesem Zeitpunkt
erst 13 war und ihm als Bindeglied zu ihrer Mutter in ihrem
eskalierenden Kleinkrieg diente.

»Was soll ich ihr von dir sagen?«, fragt Natalie.

»Sie soll aufhören, dich anzulügen und dir zu sagen, sie will
mit mir reden. ... Sag ihr, du willst denjenigen kennenlernen,
mit dem sie, anstatt mit mir, ihr Leben verbringen will. ... Sie
lässt immer noch nicht zu, dass ich dich ohne Dads (Joes) Anwesenheit sehe – frag sie warum. ... Was Autofahren angeht, das
werde ich nie wieder mit dir. Dad kommt mich am Wochenende
besuchen – sie soll dich zu uns nach Malibu ans Meer schicken.«

Natalie: »OK, aber das gefällt mir nicht, es macht mir Angst.«

Hallie leitet Hunters Textnachrichten prompt an Joe weiter
und bittet ihn um Unterstützung. Um seine väterliche Treue
zu beweisen, leitet Joe die Nachricht an Hunter weiter. Darin
schreibt Hallie: »Dad, das ist auf so vielen Ebenen unangebracht,
verletzend, manipulativ und falsch. Das ist zu viel für Natalie.
Ich bin clean und lasse dir meine Drogentests zukommen. Wenn

Hunter nicht auf Entzug geht und jede Woche mehrere Tests machen lässt, weiß ich nicht, wie du Natalie oder Hunter in seine Nähe lassen kannst … Natürlich will ich, dass er ein Teil ihres Lebens ist, aber sein Verhalten schadet ihnen.«

An dem Tag, nachdem Hunter aus den Chateau Marmont geworfen wurde, flog Joe nach L.A., um nach seinem Sohn zu sehen. Er ahnt nichts von Hunters Drama mit dem Hotel.

Vater und Sohn verbringen »einen emotionalen Morgen« im Hotel La Peer, erzählt Hunter seiner Freundin Azura.

»Ich bin mit ihm zum Friseur. Tut mir leid, wir waren sehr vertieft. Ein sehr persönliches und längst überfälliges Gespräch.«

Onkel Jim schreibt ihm später am selben Tag, weil er wissen will, wie das Treffen war. »Wie läufts mit deinem Vater? Auf einer Skala von 1–10.«

Hunter: »7.«

Jim: »Halt durch, Kumpel. Rom wurde auch nicht an einem Tag erbaut.«

Am nächsten Tag reist Joe wieder ab. Hunter zieht in ein Airbnb, um dort weiterzufeiern.

»Soll ich vorbeikommen? … Ich hab Pilztabletten«, schreibt sein Kumpel Rush.

»Ja, bitte komm vorbei«, antwortet Hunter.

»Moment, bist du nicht mehr im Marmont?«, fragt Rush in einer früheren Textnachricht.

Hunter sagt nichts über sein Hausverbot. »Ich wollte mal einen Tapetenwechsel. Ich wollte nicht so enden wie der Typ, der jeden Tag denselben schwarzen Anzug trägt und mir echt schräg vorkam, oder der Typ mit dem kleinen Hund, der eine Stunde über absolut gar nichts redet.«

Hunter braucht 6 Wochen, um seine Sachen vom Chateau Marmont abzuholen. Er ist zu diesem Zeitpunkt kurzfristig nüchtern, da sein Onkel Jim nach L.A. geflogen war und ihn in eine exklusive Entzugsklinik in Brentwood eingecheckt hat. The View preist sich als »luxuriöse Einrichtung für nur sechs Gäste, mit Pool, Hot Tub, Veranda, Verwöhnambiente und atemberaubender Aussicht. ...« Die Gourmetmahlzeiten bereitet ein Privatkoch zu, zusätzlich werden Massagen und Yoga angeboten.

Jim erzählt Hunter, dass er einen Rabatt für ihn rausgeschlagen habe: »Normalerweise kostet es 4000 Dollar am Tag, bei 10 Tagen Aufenthalt. Du zahlst 2500 Dollar für 5 Tage, garantiert.«

Danach quartiert sich Hunter für 1100 Dollar die Nacht in einem Airbnb im balinesischen Stil in Hollywood Hills ein, aber es wurmt ihn, die Wohnung »rund um die Uhr, 24 Stunden am Tag, 7 Tage die Woche mit einem nüchternen Mitbewohner« teilen zu müssen.

Er beklagt sich bei Jim, sein Mitbewohner sei ein »Volltrottel« und ein »dicker Judenjunge, der aufs Klo will, wenn ich auf dem Topf sitze«.

Hunter benimmt sich so unerträglich, dass sogar sein geduldiger Onkel keine Lust mehr hat: »Texte/maile deinem Vater, was du vorhast. Ich habe keine Lust mehr, der Prügelknabe zu sein. Ich bin raus.«

Es ist das einzige Mal, dass sich sein Onkel je beklagt hat.

Es gibt jedoch eine weitere wertvolle Beziehung, die Hunter bis zur Sollbruchstelle strapazieren sollte.

Kapitel

4

Kathleen

»Alle glücklichen Familien gleichen einander,
jede unglückliche Familie
ist auf ihre eigene Weise unglücklich. «

Leo Tolstoi, *Anna Karenina*

Kathleen Buhle war eine hübsche Blondine aus Chicago mit sonnigem Gemüt, die eine gewisse Ähnlichkeit zu Hunters verstorbener Mutter Neilia aufwies. Kathleen war die Tochter einer Lehrerin und eines Ticketverkäufers für die White Sox. 1992 kam sie frisch von der Saint Mary's University of Minnesota, als sie als Freiwillige bei einem Jugendprogramm der Jesuiten in Portland, Oregon, Hunter kennenlernte.

Hunter hatte einen Bachelorabschluss der Georgetown University und wollte Jura studieren. Er sah gut aus, trug einen

Dreitagebart, eine Lederjacke und war ein Grübler. Er schrieb Gedichte und schwärmte von seinem Lieblingssautor Charles Bukowski und dessen Roman *Der Mann mit der Ledertasche*, der von einem kaputten Säufer handelt.

Die beiden hätten nicht unterschiedlicher sein können, und sie verliebten sich Hals über Kopf.

Hunter wurde zu einer Armenspeisung in einem Kirchenkeller eingeteilt und fuhr jeden Nachmittag mit dem Bus quer durch die Stadt, um Kathleen zu sehen, die in einer anderen Kirche behinderten Erwachsenen half.

3 Monate später war Kathleen schwanger. Ein paar Wochen später feierten sie ihre Verlobung bei Joe und Jill in Greenville, Delaware, und heirateten schließlich am 2. Juli 1993 in einer katholischen Kirche in Chicago. Kathleen war im 4. Monat schwanger, ihre schlanke Figur verriet allerdings kaum, dass sie in anderen Umständen war.

Zuerst wurde sie von den Bidens willkommen geheißen. In ihrem Entwurf für eine Rede, die sie bei einer Wohltätigkeitsgala 2013 hielt, die auf dem Laptop gespeichert war, sagte sie: »Als ich vor 20 Jahren Teil der Familie Biden wurde, nahm mich Paps Joe beiseite, seine Nasenspitze an meiner, und sagte mir, dass er mich liebe, dass ich für ihn wie eine Tochter sei.«

Es kann aber nicht ganz so einfach gewesen sein. Als ihre Ehe 20 Jahre später zerbrach, erinnerte Hunter sie in einer seiner qualvollen Textnachrichten daran, wie sehr er sie damals unterstützt hatte.

»Weißt du noch, als du mir am Telefon gesagt hast, dass du schwanger bist? Weißt du noch, wie ich dich am Flughafen mit Schwangerschaftsbüchern abgeholt habe? *Schwangerschaft und Geburt: Alles, was Sie wissen müssen.* Weißt du noch, wie ich jede Sekunde für dich da war und gesagt habe ›Ich liebe dich, komme was wolle‹?«

Mit 23 schließt Hunter sein Jurastudium ab. Aber in dem gut bezahlten Job, den sein Vater mit seinen Spendern bei der MBNA-Versicherung für ihn organisiert hatte, langweilte er sich schon bald.

1998 zog Hunter mit seiner jungen Familie nach Washington, D.C., und trat einen weiteren gut bezahlten Job an, diesmal im Wirtschaftsministerium der Regierung Clinton. Ihr historisches Haus in Wilmington, Delaware, verkaufte er nach 2 Jahren mit einem satten Gewinn.

Sie bekamen zwei weitere Töchter, Finnegan und Maisy. Beide gingen später an die Eliteschule Sidwell Friends in Washington, wo Maisy sich mit der Präsidententochter Sasha Obama anfreundete.

Kathleen und Michelle Obama wurden ebenfalls dicke Freundinnen. Sie schwitzten zusammen bei SoulCycle und Solidcore bei Fitnessstunden, speisten mit ihren Freundinnen auf der Terrasse von Chez Billy Sud in Georgetown, tranken im Weißen Haus Cocktails und gingen nach Kathleens Trennung in Aspen mit ihren Töchtern Skifahren.

Kathleen freundete sich auch mit ihrer Schwägerin Hallie Olivere an, einer temperamentvollen Brünetten, die 5 Jahre jünger war als sie. Hallie und Beau heirateten, nachdem Beau seinen Job als Bundesstaatsanwalt in Philadelphia angetreten hatte, und die beiden zogen in Hunter und Kathleens großes Haus. Hallie war die Tochter eines Reinigungsunternehmers in Delaware und hatte einen ähnlich ungestümen Charakter wie Hunter, während Kathleen und Beau eher ein ausgeglichenes Temperament besaßen. Als ob die Biden-Brüder die weibliche Version ihres jeweiligen Bruders geheiratet hätten.

2013 schilderte Kathleen dem *Washingtonian*, wie sie und Hallie es genossen, sich gemeinsam für die Amtseinführungsbälle zu kleiden. »Wir machen unsere Haare und unser Make-up zusammen, während die Kinder überall herumtoben.«

Bei gesellschaftlichen Anlässen waren Kathleen und Hunter ein gutes Team, heißt es. In E-Mails beschreiben sie Freunde als »witzig, freundlich, charmant«.

»Kathleen ist eine hingebungsvolle Mutter und eine wunderbare Freundin«, sagte Karen Barker der Illustrierten *People*. »Ihre sympathische Persönlichkeit lässt jeden Raum erstrahlen, den sie betritt.«

In Washington arbeitete Hunter jetzt für die lukrativste Branche: die der Lobbyisten. Als Barack Obama jedoch Joe Biden zum Kandidaten für das Amt des Vizepräsidenten kürte, machten seine Berater klar, dass sich Hunter eine neue Beschäftigung suchen müsse.

Sein Vater kam ihm wieder einmal zu Hilfe und organisierte für seinen Sohn dank seiner großzügigen Spender einen goldenen Fallschirm, zusammen mit seinem Onkel Jim: Diesmal starteten die beiden Nichtsnutze zusammen einen Hedgefonds, Paradigm Global Advisors, mit einer Millioneninvestition des Biden-Freunds Jeff Cooper.

»Keine Sorge wegen der Investoren«, sagte Joe Biden laut einer anonymen Quelle, wie *Politico* schreibt. »Viele Leute auf der ganzen Welt wollen in Joe Biden investieren.«

Die Firma scheiterte letztlich, mit bitteren Vorwürfen und Gerichtsklagen. Doch zu diesem Zeitpunkt war Hunter schon zu seinem nächsten waghalsigen Abenteuer weitergezogen.

Sein folgendes Unternehmen startete er mit dem gut aussehenden Ketchup-Erben Chris Heinz, dem Stiefsohn des Kollegen seines Vaters, Senator John Kerry, und dessen charismatischem Mitbewohner an der Yale University, Devon Archer, der Modell für Abercrombie & Fitch gewesen war. Dieses genetisch gesegnete Trio tat sich zusammen, um ihre starken Familienbande zu Geld zu machen. Am 25. Juni 2009 gründeten sie zusammen die Investmentfirma Rosemont Seneca Partners.

4 Jahre später wird Heinz kalte Füße bekommen und aussteigen, aber Hunter scheinen die Gefahren völlig egal zu sein. Er hat keinerlei Skrupel, mit dem Namen seines Vaters bei korrupten ausländischen Regimen hausieren zu gehen.

Er »akzeptiert das Risiko«, schreibt Devon Archer in einer E-Mail an einen weiteren Partner namens Bevan Cooney, der jetzt im Knast sitzt. »Chris ist viel risikoscheuer. Hunter wird arbeiten, wenn wir was von ihm brauchen.«

»Arbeit« bedeutete für Hunter, seinen Familiennamen als Türöffner zu benutzen. 2017 prahlt er zum Beispiel in einer E-Mail, dass er einen Dreijahresvertrag mit einem chinesischen Geschäftspartner, Ye Jianming, von China Energy Company CEFC abgeschlossen habe, der ihm jährlich 10 Millionen Dollar einbringt – »nur für die Kontaktvermittlung«.

Hunter scheint bei seinen diversen Deals nichts an strategischer Planung oder Geschäftswissen beizutragen. Geschäftliche E-Mails an ihn bleiben meist unbeantwortet. Die meiste Zeit ist er damit beschäftigt, sich in seinem kaputten Privatleben zurechtzufinden, wie der Laptop dokumentiert. Er streitet sich mit Familienmitgliedern, kauft Drogen und bestellt Nutten.

Doch Hunter spielt auch eine wichtige Rolle als Türsteher zum Hofstaat seines Vaters, vor allem nachdem Joe Vizepräsident geworden ist. Eine lange Schlange von Bittstellern, die alle etwas von seinem Vater wollen, biedern sich bei Hunter an. Joe soll entweder bei einer Veranstaltung sprechen, oder bei ihrem Charity-Golfturnier auftauchen oder ihnen ein Stipendium oder einen Studienplatz für ihr Kind besorgen.

Dann gibt es solche, wie der Richter John Mott, der für seine angestrebte Stelle am Oberlandesgericht von Washington, D.C. auf ein gutes Wort von Joe Biden hofft. »Hallo Hunter«, schreibt Mott am 8. März 2010, in der ersten von mehreren eindringlichen E-Mails.

»Ich will noch mal auf unser Gespräch auf George und Ka-
thys Party und Christinas E-Mail neulich zurückkommen. Mein
Name steht im Weißen Haus auf der kurzen Liste für den Präsidenten, zur Erwägung einer Stelle am Obersten Gerichtshof
Washington, D.C. Es war ein langer Prozess, eine Entscheidung
steht noch aus. Ich würde mich gerne sobald als möglich unterhalten. Ich bin sehr dankbar für deine Unterstützung … Es ist
toll, deine Hilfe zu haben.«

Hunter schrieb außerdem direkt an diverse private E-Mail-
Adressen seines Vaters, um Besetzungsvorschläge für verschie-
dene Regierungsposten zu machen.

»Bitte rede mit mir, bevor du den Posten besetzt«, schrieb
Hunter am 23. Juni 2014 an Joe, und schlägt ihm dann eine Person namens Johnny vor, »der sehr gerne fürs Finanzministerium
arbeiten würde«.

»Ruf mich gleich an wegen Johnny. Dad«, schreibt Joe.

Kathleen, die sich bei der Scheidung als »Hausfrau und Mutter« beschreibt, fährt derweil die Töchter zum Sport, organisiert
Treffen mit anderen Eltern, geht bei Neiman Marcus einkaufen
und arbeitet freiwillig für Opfer häuslicher Gewalt.

Sie und Hunter tauchen oft in den Klatschblättern auf. Sie sind
Stammgäste bei Abendessen für ausländische Gäste im Weißen
Haus. Sie amüsieren sich auf Staatsbanketten und bei Buchvor-
stellungen mit Botschaftern, Journalisten und Kongressabgeord-
neten. Sie fliegen regelmäßig mit der Air Force 2 zu Familien-
wochenenden nach Nantucket, in den Skiurlaub nach Colorado
oder zu Wanderungen am Grand Canyon.

3 Jahre in Folge tauchen sie auf der Top-Promi-Liste von
Washington Life auf.

Die Zeitschrift ernennt Hunter Biden 2009 zu einem der Po-
wer 100 als »Anwalt und internationaler Berater«: »Der Sohn
des Vizepräsidenten hat sich vom Vize-Vorstandsvorsitz der

Eisenbahngesellschaft Amtrak zurückgezogen, um in der Washingtoner Geschäftswelt zu reüssieren. Kluger Schachzug: 2008 wechselte der ehemalige Lobbyist die Laufbahn, als sein Vater als Vizepräsident kandidierte, damit er keine Zielscheibe für die Republikaner wird.«

Nach Beaus Krebstod 2015 war Hunter am Boden zerstört, doch wegen seiner Trunksucht, des Drogenmissbrauchs und seinen Seitensprüngen hatte er schon vorher Eheprobleme.

Das erste öffentliche Anzeichen seiner privaten Probleme war seine Entlassung aus der Navy-Reserve nach einem positiven Drogentest 2013.

Sein Vater hatte alle Hebel in Bewegung gesetzt, um doppelte Hürden zu überwinden, damit Hunter, trotz seines Alters von 42, seinem Bruder Beau in den Militärdienst folgen konnte.

Die erste Hürde war sein fortgeschrittenes Alter. Die zweite Hürde war eine Verhaftung wegen Kokainbesitz 1988, als Hunter 18 war. Hunter hatte vor dem Prozess eine Therapie gemacht, bekam 6 Monate auf Bewährung und seine Verhaftung wurde später aus seiner Akte gelöscht, wie er in seiner Biografie schreibt. Ironischerweise sponserte sein Vater im selben Jahr als Senator strengere Drogengesetze, die härtere Strafen vorschrieben und vornehmlich Schwarze trafen.

Trotz aller Bemühungen seines Vaters kam Hunters Navy-Karriere, nur einen Monat, nachdem er seinem Vater in einer privaten Zeremonie am 7. Mai 2013 im Weißen Haus seinen Eid geleistet hatte, zum unrühmlichen Ende. Am Samstag seines ersten Wochenendes in der Marinereserve wurde bei einem stichprobenartigen Urintest in seinem Körper Kokain nachgewiesen.

Um sich gegen seinen Ausschluss zu wehren, erfand Hunter eine absurde Ausrede. In einem Brief an die Navy behauptete er, er habe in der Nacht vor seinem Dienstantritt, aus Versehen vor einer Bar eine Zigarette von einem Fremden geschnorrt, die mit

Koks versetzt war. Das sagte er zumindest dem *New Yorker*. Er sprach sogar deswegen mit einem Anwalt, aber beschloss wohl, keine Berufung gegen die Entscheidung einzulegen.

Seine offizielle Entlassung erfolgte ohne großes Aufsehen im darauffolgenden Februar – eine administrative und keine unehrenhafte Entlassung.

Hunter hängte seine Schmach zwar nicht an die große Glocke, verfasste aber auf seinem Laptop ein Statement für die unvermeidliche Veröffentlichung: »Nach 10 Jahren Abstinenz erlitt ich zum denkbar ungünstigsten Zeitpunkt einen Rückfall. Ich habe keine Worte für die Schmach und Schande, die ich verspüre, meine Familie enttäuscht zu haben. Ich habe mit 42 Jahren eine Ausnahmegenehmigung beantragt, um in der U.S. Navy zu dienen. Ich habe dieses große Privileg entehrt ... und dafür schäme ich mich zutiefst. Aber ich weiß auch, dass ich nicht zulassen kann, mich von einem einzigen Moment im Leben definieren zu lassen. «

Im Oktober brachte der *Wall Street Journal* die Geschichte.

Joe leitet die Story an Ashley, Beau, Hunter und Kathleen weiter. »Hätte schlimmer sein können. Blicken wir nach vorne. In Liebe, Dad.«

Kathleen antwortet: »Ich habe nie mehr Liebe und Rückhalt verspürt als jetzt. Die ganzen E-Mails, Anrufe und Textnachrichten von so vielen Leuten, die ihre Liebe ausdrücken und wissen, was für ein guter Mensch Hunter ist ... Alle wollen wissen, wie sie helfen können. Das ist die positive Seite.«

Ein paar Wochen später beginnen sie und Hunter eine Paartherapie, die bis zu Beaus Krebserkrankung und Tod, am 30. Mai 2015, andauern wird.

Nachdem er unter großem Beifall die Trauerrede bei Beaus Beerdigung gehalten hat, offenbart Hunter Kathleen auf der Heimfahrt, dass er über eine Karriere in der Politik nachdenkt.

»Jeder Dritte, dem ich die Hand geschüttelt oder den ich umarmt habe, ermutigte mich, wieder nach Delaware zu ziehen, um
zu kandidieren«, sagte er ihr.

Kathleen ist bestürzt. »Im Ernst jetzt?«

Sie erinnert ihn daran, dass er vor kurzem in Schande aus
der Navy entlassen wurde. »Du glaubst also wirklich, dass du
für den Kongress kandidieren kannst … sag das niemals deinen
Kindern, sonst machst du dich lächerlich.«

Diese Worte wird ihr Hunter Monate später in einer E-Mail
vorwerfen. In seiner Biografie 2021 wurmt ihn immer noch ihr
Mangel an Vertrauen.

»Die restliche Fahrt haben wir kein Wort mehr gewechselt«,
schreibt er. »Und auch danach nicht mehr.«

5

Das Aus

»Ich war der Perverse, der mit der Frau
seines Bruders schläft.«
Hunter Biden, *Beautiful Things*, 2021

»Ich verlasse dich, weil du eine Affäre hast und mich emotional misshandelst«, schrieb Kathleen Biden an Hunter im Juli 2016.

»Ich habe dir schon mal verziehen, ich habe dir geholfen, nüchtern zu werden, aber du hast mir im vergangenen Jahr klargemacht, dass du mich nicht in deinem Leben haben willst. Du wolltest weder meine Vergebung noch meine Hilfe, um wieder clean zu werden. Ich habe keinen Einfluss darauf, wie du die Ereignisse des letzten Jahres verdrehen wirst – und wahrscheinlich alles meine Schuld sein wird. Das scheint mir noch grausamer zu sein als deine Seitensprünge.«

Das ist es, was Hunter Kathleen in 22 Jahren Ehe angetan hat. Nach seiner eigenen Darstellung seines Niedergangs und des Endes seiner Ehe schreibt er in seiner Biografie 2021, es sei Kathleens Weigerung gewesen, ihm in seiner größten Not zu vergeben, die seinen Strudel von Drogen und Seitensprüngen verursachte. Letztendlich habe sie ihn dadurch in die Arme von Beaus Witwe Hallie getrieben, die einzige, die seinen Schmerz verstand.

»Zum Glück hatte ich nach Beaus Tod und meiner Trennung von Kathleen Hallies Unterstützung. Unsere Welt wurde auf den Kopf gestellt und wir suchten beieinander Kraft und Trost«, schreibt Hunter in einem Entwurf auf seinem Laptop am 30. Juli 2017, 3 Monate nach seiner Scheidung.

»Es tut mir leid um meine Ehe. … Aber meine Beziehung zu Hallie hatte nichts damit zu tun, dass mich Kathleen 2 Monate nach Beaus Tod gebeten hat auszuziehen.« Hunter beharrt darauf, dass er und Hallie erst 14 Monate nach Beaus Tod ein Paar wurden.

Kathleen gelangte jedoch zu der Überzeugung, dass ihre Affäre nur wenige Tage nach der Beerdigung begann. Zuerst redete er ihr ein, dass es »verrückt« sei, an ihm zu zweifeln. Hunter schwor blind, dass er so oft und so lange von ihrem Familienheim im schicken Washingtoner Viertel Tenleytown fernblieb, weil er der trauernden Witwe Hallie und deren beiden Kindern, Natalie, damals zehn, und dem »kleinen Hunter«, damals neun, beistand.

Hunter tat ihre wachsenden Zweifel und Sorgen, dass ihr Mann so viel Zeit mit seiner Schwägerin verbrachte, als kaltherzig ab. Er bekräftigte ihre Schuldgefühle und Selbstzweifel auf eine manipulative Weise, wie es nur jemand konnte, der ihr offenes und vertrauensvolles Wesen genau kannte.

3 Wochen nach Beaus Tod beklagt sich Kathleen bei ihrem Mann, der seine ganze Zeit bei Hallie und ihren Kindern in Delaware zubrachte, über ihre Verwirrung und ihr Unglück.

»Ich kann, glaube ich, nicht ganz erklären, was mich so stört«, schreibt sie Hunter am 21. Juni 2015, nachdem sie ihn bei Hallie zu Hause besucht hatte. »Ich weiß nur, dass ich traurig bin, seitdem du nach Delaware gegangen bist. Ich glaube, was mich traurig machte, war, dich mit Hal und ihren Kindern spielen zu sehen. Es machte mich traurig, dich in ihrem Schlafzimmer spielen und lachen zu hören, dass Hal mir erzählt, was für ein schöner Familienmoment das war, wie schön es war, mit dir fernzusehen. Es machte mich traurig, als du ganz nebenbei gesagt hast, du würdest mit Hal Natalie ins Ferienlager bringen. …«

»Dass du dabei der Gute bist und ich die Vorwurfsvolle, und dass du mich ständig ansiehst, als ob du nicht verstehst, was mich daran stört, macht alles nur noch schlimmer.«

»Es tut mir leid, dass du das so siehst«, schreibt Hunter kalt zurück. »Ich dachte, wir hätten besprochen, dass ich hier bleibe und morgen mit Dad den Grabstein für Beau aussuche.«

Dann liefert er eine umständliche und ausführliche Erklärung, wo er sich am Vorabend in Hallies Haus aufhielt, und behauptet, auf einem »Ausziehbett im Wohnzimmer« geschlafen zu haben.

»Zuerst habe ich mich mit dem kleinen Hunter hingelegt – dann bin ich zu Finnegan und Hallie gegangen, und wir haben zusammen einen Film angesehen, den wir schon kannten, dann bin ich mit meinem iPad alleine in die Garage und hab da noch eine Sendung geguckt.«

6 Wochen nach Beaus Tod und 3 Tage nach ihrem 22. Hochzeitstag zieht Hunter zu Hause aus.

Es war Freitag, der 3. Juli 2015, als Hunter aus ihrer Paartherapie stürmte und eine Flasche Wodka ex trank. Er fuhr mit Uber zum Stripclub Archibald's unweit des Weißen Hauses und blieb dort bis 5 Uhr morgens, wie seine Quittungen zeigen.

Den nächsten Tag verbrachte Hunter mit Hallie. Vizepräsident Biden hatte sie und die Kinder eingeladen, aus Delaware nach Washington zu fahren, um dort den amerikanischen Unabhängigkeitstag zu feiern.

»Papa (Joe) hat uns zum 4. Juli nach Washington eingeladen«, schrieb Hallie an Hunter. »Wir könnten uns das Feuerwerk vom Weißen Haus aus ansehen oder von Nanas (Jill Bidens) Büro.«

Joe hatte vorgeschlagen, den kleinen Hunter und Natalie an Bord der Air Force 2 nach Vancouver mitzunehmen, um das Frauenfußball-WM-Spiel USA gegen Japan zu sehen.

Hunter, der an diesem Wochenende auch in Washington sein wollte, ermunterte Hallie zu kommen: »Ich muss Montagfrüh in Delaware sein, also könnte ich dich Sonntagnachmittag heimfahren.«

Am 4. Juli bestellte Hunter einen Uber von seinem Haus in Tenleytown zur Residenz des Vizepräsidenten, das nicht weit weg liegt, und traf rechtzeitig zum Feuerwerk um 21:07 Uhr ein.

An diesem Wochenende erhärtete sich Kathleens Verdacht. Beim Scheidungsverfahren sagte sie später aus, dass sie Hunter wegen seines Verhaltens am 4. Juli 2015 bat auszuziehen.

Hallies Kinder übernachteten bei Joe und Jill Biden und wollten am nächsten Tag mit der Air Force 2 nach Vancouver zur Fußball-WM fliegen. Hunters Tochter Maisy, 15, und ihre Freundin Sasha Obama waren ebenfalls dabei.

Hunter scheint Hallie 2 Stunden nach Delaware zurückgefahren zu haben, in das Haus, das sie einmal mit Beau bewohnt hatte. Seinem Kalender zufolge blieb er mindestens bis Montag, den 6. Juli, an dem er als einzigen Termin um 11 Uhr ein Telefonat mit Burnham Anlagemanagement hatte, der Unglücksfirma, wegen der sein Partner Devon Archer 7 Jahre später wegen Betrugs ins Gefängnis gehen sollte.

Um 11:40 Uhr schrieb er seiner Paartherapeutin, dass er die Sitzung nicht schaffen würde.

Er muss am Dienstag wieder für ein Meeting in der Residenz des Vizepräsidenten mit seinem Vater und drei von dessen engsten politischen Beratern, Steve Ricchetti, Mike Donilo und Ted Kaufman, in Washington sein. Joe bereitet sich darauf vor, seine Kandidatur für das Weiße Haus anzukündigen.

Kathleen hofft zu diesem Zeitpunkt immer noch, ihre Ehe retten zu können, aber besteht darauf, dass Hunter einen Entzug macht, bevor er heimkommt.

»Ich denke die ganze Zeit an dich, Hunter«, schreibt sie ihm am 28. Juli 2015. »Ich fühle mich krank, weil ich dir nicht helfen kann. ... Ich hoffe, wir finden eine Lösung. ... Ich liebe dich, Hunter, und hoffe, du spürst das irgendwie.«

Hunter antwortet in einem Tonfall, der versöhnlicher ist als alles, was Kathleen seit Monaten von ihm gehört hat: »Es ist für mich sehr einfach. Ich liebe dich – du liebst mich – wir lieben unsere Mädels – wir lieben unsere Familie. Ich brauche dich jetzt. Du brauchst mich. ... Ich brauche meine beste Freundin. Du brauchst deinen besten Freund. ... Ich bin kaputt und habe Fehler, aber keiner liebt dich mehr als ich.«

Einige Tage später schreibt die *New-York-Times*-Kommentatorin Maureen Dowd, laut Hunter Biden die Lieblingsjournalistin seines Vaters, Joe Biden denke darüber nach, für das Amt des Präsidenten zu kandidieren. Die Schlagzeile lautet: »Joe Biden 2016: Was würde Beau machen?«

»Der 72-jährige Vizepräsident eruiert bei Meetings in seiner Washingtoner Residenz die Option, bei den ersten Vorwahlen in Iowa in New Hampshire gegen Hillary Clinton anzutreten. ...«

»Aber nach dem Leidensweg seines ältesten Sohnes Beau, der an einem Hirntumor starb, könnte Joe Biden diesen Plan noch einmal überdenken.«

Laut Dowd hatte Beau Biden vor seinem Tod »eine Mission«. »Er wollte seinen Vater davon überzeugen, zu kandidieren, da er der Meinung war, dass das Weiße Haus nicht wieder an die Clintons fallen sollte, und dass die Familienwerte der Bidens besser für das Land wären.«

Einige Monate später enthüllte *Politico*, dass Joe Biden selbst die Quelle für dieses Leak war. Joe Biden hatte durch Dowd im Grunde eine Anzeige für sich in der *New York Times* gebucht, um seine Kampagne zu starten. Joe Biden wehrte sich wütend gegen den Vorwurf, aber in seiner Biografie *Versprich es mir* sollte er die Geschichte im Prinzip bestätigen.

»Der Gedanke, dass ich den Tod meines Sohnes für politische Zwecke missbrauchen würde, machte mich krank«, schrieb Joe. »Ich hatte Angst, meine Wut nicht beherrschen zu können.«

Im Sommer 2015 testet Joe Biden die Stimmung für seine Kampagne, doch die Begeisterung ist nur halbherzig. Die Medien präferieren Hillary Clinton aus Gründen des Geschlechts, des Alters, der Parteiunterstützung, des Geldes und der Wahlkampfinfrastruktur. Sie halten Hillary für unschlagbar.

Kathleen schreibt Hunter eine E-Mail von ihrem Haus am See in Indiana, wo sie mit ihrer jüngeren Tochter, der 16-jährigen Maisy, den Sommer bei ihren Eltern verbringt.

»Bitte rede nicht mehr davon, wie lange Beaus Tod her ist. Ich habe niemand, an den ich mich deswegen wenden kann und fühle mich damit seit langem alleingelassen. ... Wir haben uns seit über einem Monat nicht unterhalten, bis auf das eine Mal, wo du geschrien hast. Eine E-Mail ist gut, die nächste fühlt sich aber wie ein Schlag ins Gesicht an.«

»Du bist nicht OK. Mein Gefühl sagt mir, dass du das die ganze Zeit nur vorgeschoben hast. ... Du projizierst das alles auf mich, weigerst dich, die Realität anzuerkennen, und ich kann nicht erkennen, dass du daran arbeitest, abstinent zu werden.«

Am 24. August bringt *Breitbart* die Meldung, dass Hunters Name und Kreditkartennummer in gehackten Nutzerdaten der

Seitensprungswebseite Ashley Madison auftauchen, eine Agentur für »Affären & diskretes Dating für Verheiratete« mit dem Motto: »Das Leben ist kurz. Gönn dir eine Affäre.«

Hunter bestreitet, die Agentur genutzt zu haben und behauptet, von Russen gehackt worden zu sein – eine Strategie, die er und sein Vater 4 Jahre später erneut verwenden werden, als Hunters vergessener Laptop droht, Joes Präsidentschaftskampagne zunichte zu machen.

»EXKLUSIV! Joe Bidens Sohn: Ashley Madison Konto wurde von Feinden Amerikas in meinem Namen eröffnet«, so die Schlagzeile bei *Breitbart*.

»Hunter Biden sagte gegenüber *Breitbart News*, das Konto sei nicht von ihm, sondern wurde von den Feinden Amerikas eingerichtet, um ihm zu schaden. Er denkt, es könnte an seinem Vorstandsposten bei einer ukrainischen Erdgasfirma liegen, was die Unterstützer von Wladimir Putins Regime verärgert hätte.«

Hunter behauptet gegenüber *Breitbart*, er sei nicht der »Robert Biden«, der bei Ashley Madison registriert ist, obwohl es seine E-Mail-Adresse ist und das Geburtsdatum den richtigen Tag und Monat aufweist, bloß 10 Jahre jünger.

»Ich bin mir sicher, dass das nicht mein Konto ist«, so Hunter. »Leider ist das nicht das erste Mal, dass jemand meinen Namen und meine Identität benutzt, um mich zu diskreditieren.«

Hinter den Kulissen flogen die E-Mails zwischen Hunter Biden und seinem Geschäftspartner Eric Schwerin hin und her. Sie versuchten, Schadensbegrenzung zu betreiben.

»Ich finde, es fehlt noch ein Satz wie ›Fickt euch, ich bin ein Privatmensch, und ihr seid Drecksäcke‹«, schießt Hunter genervt zurück.

»Ich weiß«, so Schwerin, »aber ich fürchte, das ist zu negativ. Wir wollen nur, dass das so bald wie möglich aufhört.«

Doch die *Daily Mail* hatte andere Pläne. Am nächsten Tag erhielt Hunter Biden eine E-Mail von Francesca Chambers, der Korrespondentin der *Daily Mail* im Weißen Haus.

»Herr Biden, ich habe Ihr Statement zum Vorfall Ashley Madison gesehen, aber nach meiner Akteneinsicht bleiben noch Fragen offen. …«

»Die wichtigste Frage: Gehört die Kreditkarte, die mit dem Ashley-Madison-Konto verbunden ist, Ihnen? Falls nicht, warum existiert eine Kreditkarte auf Ihren Namen und Ihrer Adresse …, mit der am 25. Juni 2014 Dienstleistungen in Höhe von insgesamt 268,99 Dollar abgerechnet wurden?«

»Sind Sie das Opfer eines kriminellen Identitätsdiebstahls?«

Hunter antwortet nicht.

Die Story ist für Kathleen extrem peinlich. Doch wenige Tage später erklärt ihr Hunter, es sei ihre Schuld, dass alle ihn für einen Lügner und Betrüger halten. »Ich kämpfe mit dieser Krankheit, und wenn ich dich und deine Hilfe am meisten bräuchte, schließt du mich aus. …«

»Mein Bruder ist gestorben, und am Tag nach seiner Beerdigung hast du aufgehört, mit mir zu sprechen. … Deine Abwesenheit während der schlimmsten Tage meines Lebens hat all unseren Freunden und der Familie gezeigt, dass ich der verachtenswerteste Mensch der Welt sein muss. …«

»Alle halten mich jetzt schon für einen miesen Lügner und Drecksack. Meine Mutter und meine Schwägerin hassen mich für das, was du ihnen gesagt hast. Das einzige, was ich höre ist, ›du hast das doch verdient‹.«

Kathleen: »Ich gebe mir Mühe, dir wieder vertrauen zu können, aber ich weiß nicht wie. … Ich habe das ungute Gefühl, dass du mir Dinge verheimlichst.«

Hunter: »Ich habe täglichen Alkoholtests, Blut- und Urinuntersuchungen und Sitzungen beim Therapeuten zugestimmt, und trotzdem versuchst du, mir reinzufunken. Du sagst, ich sei wütend. Ich bin nicht wütend. Ich bin erstaunt und enttäuscht.«

»Der Mensch, in den ich mich verliebt habe und den ich immer geliebt habe, ist jetzt mein Feind. … Habe ich jemals eine Studiengebühr oder ein Baudarlehen versäumt, eine Schulaufführung, ein Fußballspiel oder irgendwas Wichtiges – oder deine Rechnung bei Neiman Marcus?«

»Hast du irgendeine Ahnung, was ich tun musste, um das möglich zu machen? Wie sehr ich mich erniedrigen musste?«

Die Erniedrigungen, die er erleiden musste, damit der Rubel weiterrollt, waren immer wieder ein großes Thema für ihn.

Wenige Tage nach dieser wütenden E-Mail an Kathleen ist Hunter zu Gast bei einem Mittagessen des Außenministeriums für den chinesischen Präsidenten Xi Jinping, Hunters Schutzpatron im Reich der Mitte.

»Internationale Politik ist rein persönlich«, sagt Joe Biden zu Xi und den anderen Gästen, zu denen auch Henry Kissinger zählt. »Es ist extrem schwer, irgendwas zu erreichen, wenn man sich nicht auf einer persönlichen Ebene versteht. Vor etwas mehr als 4 Jahren beschlossen Präsident Obama und Präsident Hu, dass ich den damaligen Vizepräsidenten Xi kennenlernen sollte.«

Es war eine Beziehung, die sich für die Familie Biden als extrem lukrativ erweisen sollte.

In dieser Zeit hatten die Spekulationen über Joe Bidens Präsidentschaftsabsichten einen Höhepunkt erreicht.

NBC News zitiert anonyme Quellen, wonach Jill Biden den Vizepräsidenten bei seinem dritten Anlauf aufs Weiße Haus »zu 100 Prozent unterstützt«.

Dem *Boston Globe* nach hat Joe die Senatorin Elizabeth Warren aus Massachusetts eingeladen, um auszuloten, ob sie seine Kandidatin als Vizepräsidentin sein würde. »Wenn es nach mir geht, wohnst du bald hier«, soll er ihr gesagt haben.

Am 11. Oktober sagte Hunter seiner Therapeutin, dass er mehr Zeit in Delaware verbringen muss, weit weg von seiner Frau und seinen Kindern, weil er dort wichtige Meetings mit seinem Vater und dessen engem Freund »Senator Ted Kaufman und anderen bezüglich einer möglichen Kandidatur für die Präsidentschaft habe. ... Ich muss einen Überprüfungsprozess einleiten.«

Am nächsten Tag schreibt Kathleen Hunter und bietet ihm an, die Scheidung aufzuschieben, »bis dein Vater sich entschieden hat oder die Kampagne vorbei ist. Ich will ihm keine Steine in den Weg legen. Ich hoffe, er kandidiert. Das wäre vielleicht eine gute Ablenkung für dich.«

Sie sagt ihm außerdem, Hunter sei »ein besserer Vater als dein Vater. ... Ich weiß du liebst ihn, das tue ich auch, aber er ist nicht perfekt. ... Du warst in jeder Beziehung besser.«

Am 21. Oktober 2015 ist alles vorbei. Joe kündigt an, dass er nicht kandidieren will. In einem emotionalen Statement im Rosengarten des Weißen Hauses, mit Jill und Barack Obama an seiner Seite, nimmt er Bezug auf Beaus Tod.

»Während meine Familie und ich den Trauerprozess durchgemacht haben, sagte ich immer, dass dieser Trauerprozess vielleicht das Fenster zu einer realistischen Präsidentschaftskandidatur schließen wird. Ich bin zu dem Schluss gekommen, dass es geschlossen wurde. «

Im nächsten Monat beschwert sich Hunter bei seinem Scheidungsanwalt, Kathleen mache »sein Leben unerträglich. Sie leert die Bankkonten – und erzählt ihrer Familie und den Mädchen, dass ich ihr Geld vorenthalte. Sie hat jetzt ein Szenario erschaffen, wonach ich sie schon lange mit Hallie betrüge und Schande über meine Familie gebracht habe. ...«

»Sie hat sich Zugang zu meinen E-Mails und Textnachrichten verschafft. Es wäre mir ja egal, wenn es nicht so eine seltsame

Verletzung der Privatsphäre wäre. Ihre Version der letzten Jahre mit den Kindern zu teilen, um mich schlechtzumachen, macht mich einfach so traurig.«

Tatsächlich bestätigen sich Kathleens schlimmste Befürchtungen über ihren Mann und ihre Schwägerin. Nachdem sie heiße Textnachrichten zwischen Hunter und Kathleen auf einem alten iPad gefunden hat, schwinden die letzten Hoffnungen, ihre Ehe retten zu können.

»Das gab ihr die Chance der Rechtfertigung«, schreibt Hunter in seiner Biografie. »Ich war der kranke Typ, der mit der Frau seines Bruders schläft.«

»Du sagtest, du warst überrascht, als ich um eine Trennung gebeten habe«, schreibt Kathleen in einer E-Mail im Juli 2016.

»Ich habe mich sehr gewundert, als ich deine Fläschchen Viagra und Cialis (erektionsfördernde Mittel) gefunden habe.«

»Ich habe mich gewundert, als ich Fluggebühren und Juwelierrechnungen gefunden habe. … Du hast mich nicht nur betrogen, du hast ihr sogar teure Geschenke gekauft.«

»Ich habe lange gebraucht, um zu verstehen, dass der Mann, den ich liebte, die Ehe, in der ich den Rest meines Lebens verbringen wollte, weg ist.«

»Ich habe jetzt darüber nachdenken können, wie du mich behandelt hast, welcher emotionalen Misshandlung du mich im vergangenen Jahr ausgesetzt hast. Deine Instrumentalisierung von Beau, Natalie und Hunter. Du willst mir weismachen, dass ich spinne und mir das einrede. … Du leugnest deine Affäre, die sich jetzt wohl bewahrheitet. …«

»Ich hoffe, du kannst irgendwann aufhören, ständig zu lügen und dir selbst vergeben, was du getan hast. Ich habe dir vergeben – aber ich halte das nicht länger aus.«

Es war ein brutales Ende ihrer Ehe, nach 21 Jahren und drei wunderschönen Töchtern.

Am 9. Dezember 2016 reichte Kathleen die Scheidung ein und beantragte das alleinige Sorgerecht für ihre minderjährige Tochter Maisy, die damals 16 war.

Dann eskalierte es rasant.

Am 11. Januar 2017 beklagte sich Hunter in einer E-Mail an einen Freund, dass Kathleen während eines Telefonats mit Hunter zu ihren Töchtern gesagt hatte: »Euer Dad und Tante Hallie haben am Tag nach Onkel Beaus Tod GEVÖGELT.«

Er beschuldigt seinen Freund, für Kathleen Partei ergriffen zu haben: »Ich weiß nicht, was man dir gesagt hat, damit du denkst, dass ich ein pathologischer Lügner bin. … Es war für mich vernichtend, dass du Kathleens Erzählung übernommen hast. …«

»Kathleen hat mir gesagt, ›wenn du noch einmal davon sprichst, dass der kleine Hunter jede Nacht weinend nach seinem Vater ruft, muss ich kotzen‹. Sie hat beklagt, dass ›die ganze Familie auf absurde Weise auf Hallie und ihre Kinder fixiert ist‹. Das war einen Monat nach Beaus Tod.«

In einer E-Mail bittet Kathleen Hunter, die Scheidung »schnell und einvernehmlich über die Bühne zu bringen, aus Respekt vor unserer Ehe und der Familie, die wir hatten. …«

»Ich bin völlig entnervt von deinen alternativen Fakten bezüglich unserer Finanzen. Jeder Richter, der deine Ausgaben ansieht, wird ebenso vor den Kopf gestoßen sein.« …

»Ich habe alles probiert. Eine vertragliche Trennung, einen Mediator, denselben Anwalt zu beauftragen, alles. … Ich will nichts darüber hören, wie ihr eure Rechnungen bezahlt. Eure Geschäfte interessieren mich nicht. Ich will nur eine faire Einigung, damit ich meine Zukunft und Finanzen planen kann.«

Am 17. Februar 2017 schreibt Kathleens Anwältin Rebekah Sullivan an Hunters Anwältin Sarah Mancinelli: »Hunter besitzt einen extrem wertvollen Diamanten. Wir bitten bis morgen Mittag um Nachweis, dass dieser Diamant in einem Bankschließfach hinterlegt ist, sonst bleibt uns nichts anderes übrig, als per einstweiliger Verfügung einer weiteren Zerstreuung des Besitztums, inklusive dem Diamanten, vorzubeugen.«

Mancinelli antwortet: »Hunter besitzt keinen Diamanten.«

Hinter den Kulissen fordert sie mehr Information von Hunter. »Ich weiß nicht, was ich ihnen sonst sagen soll«, schreibt sie. »Ich wäre sehr dankbar, wenn Sie ein paar Zeilen dazu verfassen können, die ich weiterleiten kann.«

Es gab aber sehr wohl diesen Diamanten, einen funkelnden Brilli von 3,16 Karat im Wert von circa 80 000 Dollar. Hunter hatte ihn im selben Monat vom Vorsitzenden des chinesischen Energiekonzerns CEFC, Ye Jianming, geschenkt bekommen. Der gut aussehende 39-jährige Mogul mit engen Beziehungen zu Präsident Xi Jinping und der chinesischen Volkbefreiungsarmee war Hunters bis dato mächtigster und großzügigster chinesischer Geschäftspartner.

Inzwischen sind Kathleens Schecks an die Putzfrau schon dreimal ungedeckt geplatzt, Therapeuten- und Arztrechnungen stapeln sich. Ihre Kreditkarten sind am Limit, eine Steuerschuld von 300 000 Dollar hängt über ihren Köpfen.

»Deine Ausgaben sind dokumentiert und verantwortungslos«, schreibt Kathleen am 20. Februar 2017 an Hunter.«

»Ich habe keine Lust mehr, dir hinterherzuschnüffeln, wo du das Geld versteckst.«

3 Tage später reicht sie in einen neuen Antrag ans DC Superior Court ein, in dem sie Hunter beschuldigt, »ausschweifende Ausgaben (für Drogen, Alkohol, Prostituierte, Stripclubs und Geschenke für Frauen, mit denen er sexuelle Beziehung pflegt) zu haben, während der Familie keine Mittel bleiben, ihre legitimen Rechnungen zu bezahlen. …« »Seine Ausgaben haben selten mit legitimen Familienunkosten zu tun, sondern eher mit seinen eigenen Reisekosten (zum Teil mehrere Hotelzimmer in

einer Nacht), Geschenke für andere Frauen, Alkohol, Stripclubs und anderen persönlichen Ausschweifungen.«

Laut Kathleen hat Hunter in 2 Monaten 122 000 Dollar ausgegeben, während er seine Unterhaltszahlungen an sie und ihre Töchter von 17 000 Dollar im Monat auf nur 1700 Dollar reduziert hat.

Hunter leugnet, Prostituierte gebucht und Stripclubs besucht zu haben. Doch unmittelbar nachdem Kathleens sensationelle Vorwürfe Schlagzeilen machten, geht er »direkt in einen Stripclub. Ich sagte ›Scheiß drauf‹«, sagte er dem *New Yorker*.

Einige Tage später enthüllt die Klatschspalte *Page Six* der *New York Post*, dass Hunter und Hallie zusammen sind. »Der verheiratete Hunter Biden hat eine Affäre mit der Witwe seines Bruders Beau Biden.«

Hunter hat Joe überredet, ihrer Beziehung seinen Segen zu geben: »Wir freuen uns alle, dass Hunter und Hallie einander gefunden haben, während sie sich von dieser Tragödie erholen«, so der Vizepräsident gegenüber *Page Six*.

Als am 14. April 2017 die Scheidung vollzogen wird, schluchzt die 48-jährige Kathleen im Gerichtsaal. Hunter ist nicht gekommen. Er wohnt mit Hallie in Delaware.

Die Unterhaltszahlungen von 37 000 Dollar im Monat werden Hunter Biden zu einer Zeit finanziell strapazieren, als seine Einnahmen durch Joes Ausscheiden aus dem Amt der Vizepräsidentschaft versiegen. Als Reaktion wird er immer größere Risiken eingehen, um Geld zu verdienen, und immer weiter in seine Crackabhängigkeit abrutschen.

6

Das Delaware-System

*»Ich hoffe, du kannst es mir gleichtun und
für diese Familie 30 Jahre lang alles bezahlen.
Das ist echt hart. Aber keine Sorge,
anders als Dad zwinge ich dich nicht, mir
die Hälfte deines Gehalts zu geben.«*
Hunter Biden, Textnachricht an Tochter Naomi, 2019

Joe Biden hatte einen einfachen Plan für seine Söhne.
Beau war das blonde Wunderkind, das in die Politik gehen
sollte, um einen Biden-Clan à la Kennedy fortzuführen. Auf dem
Weg ins Weiße Haus musste er sauber und unangreifbar bleiben.
Er würde vom Bundesstaatsanwalt zum Generalstaatsanwalt von
Delaware aufsteigen, auf dem Weg zum Gouverneursposten und
vielleicht in den Senat.

Hunter, der lieber Künstler oder Schriftsteller geworden wäre, bekam die Aufgabe, als Mittelsmann für die Polit-Connections seines Vaters die Kohle einzubringen, mit der die Familie sich über Wasser hielt. Er war der Strohmann für Joe Bidens Amigo-Netzwerk, das vom notorischen Steuerschlupfloch Delaware in die ganze Welt expandierte.

Um die internationale Einflussnahme der Familie Biden zu verstehen, muss man wissen, wo alles begann: in der geselligen politischen Kultur des kleinen Bundesstaates Delaware.

Mehr als 4 Jahrzehnte lang hatte Joe als Senator dort ein dichtes Netz aus »Eine-Hand-wäscht-die-andere«-Beziehungen aufgebaut, die ihm den Spitznamen »Quid pro Joe« einbrachten. Sie nannten es das »Delaware-System«.

Er und seine Kollegen verkauften es gern als gegenseitig nützliches System parteiübergreifender Zusammenarbeit, von dem am Ende jeder profitierte.

Die Bundesermittler, die die Spendenaffären der Bidens untersuchten, bezeichneten das Delaware-System als »eine Form von sanfter Korruption, die seit Jahren in diesem Bundesstaat existierte, und die aus Überschneidungen von Politik und Geschäftsinteressen besteht.«

In diesem Fall ging es speziell um den wohlhabenden Spirituosenhändler aus Delaware, Chris Tigani (damals 41), dessen Vater an der Archmere Academy mit Joe Football gespielt hatte. 2011 schloss er einen Deal mit der Staatsanwaltschaft und wurde zu einer zweijährigen Haftstrafe verurteilt. Zu den Beweisen zählte eine E-Mail von Tigani, die an den Präsidenten der Budweiser-Brauerei Anheuser-Busch gerichtet war. Darin stellt er sich als Joes »Spendensammler Nummer Eins« dar, der bei dessen Präsidentschaftskandidatur 2008 und Beaus politischer Karriere eine wichtige Rolle spielen würde. »Sie sind sehr gute, enge Freunde, eine Beziehung, auf die wir bei Bedarf jederzeit zurückgreifen können.«

Beau Biden war damals Generalstaatsanwalt von Delaware und gab den Fall ab, weil auch er Wahlkampfspenden von Tigani erhalten hat.

Tigani ließ sich für das FBI verwanzen und bespitzelte Menschen aus dem Umfeld der Bidens, aber nichts davon wurde den Bidens je angelastet.

Der zuständige Staatsanwalt war damals David Weiss – derselbe David Weiss, der für die 2018 eingeleiteten Ermittlungen gegen Hunter Biden wegen angeblicher Steuerhinterziehung, Geldwäsche und chinesischer Geschäftsbeziehungen befasst ist.

Politico schreibt, dass die Hunter-Biden-Ermittlungen schon im Sommer 2020 »Durchsuchungsbeschlüsse und Vorladungen« hätten erwirken können.

Weiss wurde jedoch nahegelegt, die Untersuchungen auf Eis zu legen, »um zu vermeiden, dass die Öffentlichkeit mitten im Präsidentschaftswahlkampf auf den Fall aufmerksam wird«. Wir wissen nicht, wer diesen Ratschlag gegeben hat, aber de facto wurde damit Joe Bidens Präsidentschaftskandidatur vor den Konsequenzen der Verstrickungen seiner Familie geschützt.

»Man muss ihm hoch anrechnen, dass er diesen Ratschlag angenommen hat«, sagte die anonyme Quelle *Politico* im Juli 2021.

Zu dem Zeitpunkt, als er Vizepräsident wird, hatte Joe Biden aus dem Delaware-System bereits eine Königsdisziplin gemacht, die er nun auf die internationale Bühne heben wird. Mit dabei ist Hunter als Strohmann der Familie, unter der Führung von Joes treuem jüngeren Bruder Jim.

Hunter hat die Lektionen des Delaware-Systems nahtlos von seinem Vater übernommen, allerdings mit deutlich weniger Fingerspitzengefühl. Als ein chinesischer Geschäftspartner seine ausufernden Ausgaben hinterfragte, feuerte er in einer E-Mail zurück: »Kevin, wenn du die Überweisung nicht unterschreibst, verklage ich euch vor dem Finanzgericht in Delaware – zufälligerweise mein Heimatstaat, wo ich alle Finanzrichter kenne und mit ihnen gearbeitet habe.«

In seinen 36 Jahren als Senator war Joe Experte darin geworden, sich nicht bei illegalen oder offensichtlich unethischen Handlungen erwischen zu lassen. Niemals zu gierig sein, niemals zu viel sagen, niemals Spuren hinterlassen – und immer, sobald es eng wird, die Mitleidskarte ausspielen.

Irgendwann hatte es Hunter genervt, der Goldesel der Familie zu sein, ohne jemals den Dank zu erhalten, der ihm seiner Meinung nach dafür zustand, dass er alle durchgefüttert hatte.

»Beau hat sich nie um die Verpflichtungen gekümmert. Er hat sich nie mit diesem Scheiß rumgeschlagen, das kannst du mir glauben«, motzte er in einer besoffenen Sprachnachricht an einen Freund in Los Angeles 2018.

»Ich liebe euch alle. Aber ich bekomme keinen Respekt von euch«, schrieb er im kommenden Jahr an seine älteste Tochter Naomi, damals 25. » Ich hoffe, du kannst es mir gleichtun und für diese Familie 30 Jahre lang alles bezahlen. Das ist echt hart. Aber keine Sorge, anders als Dad zwinge ich dich nicht, mir die Hälfte deines Gehalts zu geben.«

Natürlich erhielt Hunter jedes aufgeblasene Gehalt, jeden qualifikationsfreien Vorstandsposten, jeden Lobbyistenauftrag und jeden Glücksgriff nur deswegen, weil er der Sohn von Joe Biden war.

Es gab nicht viel in seinem Lebenslauf, auf das er stolz sein könnte. Kein Wunder, dass er mit der Zeit verbittert und unsicher wurde.

Joe wollte unbedingt, dass Hunter auf die Yale University geht, die renommierteste, elitärste juristische Fakultät des Landes, wo ein Notendurchschnitt (GPA-score) und ein SAT-Ergebniss von 99 Prozent Voraussetzung für die automatische Zulassung sind.

Hunters Privatschulnoten von der Archmere Academy in Delaware sind zwar nicht öffentlich bekannt, aber in seiner Jugend war Hunter eher für seinen Drogenkonsum als für seine schulischen Leistungen bekannt.

Es war 1993, und ein Demokrat saß im Weißen Haus.

Daniel Golden, Autor von *The Price of Admission: How America's Ruling Class Buys Its Way into Elite Colleges* griff diese Geschichte 2019 in einem Artikel für *Chronicle of Higher Education* auf: »Guido Calabresi, damals Direktor der juristischen Fakultät von Yale, erhielt einen Anruf vom damals prominentesten Yale-Juristen, Präsident Bill Clinton, der ihn bat, einen Georgetown-Absolventen namens Hunter Biden einzuschreiben. Zwei Zeugen bestätigten diesen Vorfall. Hunter war der jüngere Sohn des damaligen Vorsitzenden des Justizausschusses des Senats, Joe Biden. ...«

»Calabresi hatte genau wegen solcher Fälle eine Brandmauer zwischen dem Direktorat und der Zulassungsstelle der Jurafakultät errichtet, sagte Clinton, sodass er nichts tun könnte. Hunter wurde abgelehnt.«

Also musste sich Hunter mit Georgetown begnügen, da er für Yale nicht gut genug war. Doch im Jahr darauf wechselte er klammheimlich doch an die Yale University.

Wie war das möglich?

Nach Goldens Darstellung traf sich Calabresi nach seiner Ablehnung mit Hunter und riet ihm, eine andere Jura-Universität zu besuchen und von dort aus an die Yale University zu wechseln.

»Hunter hörte auf seinen Rat. Nach einem Jahr an der juristischen Fakultät von Georgetown wechselte er im Sommer 1994 nach Yale, kurz nachdem Calabresi in Pension ging.«

Anschließend ernannte Bill Clinton Calabresi zum Richter am US-Berufungsgericht.

Das Bestätigungsverfahren im Senat war kein Problem für ihn, denn er hatte die Unterstützung des Vorsitzenden des Justizausschusses: Joe Biden. »Mit der Empfehlung, dass [sie] bestätigt wird«, heißt es im *Congressional Record* vom 15. Juli 1994. Es gibt keine Beweise dafür, dass Calabresi direkt auf die Aufnahme von Hunter Biden an der Yale University eingewirkt hat, oder dass er für das Amt als Bundesrichter ungeeignet gewesen wäre. Sein Vorgänger als Dekan der juristischen Fakultät, Louis Pollak, wurde ebenfalls Bundesrichter.

Aber 3 Jahre vor Calabresis Nominierung als Bundesrichter war Joe Biden Vorsitzender bei einem viel stürmischeren Bestätigungsverfahren: dem des Obersten Richters Clarence Thomas, der erste afroamerikanische Richter des Obersten Gerichtshofs der USA und ein überzeugter Konservativer. Linke Kritiker versuchten Thomas' Bestätigung als Oberster Richter mit allen Mitteln zu verhindern. Clarence Thomas nannte die Schlammschlacht gegen ihn »einen modernen Hightech-Lynchmob gegen aufmüpfige Schwarze, die es wagen, selbst eine Meinung zu haben oder aus der Reihe zu tanzen.«

In seiner Biografie behauptet Hunter, seine Aufnahme an der Yale University hätte nichts mit dem Einfluss seiner Familie zu tun gehabt. In seiner Darstellung war es die literarische Qualität eines Gedichtes, das er eingereicht hatte und das die Universität überzeugt hätte. »Laut dem Aufnahmeschreiben von Yale waren meine Leistungen und mein Engagement ... mehr als genug Qualifikation, aber es war mein Gedicht, dass so außerordentlich war, dass es sie überzeugt hatte.« Nach Hunters Darstellung waren seine Testergebnisse von 172 (auf der SAT-Skala von 120 bis 180) nur geringfügig unter dem Yale-Durchschnitt. »Das hat wohl auch etwas ausgemacht.«

Wie auch immer Hunter schließlich die Aufnahme im zweiten Anlauf geschafft hatte, seine wundersame Karriere verschlug ihn nun mit Frau Kathleen und Baby Naomi nach New Haven, Connecticut, wo sie eine Studentenwohnung bezogen.

1996 machte er seinen Jura-Abschluss und kehrte nach Wilmington, Delaware, zurück, um an der Wiederwahlkampagne seines Vaters zu arbeiten.

Joe benutzte dann seinen Einfluss bei seinen Spendern, um seinem Sohn eine Reihe gut bezahlter Jobs zu verschaffen. Frisch von der Uni sollte Hunter mehr Geld verdienen als sein Vater, der zu diesem Zeitpunkt als Senator 133 600 Dollar im Jahr verdiente.

Es wurde von Hunter erwartet, dass er seine Studienanleihen und die seines Bruders Beau abbezahlen würde.

Noch 20 Jahre später beklagte er sich darüber in einer E-Mail an seine Tante Valerie Owens, Joes jüngerer Schwester, und seiner Ersatzmutter nach dem Tod seiner leiblichen Mutter.

»Dad hat für jede Anleihe von 7500 Dollar pro Semester gebürgt«, schrieb Hunter. »Ich war in meinem dritten Jahr in Yale, und hatte schon einen Job, der Beaus ganze Studiengebühren abbezahlen würde. ... Dad hat nie einen Cent bezahlt.«

Hunter beklagte sich oft, dass er die Hälfte seines Gehalts an seinen Vater abtreten musste. Auf dem Laptop finden sich keine Beweise für solche Zahlungen.

Hunter hat jedoch routinemäßig Joes Nebenkosten bezahlt, darunter seine monatliche Telefonrechnung von etwa 190 Dollar.

Aus einer E-Mail an Hunter von seinem Geschäftspartner Eric Schwerin mit dem Betreff »Rechnungen JRB« vom 5. Juni 2010 wissen wir, dass von Hunter erwartet wurde, stattliche Handwerkerrechnungen für Joes palastartiges Anwesen in Wilmington zu begleichen. Joes Kürzel lautet JRB für Joseph Robinette Biden.

Zu den Handwerkerrechnungen zählen 2600 Dollar für den Handwerker Earle Downing für eine »Stützmauer aus Stein« auf

Joes Grundstück in Greenville, 1475 Dollar für den Maler Ronald Peacock fürs Streichen der »Säulen und der Rückwand« des Hauses, 1239 Dollar für den Handwerker Mike Christopher für die Reparatur der Klimaanlage des Häuschens von Joes Mutter auf seinem Grundstück.

»Das ist vom letzten Sommer und muss bald bezahlt werden«, schrieb Schwerin zur Klimaanlagen-Rechnung.

Weitere 475 Dollar mussten für »Rolläden« an RBI Construction in Bear, Delaware, bezahlt werden, etwa 15 Minuten westlich von Wilmington.

Schwerins E-Mail an Hunter beginnt: »Zur Info: Es gibt ein paar Rechnungen, die bezahlt werden müssen. Ich weiß nicht, welche Vorrang haben, welche aus meinem Konto bezahlt werden sollen, welche aus dem Wilmington Trust Social Security Girokonto bezahlt werden und welche noch nicht bezahlt werden sollen.«

Er schreibt weiter: »Es gibt etwa 2000 Dollar extra auf ›meinem Konto‹ jenseits von dem, was für monatliche Unkosten gebraucht wird.« Es ist unklar, warum Schwerin »mein« Konto in Anführungsstriche setzte. Scheinbar wird das Konto benutzt, um die Nebenkosten der Familie Biden zu zahlen.

3 Tage später schreibt Schwerin wieder an Hunter: »(Der Handwerker) Mike Christopher geht mir auf die Nerven, also zahle ich einige der kleineren Rechnungen, weil ich nichts von deinem Vater gehört habe. Er hat viel zu tun – kein Problem. Aber lass mich wissen, wenn er eine Minute hat, um sich die E-Mail anzusehen, die ich dir geschickt habe.«

In einer weiteren E-Mail an Hunter vom 6. Juli 2010 mit dem Betreff »Zukunft JRB« geht es vermeintlich um einen Plan für Joes finanzielle Zukunft. »Vielleicht hat dein Vater in den nächsten Wochen Zeit, darüber zu sprechen, wenn du in Washington bist? Dein Vater hat mich gerade wegen seines Immobilienkredits angerufen, da ist mir eingefallen, jetzt wäre vielleicht ein guter Zeitpunkt für ein paar gute Nachrichten, was seine zukünftigen Verdienstmöglichkeiten angeht.«

Andere Dokumente auf dem Laptop belegen eine finanzielle Verflechtung zwischen Joe und Hunter.

In einer E-Mail an seine Assistentin Katie Dodge am 12. April 2018 beklagt sich Hunter, dass er aus seinem Wells Fargo Konto »ausgesperrt« wurde.

»Zu viele Köche. Zu viele Profilwechsel und so etwas. Das ist mir vor 10 Tagen auch passiert. … Mein Vater hat Zugriff auf dieses Konto, das ich seit 11 Jahren dank Eric bezahlt habe.«

Ein weiterer Beleg, dass Joe einen Anteil an Hunters Verdienst erwartete, kam von Hunters ehemaligem Geschäftspartner Tony Bobulinski. Bobulinski arbeitete für die Firma Oneida, die gegründet wurde, um ein Joint Venture mit dem chinesischen Energiekonglomerat CEFC einzugehen. Laut Bobulinski war Joe der »Big Guy«, der in einer E-Mail 2017 erwähnt wurde: »H(unter) hält 10 (Prozent) für den ›Big Guy‹.«

Vielleicht war es schwarzer Humor, aber als Hunter 2014 in mindestens fünf Ländern in dubiose Geschäfte verwickelt war, in denen sein Vater Einfluss hatte, schickte Schwerin ihm ein Zitat des damaligen Vizepräsidenten, vom Sender WLWT in Cincinnati, über die »Berufswahl seiner Kinder«.

»Ich wünsche, ich hätte ein Kind, das Republikaner ist und Geld verdient«, scherzte Joe.

Joe unterstützte seinen Sohn finanziell auf weniger direkte Weise, nämlich durch seine Geschäftsbeziehungen in Delaware, dem »Liechtenstein der USA«. Der *Financial Secrecy Index* krönte Delaware als das undurchsichtigste Steuerparadies der Welt. Es lockt Geld aus aller Welt an, ohne lästige Fragen zu stellen. Hinter verschlossenen Türen werden für die Finanzindustrie vorteilhafte Gesetze mit der Politik ausgearbeitet.

1972 gewann Joe Biden im Alter von nur 29 Jahren als kleiner Stadtrat von Wilmington seinen Senatssitz sehr knapp gegen den republikanischen Amtsinhaber Caleb Boggs (damals 63). Joe Biden kandidierte auf der Basis des Generationswechsels und einer Opposition gegen »Politik wie üblich«.

Nach der Biografie des Mafiakillers Frank »The Irishman« Sheeran verdankte Joe Biden seinen Sieg einem Streik der Druckergewerkschaft, der die Auslieferung einer Anzeigenkampagne von Boggs verhinderte. Sheeran, der im Martin-Scorsese-Film *The Irishman* von Robert de Niro gespielt wird, war damals Vorsitzender der Ortsgruppe der mächtigen und mafiösen Lkw-Fahrer-Gewerkschaft.

»Dieser Streik hat Senator Joe Biden ins Amt gehievt«, behauptete Sheeran an seinem Lebensende 2004 in seiner Biografie *I Heard You Paint Houses*, Grundlage für den Scorsese-Film. Der makabre Titel bezieht sich auf einen Euphemismus der Mafia für das Chaos, das ein Auftragskiller anrichtet, wenn er jemandem das Hirn wegpustet.

»Republikaner sagen, dass diese Anzeigenkampagne Joe Biden sehr geschadet hätte, wenn sie ausgeliefert worden wäre«, so Sheeran.

Danach wurde Joe, der in seinem Leben nie in einem Gewerkschaftsjob gearbeitet hat, ein treuer Freund der Lkw-Fahrer.

Sheeran behauptet auch, den berüchtigten Gewerkschaftsboss Jimmy Hoffa ermordet zu haben, der im Film von Al Pacino gespielt wird. Nach Hoffas Verschwinden 1975 blieben die Bidens seiner Familie eng verbunden.

»Senator Biden war immer ein Freund der arbeitenden Bürger, und ist ein wichtiger Verbündeter der Lkw-Fahrer«, sagte Jimmys Sohn Jim Hoffa, der ebenfalls Gewerkschaftsboss ist. Gewerkschafter Hoffa unterstützte Joe Biden als Vizepräsidenten 2008, obwohl dieser eine Handelspolitik vertrat, die den amerikanischen Arbeitern schadete.

Hunter lud Jim Hoffa im Juni 2011 zum Staatsbankett mit Angela Merkel ein. Der damalige Heimatschutzminister und künftige CIA-Direktor John Brennan, der regelmäßig zu Gast bei Obama im Weißen Haus war, war ebenfalls mit seiner Frau Kathleen anwesend.

Zeitungsberichte belegen, dass es im November 1972 tatsächlich einen Streik der Druckergewerkschaft gab, dem sich die Lkw-Fahrer anschlossen, und dass die Zeitungen mit der Anzeigenkampagne von Boggs nie ausgeliefert wurden.

Es ist unmöglich zu sagen, was ohne diesen Streik passiert wäre, aber letztendlich gewann Joe Biden mit nur 3000 Stimmen Vorsprung. Seit jenem knappen Sieg beherrscht er diesen ungewöhnlichen Bundesstaat auf eine Weise, die nur eine Handvoll Insider jemals ganz verstehen wird.

Seitdem gelang der Familie Biden in Delaware ein beneidenswerter wirtschaftlicher Erfolg. Nach seiner Hochzeit 1993 gewann Hunter Biden 1997 einen Sechser im Lotto, als er die historische Winterthur-Villa des Schießpulver-Tycoons Henry du Pont erwarb. Mit seinem 4 Quadratkilometer großen Grundstück galt es als das schönste von etwa zwei Dutzend historischen Du-Pont-Villen in der Gegend nördlich von Wilmington.

»Winterthur wirkte wie ein europäisches Herzogtum, ein Privatreich mitten in den USA, durch die Macht enormen Reichtums geschaffen«, wie die Zeitschrift *American Heritage* schrieb.

Das steinerne Haus mit vier Schlafzimmern, das Hunter erwarb, war ursprünglich ein Cottage für die Bediensteten, die im Herrenhaus mit 175 Zimmern arbeiteten. Das Herrenhaus liegt einen halben Kilometer durch den Park entfernt, und dient jetzt als Museum.

Sein Bruder Beau, der als Bundesstaatsanwalt in Philadelphia arbeitete, zog bei Hunter und Kathleen ein. Hunter bezahlte das Immobiliendarlehen und die Nebenkosten, wie er dem *New Yorker* 2019 erzählte.

Im Jahr darauf verkaufte Hunter das Haus für »etwa das Doppelte des Kaufpreises«, teilte er dem Magazin mit. Nach seiner Darstellung war die viele Arbeit, die er und seine Familie an Wochenenden und nach Feierabend in die Renovierung steckten, der Grund für den Zugewinn. »Wir haben jeden Zentimeter dieses Hauses geschliffen, gespachtelt, grundiert und gestrichen«, schreibt Hunter in seiner Biografie.

Wie sein Vater, hatte Hunter von Anfang an ein sicheres Händchen, sich mit Immobilien in Delaware eine goldene Nase zu verdienen.

5 Minuten südlich von Hunters Haus, den Brandywine Valley Scenic Parkway herunter, vorbei am Wilimington Country Club, in der exklusiven Wohngegend von Greenville, kaufte Joe 1975 mit 32 seine eigene Du-Pont-Villa, als junger Witwer mit einem Jahreseinkommen von 44 600 Dollar.

Das 930 Quadratmeter große Gebäude mit fünf Schlafzimmern, dazu ein Poolhaus, Tennisplatz und gepflegte Gärten war »die Art Bauwerk, für das tausend italienische Bauarbeiter sterben mussten – handgeschnitzte Türstöcke, eine geschwungene, handgedrechselte Treppe wie aus dem Film Vom Winde verweht, und eine Bücherei wie aus dem Bilderbuch«, so schreibt Richard Ben Cramer in seinem Buch *What it Takes* 1988 über den Präsidentschaftskandidaten.

Das war die Villa, in der Hunter und Beau – und ihre Halbschwester Ashley, 11 Jahre jünger als Hunter – aufgewachsen waren und sich an das Luxusleben gewöhnt hatten, zwischen den Villen und Golfclubs der »Palastgegend« von Delaware.

Joe zahlte 185 000 Dollar für ein 8000 Quadratmeter großes Grundstück, das er »The Station« taufte. 1996, also 21 Jahre später, verkaufte er es für 1,2 Millionen Dollar unter dubiosen Umständen an John Cochran, dem Vizevorsitzenden von MBNA, dem Kreditkartenriesen aus Delaware, bei dem Hunter seine erste Anstellung finden sollte.

Der Journalist Byron York untersuchte für den *American Spectator* den Hausverkauf, nachdem es bei Joe Bidens Wiederwahlkampagne 1996 zum Thema wurde.

Joes republikanischer Herausforderer deutete an, was viele hinter vorgehaltener Hand tuschelten, nämlich, dass Cochran mehr als das Doppelte des gängigen Marktwertes des Hauses bezahlte, um die Bidens zu schmieren.

Joe verurteilte die Anschuldigungen als »unterste Schublade, verwerflich und unmoralisch«. Seiner Heimatzeitung, dem *Wilmington Journal*, stellte er ein Gefälligkeitsgutachten zur Verfügung, das den Wert des Hauses zufällig genau auf 1,2 Millionen Dollar taxierte. Ein zweites Gutachten, das von Cochran in Auftrag gegeben wurde, kam zum selben Ergebnis.

Laut Joe war der sprunghaft gestiegene Wert der Villa seinen erheblichen Renovierungen geschuldet.

Laut York erforderte das Haus jedoch nach Cochrans Kauf noch aufwendige Umbauten, ehe Cochran einziehen konnte. »Handwerker und ihre Laster belagerten noch monatelang das Haus.«

Zudem fand York heraus, dass das zweite Gutachten Joes Haus mit nur drei anderen Immobilien verglichen hatte, die allesamt etwa 20 Prozent höher bewertet wurden, als sie letztendlich im Verkauf eingebracht hatten.

Dazu erhielt Cochran von seiner Firma MBNA 330 115 Dollar für seine Unkosten im Zusammenhang mit dem Umzug, obwohl er nur etwa 160 Kilometer von Maryland nach Delaware ziehen musste. Nach einer Auskunft an die US-Finanzaufsicht waren 210 000 Dollar davon als Kompensation für die Verluste designiert, die Cochran beim Verkauf seines alten Hauses in Maryland erlitt – etwa 20 Prozent des Verkaufswerts.

»Wie es scheint, hat MBNA mitgeholfen, das Haus der Bidens zu kaufen«, wie York schreibt.

Joes nächster Immobilienkauf war genauso pfiffig: Ein abgeschiedenes Grundstück am Wasser, etwa 3 Kilometer von seinem alten Haus entfernt, auf dem er sein dreistöckiges Traumhaus baute.

Dank »vermögender Geschäftsleute und Wahlkampfspender, unter anderem Banker, die von Gesetzentwürfen vor dem US-Senat betroffen waren«, konnte Joe Biden 1996 am Ufer des Little Mill Creek Lake 16 000 Quadratmeter kaufen, schrieb die *New York Times* 2008. »Sie kauften ihm sein altes Haus für einen Aufpreis ab, verkauften ihm das neue Grundstück günstig und liehen ihm noch 500 000 Dollar für den Hausbau«, so die *Times*, die aber dabei keine Regelverstöße nachweisen konnte.

Joe Biden hatte eben ein sehr glückliches Händchen.

Er kaufte das Grundstück für 350 000 Dollar vom umstrittenen Baulöwen und Wahlkampfspender Keith Stoltz, für denselben Preis, den dieser vor 5 Jahren bezahlt hatte, wie die *Times* berichtete. Der Vorbesitzer, der Künstler Stephen Pyle, der nach Texas gezogen war, wunderte sich, dass Stoltz keinen Aufpreis verlangt hatte. »Das klingt nicht so wie Keith Stoltz«, sagte Pyle dem *Wilmington News Journal*.

Laut *News Journal* entwickelte eine Stoltz-Firma zur gleichen Zeit ein Immobilienprojekt in Höhe von 525 Millionen Dollar im nahe gelegenen Barley Mill Plaza. Wohlhabende Anlieger verzögerten das Bauprojekt so lange vor Gericht, bis Stoltz 10 Jahre später aufgab und das Grundstück verkaufte.

Um sein Haus zu bauen, bekam Joe Biden einen Baukredit von 400 000 Dollar von der örtlichen Beneficial National Bank, dessen Vorstände »in der Lokalpolitik aktiv waren und an beide Parteien spendeten«, wie die *Times* schreibt. Diese Bankvorstände traten auch für verbraucherunfreundliche Reformen des Insolvenzrechts ein, die Joe Biden, als Vorsitzender des mächtigen Justizausschusses, unterstützte.

Joe beauftragte den Bauunternehmer Chuck Lattif, ein Freund seines Bruders Jim, ihm eine Luxusvilla zu bauen, von der Sorte, wie sie Lattif üblicherweise im exklusiven Bryn Mawr, Pennsylvania, 60 Kilometer weiter nördlich baute.

12 Monate dauerte der Bau von Joes sonniger Villa im georgianischen Stil am Seeufer, mit Blick nach Süden über das Wasser auf idyllische Hügel und Wälder. Joe ließ noch einen Pool, eine Tiefgarage und einen Privatsteg errichten. Von diesem berühmten »Keller« aus führte er in der Coronapandemie 2020 seinen Wahlkampf – in Wahrheit war es ein holzgetäfeltes, maßgeschneidertes Arbeitszimmer, von dem aus man bei seinen Zoom-Interviews die Gänse schnattern hören konnte.

25 Jahre nachdem Joe sein Traumhaus gekauft hatte, schätzte die Immo-Webseite Zillow den Wert des Anwesens auf fast 2,9 Millionen Dollar.

Joe Biden bezeichnete sich gern als »ärmstes Kongressmitglied«, aber er residierte wie ein König. Die üblichen Unkosten, für die die meisten Menschen sparen und knapsen, waren bei den Bidens nie ein Thema.

Hunters Rolle bestand darin, die Schmiergeld-Pipeline der Familie Biden zu sein, die ein Luxusleben führte, das oft das Gehalt eines öffentlichen Staatsdieners überstieg. Das war das Hauptgeschäft der Familie.

Die meisten Jura-Absolventen brauchen Jahre, um Juniorpartner einer Kanzlei zu werden, aber Hunter landete direkt nach dem Studium 1996 bei einem Job für 100 000 Dollar im Jahr, plus einem Anwerbungsbonus in unbekannter Höhe: bei MBNA, dem größten Spender seines Vaters.

Bald darauf wurde er Senior Vice President und erhielt bei Kollegen aufgrund seines Einflusses in Washington, wo Joe Biden Gesetze durchbrachte, die MNBA nutzten, den Spitznamen »Senator MNBA«. Joe unterstützte unter anderem Gesetze, die es Bürgern erschwerte, in die Privatinsolvenz zu gehen und Kreditkartenschulden abzuschreiben. Er half, Gesetze abzublocken, »die insolvente Bürger beschützten, die große Arztrechnungen haben oder im Militär dienen«, wie die *New York Times* schrieb. Nach dem Wirtschaftsexperten an der Bundesbank Philadelphia, Wenli Li, waren die Verschärfungen des Privatinsolvenzrechts Schuld an der Welle von Zwangsvollstreckungen und Zwangsräumungen beim Platzen der Immobilienblase 2008.

Als das Obama-Team begann, Joe Biden als möglichen Vizepräsidentschaftskandidat in Betracht zu ziehen, war seine Beziehung zu MBNA »eines der heikelsten Themen«, so die *New York Times* 2008.

Im selben Jahr befragte Tom Brokaw von NBC Joe Biden dazu, dass »Ihr Sohn direkt nach dem Jurastudium von einer großen Kreditkartenfirma eingestellt wurde, MBNA. Er erhielt etwa 100 000 Dollar im Jahr, soweit ich weiß. Sie erhielten 214 000 Dollar an Wahlkampfspenden von der Firma und deren Mitarbeitern.«

»Gleichzeitig kämpften Sie für eine Insolvenzreform, die MBNA nutzte und die es Amerikanern viel schwerer machte, Privatinsolvenz zu beantragen.«

»War es im Nachhinein nicht unangemessen für jemanden in Ihrer Position, einen Sohn zu haben, der von dieser Kreditkartenfirma bezahlt wurde, während Sie im Senat für deren Interessen kämpften?«

»Überhaupt nicht«, schoss Joe Biden zurück, mit der Taktik der absoluten Schamlosigkeit, die er über all die Jahre so perfektioniert hatte.

»Mein Sohn hat seinen Abschluss an der Yale University gemacht. Das Anfangsgehalt an der Wall Street liegt bei 140 000 Dollar, das hätte er auch machen können. Aber er zog es vor, nach Hause zu kommen und dort bei einer Bank anzufangen, das ist sein gutes Recht.«

Joes Schätzung eines Einstiegsgehalts von 140 000 Dollar ist ziemlich weit hergeholt. Nach Auskunft des Berufsverbandes lag damals das mittlere Einstiegsgehalt für Absolventen der besten juristischen Fakultäten in New York bei 85 000 Dollar.

1998 verließ Hunter Biden MBNA für seinen nächsten Amigo-Job, diesmal im Handelsministerium der Clinton-Regierung. MBNA zahlte ihm trotzdem für weitere 5 Jahre eine Beraterpauschale von 100 000 Dollar im Jahr als Lobbyist.

Um Hunter seinen nächsten Versorgungsposten zu organisieren, forderte der langjährige Wahlkampfmanager und Anwalt seines Vaters, William Oldaker, vom damaligen Handelsminister William Daley einen Gefallen ein. Als 3 Jahre später die Regierung Bush das Weiße Haus übernahm, nahm Oldaker Hunter in seiner Lobby-Kanzlei Oldaker, Biden & Belair unter seine Fittiche.

Zusätzlich konnte Hunter seinen Lebenslauf mit Vorstandsposten aufhübschen, unter anderem bei der Investmentfirma Eudora Global, die dem Biden-Großspender Jeff Cooper gehörte.

Zudem erhielt Hunter leitende Posten bei gemeinnützigen Vereinen und Nichtregierungsorganisationen (NGOs). Joes mächtiger Verbündeter, Senator Harry Reid, beschaffte Hunter einen unbezahlten Posten im Vorstand der US-Eisenbahnfirma Amtrak, dessen Steuerfinanzierung Joe immer unterstützt hatte.

»Hunter Biden ist schon ganz viel Bahn gefahren«, war die Erklärung des demokratischen Senators Tom Carper aus Delaware bei der Senatsanhörung.

2011 wurde Hunter Vorsitzender von World Food Program USA (WFP USA), dem US-Spendenarm des Welternährungsprogramms der UNO, das das *Wall Street Journal* als »unbezahlten Club der politisch Einflussreichen« bezeichnete. Für Hunter wurde WFP USA zum nützlichen Türöffner, um ausländische Potentaten zur Spendenakquise zu treffen, obwohl WFP USA auf dem Papier nur innerhalb der USA Spenden sammelte. Wie Amtrak war es zum Großteil von öffentlichen Geldern abhängig.

Für Hunter öffneten sich die Türen zu lukrativen Angeboten wie von selbst, während seine Ehe auseinanderbrach.

Joes Mitarbeiter in Washington wussten genau, was Sache war. »Wenn jemand Joes Familie hilft, hilft er auch Joe«, sagte der Unternehmensberater Sam Waltz aus Wilmington zu *The Nation*.

Hunter gibt selbst zu, sein Leben lang mit dem Familiennamen hausieren gegangen zu sein. Aber erst als sein Vater 2009 Vizepräsident wurde, begann der Rubel richtig zu rollen.

Millionen Dollar flossen an das schamlose Schmiergeldsystem, das Hunter und sein Onkel Jim Biden mit Joes stiller Beteiligung geschaffen hatten. Hunter lebte wie Gott im Frankreich des Ludwig XIV., paffte Zigarren von Oro Blanco von Davidoff am Madison Avenue für 500 Dollar das Stück und ließ sich Anzüge von Brunello Cucinelli bei Riflessi an der »Milliardärsgasse« am Central Park für 30 000 Dollar das Stück schneidern.

Er flog an Bord von Privatjets und der Air Force 2 um die Welt, feierte mit ausländischen Oligarchen am Comer See, in Monte Carlo, Acapulco und Shanghai in ihren, mit Schwarzgeld gekauften Villen und verlustierte sich mit einem endlosen Aufmarsch osteuropäischer Prostituierter und haufenweise Crack.

Es war jedoch der Umgang seines Vaters mit dem künftigen chinesischen Präsidenten Xi Jinping, der zur größten Goldgrube für die Familie Biden wurde. Das Joint-Venture-Abkommen mit CEFC, der größten Firma der »Neuen Seidenstraße« war Millionen Dollar wert und beinhalte 10 Prozent für seinen Vater, »The Big Guy«.

Aber dieser Deal sollte Hunter an den Rand des Ruins bringen.

7

Die Wracks des Ödipus

»Ich bin Damos … der leibhaftige Zorn.«
Gedicht von Hunter Biden, Januar 2019

Sogar Joe Bidens eifrigste Unterstützer mussten zugeben, dass sein schwacher Auftritt bei den Präsidentschaftsdebatten 2020 gegen Donald Trump nicht zu seinen Sternstunden zählte, aber ein Moment verschaffte ihm großen Beifall.

Präsident Trump forderte ihn mit Fragen über seinen drogenabhängigen Sohn und dessen zwielichtige Geschäfte in der Ukraine heraus. Joe Biden reagierte darauf, indem er sich der Kamera zuwandte und direkt zum amerikanischen Volk sprach: »Wie viele Menschen, die Sie selbst kennen, hatten wie mein Sohn ein Drogenproblem. Er hat sich reingehängt und hat es in den Griff bekommen. Und ich bin stolz auf ihn.«

Das war ein meisterhafter Schachzug. Wie ein Judomeister verwandelte er den Angriff auf Hunters ausschweifenden Lebensstil in seinen Vorteil, indem er sich als liebevoller Vater darstellte und seinen Gegner Trump als Unhold. Seinen persönlichen Sympathieappell, aufgrund seiner privaten Probleme, verband er mit einer viel größeren Tragödie, die das gesamte Land betraf.

Da die aktuelle Opioid-Epidemie vor allem die US-Arbeiterklasse betraf, war es aus der Mode gekommen, Drogenabhängige als asoziale Verbrecher abzustempeln. Während der Crack-Epidemie der Bush- und Clinton-Jahre hatte sich Senator Joe Biden zwar für härtere Strafen eingesetzt, die vor allem Arme und Schwarze hinter Gitter brachten, aber bis 2020 hatte er sich geläutert. Drogensucht war jetzt eine Krankheit und keine Charakterschwäche mehr. Wer das anders sah, strafte die Opfer mit einer der schlimmsten psychologischen Folgen – der Schande.

Und von Schande konnte Joe Biden ein Lied singen.

Um die kranke Dynamik zu verstehen, aus der heraus ein liebevoller Vater seinen drogenabhängigen Sohn den unwiderstehlichen Versuchungen gigantischer Geldströme aus undurchsichtigen Quellen aussetzt, muss man weit zurückblicken, und zwar auf Joes Kindheit.

Joe Bidens Kindheit war wie ein Auszug aus einer Kurzgeschichte von John O'Hara, dem Schriftsteller der irischen Familientragödien, die im Kohlerevier von Pennsylvania spielten, voller Suff und enttäuschter Hoffnungen.

Joes Vater, Joseph Biden Senior, war allen Darstellungen zufolge ein Träumer und Geschichtenerzähler. Joe Senior, der Sohn eines Regionalleiters der American Oil Company in Scranton, Pennsylvania, war groß, dunkelhaarig, kantig und gut aussehend. Nach der Schule begann er als Büroschreibkraft bei American Oil und wechselte dann in den Verkauf. Mit 25 heiratete er die willensstarke, irisch-katholische Einwanderertochter Jean Finnegan am 30. Mai 1941.

Joe wurde im darauffolgenden November geboren, gefolgt von seiner Schwester Valerie 3 Jahre später, Jim im Jahr 1949 und Frank 1953.

Eines der wenigen Fotos von Joe als Kleinkind zeigt ihn mit seinen Eltern und Großeltern mütterlicherseits auf einer winterlichen Straße in Scranton, dem Abbild der strengen, irisch-katholischen Kleinbürgerlichkeit. Der einzige, der sich zu amüsieren schien, war Joe Senior, und das lag vielleicht an dem Drink in seiner linken Hand.

Als Joey zwei war, verließ sein Vater die Ölfirma und zog mit der Familie nach Boston, wo er eine gut bezahlte Stelle bei der kriegsgewinnreichen Sheen Armor Company seines Onkels annahm. Die Firma stellte Dichtungsmittel für Schiffe der Handelsmarine her. Nach 2 Jahren beschloss sein Vater, selbst Unternehmer zu werden und scheiterte mit einer Reihe von Firmen: einem Möbelgeschäft, einem Flughafen und einem Schädlingsbekämpfungsdienst in Long Island, New York.

Der erwachsene Senator Joe Biden sollte diese Familiengeschichte später romantisieren, als ob sein Vater eine Figur aus der Hollywoodkomödie *Die Nacht vor der Hochzeit* wäre. »Mein Vater genoss in seiner Erziehung alle Vorteile eines Gentlemans: Er ritt zur Fuchsjagd, fuhr Sportwagen, flog Flugzeuge. Er kannte sich mit feinen Maßanzügen, edlen Pferden und den neusten Tanzschritten aus«, behauptete Joe in seiner Biografie 2008.

Als der kleine Joey Biden 6 Jahre alt war, war die Familie pleite und musste bei Jeans Eltern in Scranton einziehen. Joey verbrachte die nächsten 4 Jahre im engen, grauen Holzhaus der Finnegans in der North Washington Street, zusammen mit seinen Eltern, Geschwistern, Großeltern, seiner Tante Gertie und seinem Onkel Edward. Sein Vater fand irgendwann einen Job als

Gebrauchtwagenverkäufer und zog mit der Familie nach Wilmington.

Joe gab die Schuld am Abstieg der Familie dem wirtschaftlichen Umschwung nach dem Krieg. Aber es müssen auch andere Faktoren im Spiel gewesen sein.

Joe trank sein Leben lang keinen Alkohol und sagte im Wahlkampf 2008, in einem seltenen Moment der Aufrichtigkeit: »In meiner Familie gab es schon genug Alkoholiker.« Joe bestritt, dass sein Vater Alkoholiker war, aber seine Nichte Caroline widersprach. In einer SMS an Hunter nannte sie ihren Großvater »einen klassischen 1930er-Jahre-Alkoholiker«.

Das würde die tiefen Unsicherheiten erklären, die Joe geprägt haben: ein stotternder Junge, der in der Schule gemobbt wurde und bis ins Erwachsenenalter Probleme mit Rechtschreibung und Satzzeichen hatte. Der junge Joe Biden kompensierte das mit einer Walter-Mitty-artigen Verwandlungsfähigkeit, mit dem Zwang, jemand anderes zu sein als er war.

Nach seiner eigenen Aussage übte er stundenlang vor dem Spiegel die Reden von John F. Kennedy, dem ersten irisch-katholischen US-Präsidenten, und träumte davon, in seine Fußstapfen zu treten.

Joe wurde von seiner Familie vergöttert. »Wie bei den irischen Königen gilt das Recht des Erstgeborenen«, schrieb *Esquire* 1981, »und als Ältester bekommt Joe das größte Stück vom Kuchen, wie sein kleiner Bruder Jim sagte. Jimmy hob eine Hand zum Schwur und sagte, ›Ich gebe drauf mein Wort als Biden‹ – eine Formel, die die Bidens nutzten, wenn sie etwas wirklich ernst meinten.«

Innerhalb der Familie waren Treue und Zusammenhalt oberstes Gebot. »Blut ist dicker als Wasser«, war ihr Motto.

Joes Jugendfreund Marty Londergan erzählte *Esquire* von den Footballspielen am Wochenende gegen eine Mannschaft der Du-Pont-Chemiewerke.

»Jedes Wochenende gab es eine Schlägerei, die meist von Joe angefangen wurde, wobei er sich mit Gegnern anlegte, die ein-einhalb Mal so groß waren wie er. Er hatte einfach ›ein loses Mundwerk‹«, so Marty. Irgendwann hörten die Spiele auf, da keiner mehr mit Joe spielen wollte. ›Er wollte einfach zu sehr gewinnen‹, sagte Marty.«

Unter seiner kumpelhaften »Einer-von-euch«-Fassade loderte ein brennendes Bedürfnis nach Anerkennung und Respekt, das Joe Biden beim dritten Anlauf mit 77 Jahren ins Weiße Haus führen sollte.

Auf dem Weg dorthin ließ er seine Zähne blendend weiß polieren, seinen frühen Haarausfall mit Implantaten verdecken und versteckte seine Wutausbrüche hinter einem Tausend-Watt-Lächeln, das gleichermaßen überzeugte wie abstieß. Als einer der zehn bestgekleideten US-Senatoren nominiert, verglich ihn Kitty Kelley in einem Porträt im *Washingtonian* 1974 mit »Robert Redford als Großer Gatsby, mit feschen Na-delstreifenanzügen, eleganten Seidenkrawatten und schwar-zen Halbschuhen mit Fransen. Er kleidet sich wie ein reicher Mann.«

Joe legte immer großen Wert auf sein Aussehen und arbeitete hart an einem gesunden, kleinbürgerlichen Familienimage. Pri-vat strebte er jedoch eher nach dem adligen Luxus des Kenne-dy-Clans, von den jährlichen Familienurlauben auf Nantucket, der noch schnöseligeren Nachbarsinsel neben Martha's Viney-ard, der Lieblingsinsel der Kennedys, bis zu dem weitläufigen Villengrundstück der Bidens in Greenville, wo Verwandte und Berater sich trafen, um Joe Bidens Präsidentschaftskandidaturen zu besprechen.

Er schuf sich eine mythische, überlebensgroße Persona voll abenteuerlicher Geschichten seiner Heldentaten, Übertreibun-gen und glatten Lügen, was seine Leistungen anging. Er log, was seine nicht vorhandenen akademischen Auszeichnungen und Stipendien anbetraf. Er plagiierte ohne Skrupel Reden von anderen Politikern. In einem Fall übernahm er sogar die ganze Lebensgeschichte des Parteichefs der englischen Labour Party, Neil Kinnock. Joe Biden behauptete, seine Vorfahren wären Kohlekumpel gewesen und er der Erste seiner Familie »seit tausend Generationen«, der studiert habe.

Routinemäßig spulte er seine Storys ab, die ihn als harten Kerl inszenierten. Darunter auch die Geschichte, wie er ganz allein einem fiesen, rasiermesserbewaffneten Schläger namens Corn Pop, der »eine Bande harter Jungs« anführte, die Stirn bot.

Zu Joe Bidens Legendenbildung gehörte auch seine Ausbildung als Bürgerrechtsaktivist in schwarzen Kirchengemeinden, dass er im Mittelpunkt der Bürgerrechtsbewegung in Selma und Birmingham, Alabama stand und dass er in Soweto, Südafrika, auf dem Weg ins Gefängnis zu Nelson Mandela verhaftet wurde. Nichts von alledem war wahr.

Jedes Lügenmärchen diente nur dazu, sein Ego aufzuplustern, um sich selbst als strahlenden Superhelden dazustellen, der klüger, taffer und aufrechter ist als alle anderen, und die beste Ehe, die besten Kinder, das beste Haus, das beste Leben hat.

Er wiederholte diese Märchen, selbst als sie aufgeflogen waren. Nichts schien ihm peinlich zu sein, als ob er sich selbst dazu gebracht hätte, seine Lügengeschichten zu glauben.

Sein sehr lockeres Verhältnis zur Wahrheit erstreckte sich auch auf seine Familienlegenden zum Thema »Was es heißt, ein Biden zu sein«, die sich um Werte wie Treue, *Omerta* (Anm. d. Redaktion: Schweigegelübde) und gutes Auftreten drehten. Das einzige Mal, als seine Legendenbildung nach hinten losging, war, als er die Vita des Parteichefs der Labour Partei, Neil Kinnock, übernahm, der aus dem Kohlerevier Englands stammte. Das war das Ende seiner ersten Präsidentschaftskandidatur 1988.

Sobald jemand sein an den Haaren herbeigezogenes Selbstbildnis in Zweifel zog, reagierte Joe Biden mit kaum kontrollierten, narzisstischen Wutanfällen.

Diesen seltsamen Zwiespalt verkörpert ein Video vom Wahlkampf in New Hampshire 1987, in dem Joe Biden einen Mann beschimpft, der höflich gefragt hatte, wo er Jura studiert habe und mit welchen Noten.

»Ich habe wahrscheinlich einen höheren IQ als Sie«, keifte Joe und stach dabei mit seinem Finger in die Luft wie mit einem Dolch. »Ich war der einzige in meinem Jahrgang mit einem Vollstipendium. ... Ich war nach Noten in der oberen Hälfte meines Jahrgangs. ... Am Ende war ich der Beste meines Jahrgangs in Politologie und habe drei Bachelor-Abschlüsse erhalten. ... Ich würde nur zu gerne meinen IQ mit Ihrem vergleichen.«

Am Ende dieses schockierenden Wutausbruchs grinste Joe Biden über beide Ohren, um dem Anfall die Spitze zu nehmen. Selbst wenn seine abwegigen Behauptungen wahr gewesen wären, war die Antwort eine katastrophale Überreaktion, wie die entsetzten Gesichter im Publikum verrieten.

Es war natürlich alles an den Haaren herbeigezogen, wie die Zeitungen enthüllten: Es gab kein Vollstipendium, seine Noten waren durchgehend grottenschlecht und das Jurastudium an der Syracuse Law School beendete er mit dem 76. Platz von 85.

Im ersten Studienjahr flog er beinahe wegen eines Plagiats von der Uni. Er wurde nie als bester Politologe geehrt und machte nur einen Bachelor-Abschluss, nicht drei.

Dieser bezeichnende Wutausbruch gibt einen Einblick in Joe Bidens angespanntes Innenleben, und lässt erahnen, wie schwierig es sein muss, sein Sohn zu sein. Wenn man sieht, wie Joe Biden zu Beginn des Wahlkampfs 2020 mehrmals explodiert ist – bevor Corona und seine Berater ihn in seinen Keller verbannt haben – bekommt man eine Ahnung, was für dunkle Seiten in ihm schlummern. Man muss sich nur vorstellen, wie es ein kleines Kind erleben würde, wenn dieser Zeigefinger und die wütende Stimme erhoben wird – und keine Mutter da ist, um es zu beschützen.

Trotz seiner mächtigen Position als Mitglied des Justizausschusses des US-Senats, die er 16 Jahre lang innehatte, 8 davon als Vorsitzender, war Joe Biden eine Witzfigur in der US-Politik, wenn auch eine sympathische. Erfahrenere Kollegen nahmen den jungen frischgebackenen Senator unter ihre Fittiche und verschafften ihm auf dem kurzen Dienstweg wichtige Ämter. Doch schon bald erwarb er sich in Washington den Ruf eines »Klugscheißers«, so *Esquire*, mit »der Aufmerksamkeitsspanne einer Eintagsfliege«.

Der Spruch »Jetzt mal im Ernst« wurde eine von Joe Bidens Markenzeichen. Niemand nahm ihn wirklich ernst, aber man akzeptierte seine Selbstdarstellung als bescheidener, wohlmeinender, demonstrativ katholischer Familienvater, mit ein paar harmlosen Spleens.

Außerdem verliehen ihm die wirklichen Tragödien, die Joe Biden erlitten hatte, etliche Sympathiepunkte, die ihm als Schutzschild gegenüber dem natürlichen Misstrauen dienten, das die meisten Menschen für Politiker empfinden, vor allem für einen pathologischen Märchenerzähler und Selbstdarsteller. Wenn ein Mann gerade seine Frau und seine kleine Tochter bei einem Autounfall verloren und zwei Söhne in der Klinik liegen hat, lässt das kein Herz kalt.

Aber selbst im Zusammenhang mit dieser großen Tragödie hat Joe gelogen.

An einem kalten Vorweihnachtstag, dem 18. Dezember 1972, hatte die junge Mutter Neilia Biden gerade mit ihren drei Kindern im Auto den Weihnachtsbaum abgeholt, als sie an der Kreuzung von Valley und Limestone Road in Hockessin, Delaware, ein

Stoppschild übersah. Ein Lkw voller Maiskolben knallte seitlich auf den weißen Chevrolet Kombi und tötete Neilia (30) und die 13 Monate alte Naomi. Auf der Rückbank erlitt Beau (3) einen Beinbruch und Hunter (2) Kopfverletzungen.

Die Polizeiakte ist seltsamerweise verschwunden, genauso wie die Krankenhausunterlagen. Allen damaligen Zeitungsberichten zufolge gab es keine Anzeichen dafür, dass es etwas anders war als ein tragischer Unfall. Es wurde keine Anklage erhoben. Es gab keine Hinweise darauf, dass Alkohol im Spiel war.

Der Lkw-Fahrer hatte Vorfahrt und hat scheinbar alles Menschenmögliche getan, um die Kollision zu verhindern, wobei sein Lkw sogar umkippte.

Und doch hatte Joe fast 30 Jahre später die Geschichte in seinem Kopf umgeschrieben und die Schuld auf den unschuldigen Lkw-Fahrer Curtis Dunn geschoben – allerdings erst, nachdem dieser gestorben war.

»Es war ein Geisterfahrer, der anhielt, um etwas zu trinken, und der dann mit seinem Sattelschlepper in meine Frau und Kinder gefahren ist und sie getötet hat«, behauptete Joe Biden 2001 in einer Rede an der University of Delaware, 2 Jahre nach Dunns Tod.

Mit den Jahren schmückte Joe Biden dieses Märchen immer weiter aus.

In einem Artikel mit der Überschrift »Wie die Trauer zu Joe Bidens ›Superpower‹ wurde« schrieb *Politico*, dass Joe Biden im Wahlkampf 2007 in Iowa gesagt hatte: »Ein Sattelschlepperfahrer, der angeblich – und das habe ich nie verfolgt – sein Mittagessen getrunken und nicht gegessen hat, hat meine Familie gerammt und meine Frau und meine kleine Tochter auf der Stelle getötet und meine beiden Söhne schwer verletzt.«

Joe Biden beendete diese Verleumdung eines Toten erst, als Dunns verzweifelte Familie in der Presse klarstellte, dass es erlogen war. Biden musste sich infolgedessen entschuldigen.

Die tragische Geschichte eines verwitweten Vaters war essenzieller Bestandteil von Joe Bidens Selbstdarstellung geworden. Seitdem wurden die Schwarz-Weiß-Fotos des Amtseides als Senator im Krankenzimmer seiner beiden Jungs zentraler Bestandteil all seiner Wahlkämpfe.

In dem Porträt »Der Tod und der typische amerikanische Junge«, das 1974, 18 Monate nach dem Unglück, im *Washingtonian* erschien, legte Kitty Kelley ihren Finger in die Wunde.

»Manche Kritiker beschuldigen ihn, sich in den Mantel des trauernden Witwers zu hüllen und seine tote Frau bei jeder Gelegenheit ins Spiel zu bringen. In seinem Senatsbüro, in dem mehr als 35 Fotos seiner verstorbenen Frau zu sehen waren, schwelgte Joe Biden mehr als 3 Stunden in Nostalgie. Es war nicht rührselig oder aufgesetzt – er schien tatsächlich gerne zurückzudenken. Er war der gut aussehende Footballstar, sie war die wunderschöne Ballkönigin. Sie hatten die perfekte Ehe und wunderschöne Kinder. Und sie lebten fast glücklich bis an ihr Lebensende – fast.«

Joe Biden sagte in dem Interview: »Neilia war meine beste Freundin, meine größte Verbündete, meine sinnliche Liebhaberin. Je länger wir zusammenlebten, desto mehr Spaß hatten wir zusammen, ob beim Sex oder beim Sport. Die meisten Männer wissen nicht, was ich verloren habe, denn sie haben es nie gehabt. Unsere Ehe war sensationell, außergewöhnlich. Wenn ich mir heute meine Freunde und Kollegen ansehe, weiß ich umso mehr, wie besonders das war, was wir hatten.«

»Sie hatte die beste Figur, die ich je bei einer Frau gesehen habe. Sie sieht besser aus als ein Playboy-Model, oder?«, sagte Biden und zeigte Kelley ein Bikini-Foto seiner verstorbenen Frau.

Es ist ein augenöffnendes Interview, in dem Joe Biden mit der Macht seines neuen Amtes schwelgt. »Ob es Ihnen gefällt oder nicht, junge Dame«, protzt Biden, und hat seinen erhobenen Zeigefinger wieder im Anschlag, »wir schmutzigen Politiker können Ihnen Ihr verfassungsmäßiges Recht auf Meinungsfreiheit wegnehmen, wenn wir wollen.«

Joe streut selbstbeweihräuchernde Anspielungen auf die Kennedys in seine Unterhaltung, die 6 Jahre nach der Ermordung von Bobby Kennedy noch eine überlebensgroße Rolle in der amerikanischen Politik spielten.

»Rose Kennedy ruft mich ständig an und lädt mich zum Essen ein«, erzählte Joe. »Sie hat mich mindestens zehnmal angerufen, aber ich bin nur einmal hingegangen. Viele Leute würden für so eine Einladung alles tun, aber ich sage lieber ab, weil ich die Zeit lieber bei meinen Jungs verbringen will. ...«

»Wenn Ted und Joan Kennedy mich zum Essen einladen – was oft vorkommt – sage ich meistens, dass ich zu Hause gebraucht werde.«

Seine neue Karriere als Jungsenator forderte von Joe oft lange Nächte im Büro ein. Seine hingebungsvolle 29-jährige Schwester Val und ihr damaliger Ehemann Bruce zogen nach dem Unfall zu Joe ins Haus in Wilmington, um sich zusammen mit Joes Mutter Jean, liebevoll »Mom-Mom« genannt, um Beau und Hunter zu kümmern.

Andere Mitglieder der Familie Biden kümmerten sich ebenfalls um die Jungs, darunter Joes jüngerer Bruder Jim, der statt zu studieren unter anderem einen Nachtclub führte und den Hunter für seine Überlebenskünste bewunderte.

In seiner Jugend empfand sich Hunter wie ein »öffentliches Gut«, das jedem und keinem gehört, sagte er dem *New Yorker*. »Jeder hat mitgeholfen, uns großzuziehen.«

Als Erwachsener nannte Hunter seine Tante Val »meine Mutter« und »den Menschen, den ich am meisten liebe«. Seine verstorbene Mutter Neilia nannte Hunter »Mommy«.

1977 heiratete Joe die 28-jährige geschiedene Jill Jacobs. Hunter war da 7 Jahre alt. Die Lehrerin, Tochter eines Bankers aus Philadelphia, war in Wilmington dafür bekannt, im langen Pelzmantel zum Pizzaessen zu gehen, wie *Esquire* berichtete.

Hunters geliebte Tante Val zog aus, als Jill einzog, und die Jungs mussten sich zwangsläufig an die neue Situation gewöhnen. Hunter nannte seine Stiefmutter »Mom«, aber die Beziehung blieb schwierig.

Jill Biden tat ihr Bestes, um unter den wachsamen Augen der Schwiegereltern in einem großen Haus auf zwei mutterlose Jungs aufzupassen. Für Hunter, der plötzlich um seine geliebte Tante und Oma gebracht wurde und unter der Abwesenheit seines Vaters litt, der seiner Politkarriere in Washington nachging, konnte die Stiefmutter nie die Lücke füllen.

»Als Beau noch am Leben war, glich er immer den Mangel an Liebe und Zuneigung meiner Mutter aus. Aber jetzt fehlt dieser Ausgleich. Und ich glaube immer mehr ihrem Urteil über mich«, schrieb er 4 Jahre nach Beaus Tod an Hallies Schwester Liz.

»Ich machte Jill zum Zentrum meines Egos, deren Zuspruch und Wohlwollen ich am meisten brauchte. ... Wie jeder gute Junkie suche ich das, was am meisten wehtut und am schwierigsten ist, wie die Beziehung zu meiner Mutter. Diese Art von Beziehung suche ich wohl auch in meinem Liebesleben. Ich versuche, die Frauen dazu zu bringen, mich zu lieben, damit alles gut wird.«

Selbstmitleidig beklagte sich Hunter, dass Jill lieber Golf spielte, als sich um ihn zu kümmern, als er klein war.

Er und Beau vergötterten ihren Vater, als könne er »übers Wasser gehen«, schrieb Hunter in seiner Biografie, während die Beziehung zu seiner Stiefmutter schwierig blieb. Wenn Jill mit Beau scherzte, fühlte sich Hunter ausgeschlossen. »Manchmal richtete sich ihr Humor auch gegen mich. ... Ich war sensibel oder vielleicht einfach nicht so reif. Ich war genauso oft von ihren Witzen verwirrt, wie ich sie verstand.«

»Meine neue Mom machte einen super Job, vor allem, weil sie von allen beobachtet wurde. Sie zeigte mir ihre Liebe auf vielfältige Weise, aber oft verstand ich das erst später. ... Die Rhythmen und die Dynamik unseres neuen Familienlebens waren jetzt anders, was mich verwirrte. Ich begann, mich in der Schule danebenzubenehmen, nicht schlimm, nur kleine Ausreißer.«

Einmal lief er von zu Hause weg und hörte von einem Versteck auf einem Baum im Garten, wie »Beau schluchzend zu unserer Mutter sagte, sie wäre der Grund, dass ich abgehauen wäre.«

Einer ganzen Reihe von Therapeuten erzählte Hunter später, er habe das Gefühl gehabt, dass Jill den sonnigen, klar strukturierten Beau lieber hatte als ihn.

Auch seine Beziehung zu seinem geliebten großen Bruder ist von Ambivalenz geprägt. Beau war in allem das Gegenteil von Hunter. Hunter war der Kasper und Beau war der Musterschüler, wie es ein Beobachter formulierte. Beau wusste immer, was zu tun war. Hunter war unstet und impulsiv und geriet oft in Schwierigkeiten, aus denen sein großer Bruder ihn mit einer Umarmung rettete. Hunter lernte, Ärger zu vermeiden, indem er sich zuvorkommend bei Erwachsenen einschleimte.

»Beau und ich waren zwei einzigartige Hälften eines Ganzen«, schieb Hunter in einem unveröffentlichten Statement 2017, um Spekulationen über sein Verhältnis mit Hallie zuvorzukommen. »Wir stritten uns nie. Wir empfanden nichts als Liebe und Hingabe und Respekt füreinander. Wir sahen unsere Leistungen oder Erfolge nie als voneinander getrennt an.«

Hunters Unsicherheit, im Schatten des vielbewunderten Bruders aufzuwachsen, taucht jedoch immer wieder in seinen Textnachrichten und E-Mails an Freunde und Bekannte auf. Er jammert immer wieder darüber, nicht genug geschätzt zu werden.

Gegenüber Hallies Schwester Liz beklagt er sich, »wie ein lächerlicher, inkompetenter Clown behandelt zu werden, der nur durch die Leistungen seines Bruders in der Welt der Verdienstvollen existieren darf.«

Hallie und ihre Freunde nannten ihn hinter seinem Rücken »Johnny Drama«, eine armselige Figur aus der TV-Serie *Entourage*. Hunter war tief getroffen von dem Spott und sprach regelmäßig davon, als die Affäre mit Hallie immer stürmischer wurde.

Er beschrieb sich selbst als »der Loser-Bruder, der hinter seinem Superstar-Bruder hinterherdackelt und die Brosamen aufsammelt. Hallie hat mir gesagt, dass sie und Beau sich hinter meinem Rücken über meine blöden Mätzchen lustig gemacht hätten. Dass mein Bruder in Wirklichkeit nicht so viel von mir hielt, wie ich glaubte. Einmal sagte sie (in genau diesem Wortlaut): ›Du hast ihn ja auch ständig enttäuscht‹.«

In den letzten Tagen der Vizepräsidentschaft seines Vaters, Anfang 2017, schäumte Hunters Frust bezüglich seiner Familie über. Er schrieb einen wütenden Brief an seinen Vater und bezichtigte ihn der Lüge, Jill hätte »die Familie gerettet«, wo es doch in Wirklichkeit Joes Schwester Val gewesen war.

Der »stolzeste Moment« in Joe Bidens Vizepräsidentschaft hatte Hunter verärgert: als Barack Obama Joe Biden die Presidential Medal of Freedom verliehen hatte, eine Ehre, die zuvor Papst Johannes Paul II und Präsident Ronald Reagan zuteilgeworden war.

Joe musste weinen, als er am 12. Januar vor der versammelten Familie und vor Freunden im Staatsbankettsaal des Weißen Hauses die Freiheitsmedaille verliehen bekam.

In einer langen Rede beschrieb er, wie er sich auf Hunter gestützt hätte, »der mich immer noch auf eine seltsame Weise erzieht. … Herr Präsident, Sie haben sehr früh bemerkt, dass meine Jungs, wenn sie ins Zimmer eintraten, zu mir kamen und sagten ›Dad, was kann ich für dich tun?‹ oder ›Was brauchst du?‹ … Es war nie ganz klar, wer der Vater in dieser Familie war.«

Dann würdigte Joe seine Frau:»Dann kam Jill zu uns und hat uns gerettet. … Sie hat mir das wertvollste Geschenk meines Lebens gemacht, die Liebe meines Lebens, das Leben meiner Liebe, meine Tochter Ashley.«

Hunter sinnierte 2 Tage lang über dieser Rede, bis er einen Brandbrief von 750 Wörtern an seinen Vater abfeuerte:»Dad, du musst mir zuhören – dann kannst du machen, was du willst. … Du kannst es ignorieren, wenn du willst, oder zumindest zur Kenntnis nehmen, dass die drei Menschen, die ihr Leben in deinen Dienst gestellt haben, … alle drei plötzlich, aus unterschiedlichen Gründen, beschlossen haben, dass du zu weit gegangen bist – dass wir uns nicht öffentlich vorführen und privat bloßstellen lassen, während du diejenigen, die uns bloßstellen, als Liebe deines Lebens hochhältst …«

»Liebe ist eine Handlung, Dad, keine Emotion. Denk mal daran, wie dein Bruder und deine Schwester ihre Liebe für dich ausdrücken. Sie machen alles, was du willst, und haben das ihr ganzes Leben lang gemacht. … Onkel Jimmy ist mein bester Kumpel und Tante Val ist meine Mutter – und wenn du mir je das Gefühl gibst, das zu sagen, sei irgendeine Art Verrat, dann sage ich dir eins: Jedes Mal, wenn du in den letzten 30 Jahren gesagt hast, ›Sie (Jill) hat UNSER Leben gerettet, während Tante Val neben dir stand, würde ich am liebsten das Mikro schnappen und allen sagen, sie (Jill) hat vielleicht SEIN Leben gerettet, aber Beau und ich waren mit Mom-Mom (Großmutter Jean) und Tante Val völlig zufrieden.«

»Mom (Neilia) zu verlieren, war in etwa so, wie ohne Beine geboren zu werden – man weiß, irgendetwas sehr Wichtiges fehlt einem, aber man weiß nicht was, weil man sich nicht daran erinnert. Und dann verleiht dir jemand Flügel und künstliche Beine und du lernst zu laufen. Mom-Mom und Tante Val haben MEIN Leben gerettet, Dad, sie haben Beaus Leben gerettet.«

»Ich weiß, diese Lüge dient deinen Zwecken, Dad, aber zwei Jungs, die die drei besten Mütter, die Gott geschaffen hat, verloren haben, einzureden, sie mussten das machen, sonst sei es ein Verrat, ist ziemlich unterste Schublade.«

Am nächsten Tag ist Hunter immer noch stinksauer, als er eine giftige Botschaft an seine Halbschwester Ashley abfeuert: »Zuerst rufe ich die Kreins (Ashleys Schwiegereltern) an und sage ihnen, dass du drogenabhängig bist.« Es wird nur noch schlimmer.

Ashley antwortet nicht. Auch in ihren späteren Nachrichten ist sie immer noch liebevoll und geduldig mit dem Bruder, den sie vergöttert.

Auch in seinen Gesprächen mit seinem Therapeuten, Keith Ablow, der ihm nicht nur ein Freund, sondern auch sein Vermieter und möglicher Co-Autor bei einem Buch oder Podcast ist, kommt Hunters ambivalente Haltung gegenüber seinem Vater zum Vorschein.

Im Jahr 2019 scherzen die beiden in Textnachrichten über Joe Bidens »Demenz«.

Am 2. Januar 2019 diskutieren sie die demokratischen Kandidaten in den Vorwahlen, als Ablow schreibt: »Dein Vater ist die Lösung«, und er fügt scherzhaft hinzu: »›Jeder, der so die Demenz besiegen kann, ist ein Riese. Stell dir nur vor, was er für die wirtschaftliche Erholung machen könnte.‹ Dr. Keith Ablow.«

Hunter antwortet: »Du bist so ein Arschloch, aber da musste ich laut lachen.«

Ablow schreibt zurück: »Vielleicht kann er uns allen in Erinnerung rufen, was wir als Nation sein wollten, wenn er sich jetzt sogar an seine Adresse erinnern kann.«

Hunter antwortet: »Er muss nicht wissen, wo er wohnt, Keith. Ihn heimzubringen, ist die einzige Sache, die der Secret Service mindestens 75 Prozent der Zeit hinkriegt.«

In einem weiteren SMS-Austausch am 6. Februar 2019 zu einem geplanten Podcast schreibt Hunter: »Dad ist unser erster Gast.«

Ablow antwortet: »Perfekt. Aber kann er sich die Details merken, mit der Demenz und allem?«

Hunter: »Nicht wirklich, aber da eh alles Fake News sind, sehe ich da kein Problem.«

Wir erreichten Ablow in seiner Praxis in Massachusetts. Er wollte sich aber nicht dazu äußern. Hintergrund könnte ein Auftritt von Ablow bei *Fox News* 2012 sein, bei dem er eine »früh einsetzende Demenz« bei Joe Biden diagnostizierte.

Hunter diente oft als Mittelsmann für eine ganze Reihe von Bittstellern, die alle etwas von Joe Biden wollten, aber es gab Hinweise darauf, dass diese Rolle verbraucht war.

Am 18. März schickte ihm zum Beispiel Beaus Freund Rob Buccini eine Einladung für eine Veranstaltung des Umweltfonds Delaware, mit der Bitte, sie an Joe Biden weiterzuleiten.

Hunter antwortet: »Sag einfach wann, wo, wie viel etc. Was meinen Vater angeht, frag ihn selbst, verdammt. Ups, hat das eben unsere Freundschaft beendet? Egal. Klar, ich frage meinen Vater, ob er ›MIR‹ einen Gefallen tun kann, damit er es mir bei jedem kleinen Anlass vorhalten kann.«

Während Joes Karriere auf seinen Höhepunkt zusteuerte, und das Ziel, dass er zweimal verfehlt hatte, endlich in Reichweite schien, gerieten Hunters Vorwürfe und Verbitterung auf gefährliche Weise außer Kontrolle. Er schien auf einem Vulkan der Wut zu sitzen.

Hunter machte oft wirre Sprachaufnahmen von sich beim Autofahren, oft scheinbar betrunken oder high. In zwei solcher

Aufnahmen 2019, kurz bevor er den Laptop abgab, rezitiert er ein selbst geschriebenes Gedicht über sich und seine Eltern. Er klingt ein bisschen wie der Beat-Dichter Allen Ginsberg bei einem Vortrag auf der Akropolis.

»Ich bin Damos, Sohn von Ares und Athene. Ares, der verhasste Gott des Krieges, Athene, die geliebte Göttin des Krieges.«

»Ich bin Damos ... der leibhaftige Krieg, der leibhaftige Zorn.«

»Ich bin der Junge, den keiner kennt, aber alle fürchten. Ihr kennt mich nicht. Ihr wollt mich nicht kennen. Ihr werdet mich nie kennen, wenn ich es nicht will. ... Ich werde nur gefürchtet oder gehasst ..., weil ich die Last aller Sünden und Laster trage ...«

»Ihr glaubt, ihr seht mich, aber ihr tut es nicht. Ihr glaubt, ihr hört mich, aber ihr tut es nicht. Ihr glaubt, ihr liebt mich, aber ihr tut es nicht ...«

»Ich bin alles, was ihr am meisten fürchtet, zusammengenommen. Ihr denkt, ihr versteht meine Drohungen, aber ihr tut es nicht. Ihr glaubt, ich bin still und schmutzig und unsicher, aber ich bin es nicht.«

Während er heimlich darüber fantasiert, seinen Vater apokalyptisch zu vernichten, beklagt er sich gleichzeitig darüber, dass er öffentlich als Belastung für Joe Bidens Präsidentschaftskandidatur dargestellt wird.

Im Februar 2019 beklagt er sich bei seiner Tochter Naomi, dass Joe ihn bloßgestellt habe, als er sagte, er könne »aus familiären Gründen« nicht für die Präsidentschaft kandidieren.

»Als Dad das zum ersten Mal gesagt hat, habe ich ihn gebeten, das nie wieder zu sagen: ›Ich mache mir Sorgen, wie es sich auf die Familie auswirken wird‹. Es suggeriert, dass dich deine Familie (vor allem ich) in Verlegenheit bringen wird.«

»Manchmal kann Dad nicht anders. ... Er berücksichtigt die Familie nur, um abzuschätzen, ob einer von uns so viel Scheiße gebaut hat, dass es eine Bedrohung für seine Chancen darstellt.«

»Man kann nicht einerseits immer wieder betonen, dass keiner von uns je etwas getan hat, das den Wähler auch nur am Rande tangiert – UND andererseits sagen, dass die Leichen im Keller der Familie es ihm bei seinem Streben nach dem höchsten Amt schwermachen könnten. ...«

»Er selbst sagt es nicht mehr so direkt, aber all seine Berater sind ganz sicher dieser Meinung. ... Wie kann er nicht sehen, wie wütend und frustriert es euch alle macht zu wissen, dass die ganze Welt denkt, Dad könnte vielleicht die Präsidentschaft verwehrt bleibt, weil euer Vater so ein Hallodri ist ...«

»Wenn er für die Präsidentschaft kandidiert, müssen wir alle für das Image kämpfen, das wir der Welt vermitteln wollen: in diesem Augenblick und für die Nachwelt.«

Am Ende zählte Joes Image, nicht Hunters, mehr als alles.

Seinem Anwalt George Mesires zufolge trat Hunter im April 2019 vom Burisma-Vorstand zurück, um nicht von der Präsidentschaftskandidatur seines Vaters abzulenken.

»Rudy Giuliani und seine Handlanger greifen aus offensichtlichen politischen Gründen meine Qualifikation und meine Leistungen an«, so Hunter in einem Pressestatement.

Seine letzte zuverlässige Geldquelle zu kappen, fiel ihm bestimmt nicht leicht und trug sicher zu der tiefen Verbitterung bei, die er gegen seinen Vater hegte. Im selben Monat hinterließ Hunter Biden seinen Laptop in dem Computerladen in Wilmington.

In seiner Biografie *Promises to Keep* aus dem Jahr 2007 schrieb Joe Biden, er habe Hunter als kleinen Jungen gefragt, was er einmal werden wolle.

»Ich will jemand Wichtiges sein«, war Hunters Antwort.

Hunters Tragödie – und die Gefahr für seinen Vater – war, dass er sich nie wichtig genug fühlte.

8

Der Coup

»Das Geld stand für mich nie im Mittelpunkt.«
Joe Biden, Vorwahldebatte, Februar 2020, New Hampshire

Im Sommer 2018 ist Jim Biden wegen seiner Tochter Caroline mit den Nerven am Ende. Verzweifelt wendet er sich an Hunter.

Die verwöhnte Georgetown-Absolventin hat eine lange Geschichte von Drogenmissbrauch und Problemen mit der Polizei. Jetzt steht sie in New York vor Gericht, weil sie in einer Drogerie in Greenwich Village mit einer gestohlenen Kreditkarte Schönheitsprodukte im Wert von 110 000 Dollar gekauft hat.

»Ich brauche Hilfe mit Caroline, sie ist außer Rand und Band«, mailt Jim am 13. Juli 2018 an Hunter.

Hunter mag einem als seltsame Wahl für einen Lebenshilfecoach erscheinen, da er sich gerade im dritten Monat einer

Crackorgie in Los Angeles aufhält. Aber Caroline vergöttert ihren schneidigen Vetter, der jetzt die Aufgabe erhält, sie für 10 Tage bei der Stange zu halten: bis zur Urteilsverkündung in New York.

»Ich babysitte meine 32-jährige Cousine bis zur Urteilsverkündung in NYC wegen schweren Diebstahls«, so Hunter zu einem Freund. »Sie darf bis dahin keine Scheiße bauen.«

Die schlanke Blondine so lange im Griff zu behalten, war jedoch einfacher gesagt als getan.

»Hey, wenn du jemanden brauchst, der das Chateau Marmont niederbrennt, buchstäblich oder metaphorisch, ich bin dabei«, schreibt Caroline an Hunter, als er sich mal wieder über sein Hausverbot beschwert.

Hunter sollte alle Hände voll zu tun haben.

Die schicke Paris-Hilton-Doppelgängerin Caroline wurde zweimal verhaftet, als ihr Onkel Vizepräsident war. Während sie in New York als Galerieassistentin arbeitete, scheint sie in die familiäre Falle getappt zu sein, über die Verhältnisse zu leben.

Als ihre Mitbewohnerin sie 2013 in ihrer Luxuswohnung in Tribeca mit säumigen Mietzahlungen konfrontierte, hatte sie einen »gewalttätigen Wutanfall«, berichtete die *New York Post*.

Als die Polizei anrückte, um den Streit zu schlichten, griff Caroline angeblich eine Beamtin an: »Sie schlug wild um sich und strampelte, während die Beamten ihr gewaltsam Handschellen anlegten.«

»Sie wissen nicht, wer ich bin!«, sagte sie den Beamten und beklagte sich dann über Atemnot.

Auf dem letzten Foto dieses Vorfalls wurde sie von Sanitätern in einem Rollstuhl aus dem Polizeirevier gerollt. Sie war wie eine Mumie in ein weißes Laken gewickelt und wurde im Krankenwagen ins Krankenhaus gefahren.

Jim Biden hatte die Kaution für die Wohnung gezahlt, die Caroline, für 3500 Dollar im Monat zur Untermiete, bei einer

NYU-Studentin bewohnte. Die Mutter der Studentin äußerte sich gegenüber der *Post*: »Wenn man zu den elitären Bidens gehört, denkt man wohl, es gehört einem die ganze Welt.«

Carolines Fall wurde scheinbar fallengelassen, nachdem sie versprochen hatte, sich einer »Aggressionstherapie« in der Luxusklinik Caron Renaissance in Florida zu unterziehen.

2018 hatte sie wieder Glück. Nach ihrem Aufenthalt bei ihrem Vetter Hunter in Los Angeles wurde sie vom Amtsgericht Manhattan zu 2 Jahren auf Bewährung verurteilt. Auch als sie ein Jahr später betrunken ihren Wagen in Pennsylvania gegen einen Baum in der Nähe der Villa ihrer Eltern lenkte, wurde die Bewährung nicht aufgehoben. Caroline handelte einen Deal über 20 Tage in der Entzugsklinik aus und bekam weitere 5 Monate auf Bewährung.

»Carolines Problem ist, dass die meisten ihrer Freunde unabhängig vermögend sind und dass sie noch nie ein festes Arbeitsverhältnis hatte, das sie als spannend und herausfordernd empfunden hat«, schrieb Jim Biden in einer E-Mail an Hunters Partner James Gilliar und bat ihn um Hilfe, einen gut bezahlten Job für seine Tochter zu finden.

Als ihr Vater und ihr Onkel Joe für Caroline ihre Kontakte spielen ließen, um ihr einen Marketingjob in Los Angeles für 85 000 Dollar im Jahr zu beschaffen, war Caroline stinksauer.

»Ich kann diesen Job nicht annehmen«, so Caroline in einer E-Mail an Jim. »Ich habe noch nie in meinem Leben so wenig Geld verdient. Das ist nicht genug zum Leben. Kann ich ein Gegenangebot machen?«

In einer Textnachricht an Hunter beklagte sie sich: »Ich will diesen verdammten Job nicht. … Dein Vater hat mir gestern gesagt, dass er mit mir fertig ist. … Casey und Missy (ihre Cousinen) arbeiten bei Coca-Cola und Starbucks, aber ich bin das schwarze Schaf, dem man nicht vertrauen kann.«

Während Joe Biden vom Weißen Haus aus den »Weißen Privilegien« den Krieg erklärte, war seine Familie das schlimmste Beispiel davon.

2015 bat eine andere Cousine Hunters, Missy Owens, ihn darum, für ihre Mutter, Hunters Tante Val, einen Job in der Regierung zu beschaffen.

Missy und ihre Schwester Casey hatten während der Amtszeit Obamas einen Regierungsjob. Missy ging dann zu Coca-Cola, wo sie einen gut bezahlten Job als Regierungslobbyistin bekam. Casey wurde Vizepräsidentin bei Starbucks.

Missy hatte eine Presseerklärung gelesen, wonach Eric Schwerin, Hunters Partner bei Rosemont Seneca, von Obama in die Commision for the Preservation of America's Heritage Abroad (Anm. d. Redaktion: Kommission für die Bewahrung des amerikanischen Erbes im Ausland) berufen wurde.

Seitdem sie sich im Handelsministerium der Regierung Clinton kennengelernt hatten, war Schwerin Hunters Problemlöser gewesen.

Als Vorsitzender von Rosemont Seneca wurde Schwerin ein enger Freund der Bidens und tat alles für Hunter, ob es seine Steuerangelegenheiten waren oder er für ihn mal wieder irgendwelche Ausreden erfinden musste.

Schwerin hatte genauso diskret Hunters Finanzen geregelt. Vizepräsident Joe Biden besuchte für 20 Minuten seine Geburtstagsfeier im Mai 2016 im Restaurant Graffato's in Washington.

Wenn irgendjemand also einen Staatssekretärsposten verdient hätte, dann wohl Eric!

Missy wurmte die Nominierung jedoch.

»Ist das unser Eric?«, schrieb sie in einer E-Mail an Hunter. »Wie hat er/haben wir das bekommen, und können wir so etwas auch für meine Mama finden? … Ich würde auch gerne irgendwo unterkommen, aber meine Mama braucht es jetzt mehr.«

Hunter antwortete: »Ich wusste gar nicht, dass sie so etwas will. … Wir gehen einfach mit Steve (Richetti, Joe Bidens Stabschef und späterer Berater) die Liste durch, und gucken, was zu ihr passt.« Und Simsalabim ernannte Barack Obama im September 2016 Tante Val für eine zeremonielle Rolle bei der UNO, wo sie für eine 4-monatige Tätigkeit 26 000 Dollar erhielt.

Als der UNO-Job erledigt war, schickte Eric Schwerin Hunter ein Memo über zwei weitere »Beratertätigkeiten« für Tante Val, einmal bei der Biden Foundation und einmal bei der University of Delaware, für je 12 500 Dollar im Monat.

Joes 11 Jahre jüngerer Bruder Frank Biden ist kein Unbekannter in Sachen Familienbetrug.

An dem Tag, als Joe seinen Amtseid ablegte, warb Frank prominent in einer doppelseitigen Zeitungsanzeige für eine Kanzlei in Südflorida, wo er als Berater arbeitete, obwohl er kein Anwalt ist. Die Anzeige betonte die Tatsache, dass sein Bruder nun Vizepräsident war.

Frank und seiner Frau Mindy Ward, eine ehemalige Kellnerin bei Hooters und Stewardess, wohnten zwar in Florida, aber während der Vizepräsidentschaft von Joe Biden waren sie regelmäßig zu Gast bei Staatsbanketten und anderen VIP-Netzwerk-Gelegenheiten.

Frank hat auch schon Probleme mit der Polizei gehabt, darunter etliche Anzeigen wegen Alkohol am Steuer. Im Oktober 2003 wurde Frank angeblich wegen Ladendiebstahl in einer Blockbuster-Videothek in Pompano Beach, Florida, verhaftet. Der 49-Jährige hatte DVDs von *Long Walk Home* und *They* unter seinem Hemd versteckt.

Wenn man Geschäfte machen wollte, war es nicht schlecht, einen Bruder zu haben, der Vizepräsident ist. Frank hatte 2009 Glück, als er in Costa Rica mit Casinos und Immobilien reich werden wollte.

Wie die *New York Post* berichtete, bekamen Jims Geschäfte plötzlich Aufwind, als Joe Biden an Bord der Air Force 2 nach Costa Rica flog und sich »unter vier Augen mit Präsident Oscar Arias« traf.

Glücklicherweise hatte Barack Obama zur selben Zeit Joe Biden zum Beauftragten für die Karibik und Lateinamerika ernannt. Sicher nur ein reiner Zufall.

Joe hatte stets dafür gesorgt, dass die Bidens unter seiner wohlwollenden Schirmherrschaft ein Leben voll unverdientem Luxus und Privilegien genossen. Seinen Kindern und Enkelkindern, Nichten und Neffen, seinen Brüdern und seiner Schwester und ein paar wenigen glücklichen Beratern und Mitarbeitern sollte es an nichts fehlen. Innerhalb der ersten 5 Monate seiner Präsidentschaft sicherten sich mindestens fünf Kinder seiner wichtigsten Mitarbeiter heißbegehrte Jobs in der Regierung Obama, wie die *Washington Post* berichtete.

Wie Angehörige einer erblichen Aristokratie hatten die Bidens Zugang zum größten Luxus, den die USA zu bieten hatten: den elitärsten Privatschulen, Praktika, Referendariaten, Stipendien, Vorstandsposten und Pfründen der öffentlichen Hand.

Anleger klopften an ihre Türen, der Secret Service stand auf Abruf bereit und es war ein Leichtes hochdotierte Jobs bei reichen Spendern anzutreten. Alle suchten Zugang zu dem kumpelhaften Senator aus Delaware.

Probleme mit der Justiz lösten sich in Luft auf; exklusive Sonderangebote landeten immer an ihrer Tür. Das Leben als Biden war wie eine Reise auf einem fliegenden Teppich, der über all die Hindernisse hinwegsegelte, die normalen Menschen im Weg stehen.

Seinem Freund und Geschäftspartner Devon Archer gegenüber beschrieb Hunter einmal das Privileg und die Last, Teil einer »großen Familie« wie die der Bidens zu sein. 2018 war

Devon Archer mit zwei anderen wegen Betrugs im Zusammenhang mit Anleihen für einen Indianerstamm verurteilt worden.

Archers Mitangeklagte mussten ins Gefängnis: Bevan Cooney
für 30 Monate und Jason Galanis für 16 Jahre. Doch Archer
blieb auf freiem Fuß. Zu seinem großen Glück wurde seine Verurteilung im November 2019 von einem Bundesrichter Obamas,
Ronnie Abrams, verworfen.

Im Oktober 2020 wurde Abrams' Entscheidung von einem
Bundesberufungsgericht wieder einkassiert und die Verurteilung wieder in Kraft gesetzt. Abrams habe »seine Kompetenzen
missbraucht«, befand das Berufungsgericht. Devon Archer ging
wieder in Berufung. Inmitten all dieser juristischen Machen-
schaften überkam Archer ein Anflug von Zweifel.

»Warum haben mich die Beamten, die von der Regierung
deines Vaters eingesetzt wurden, verhaftet und versucht mich
einzusperren?«, fragte Archer am 6. März 2019 Hunter. »Bloß
aus Neugier. …«

»Warum versuchen sie, meine Familie kaputtzumachen und
meine Kinder zu vernichten, und niemand von deiner Familie
kommt uns zu Hilfe? Ich versteh das einfach nicht. …«

»Die Asiaten fragen mich das und spuken in meinem Kopf
rum, deshalb wollte ich wissen, was ich ihnen antworten soll. …
Ich bin frustriert, aber ich lieb dich trotzdem.«

Als Antwort hielt ihm Hunter eine Standpauke in Sachen Demokratie und Gewaltenteilung. Dann kam er zum Punkt.

»Jede große Familie wird verfolgt … du bist Teil einer großen
Familie – kein Nebenschauplatz, du wirst nicht im Stich gelas-
sen, auch in deinen dunkelsten Stunden nicht. Die Bidens sind
da anders, und du bist ein Biden. Das ist der Preis der Macht,
von der die Leute, die dich so verunsichern, wahrlich keine be-
sitzen.«

Kapitel

9

Cafe Milano

*»Ich habe nie mit meinem Sohn
über seine Auslandsgeschäfte gesprochen.«*

Joe Biden, September 2019 in Des Moines, Iowa

Das Cafe Milano ist ein Toprestaurant in Washington, das mehr für seine Diskretion als für die gebratenen Calamari und die samtige Burrata bekannt ist. Das Motto ist »Wo die Mächtigen der Welt essen«, und so war das auch an einem warmen Abend im April 2015, als Hunter ein Treffen zwischen seinem Vater und einer Gruppe seiner ausländischen Geschäftspartner im Separee arrangierte.

Im Frühjahr 2015 war Hunter schwer beschäftigt. Er und Kathleen waren in der Paartherapie. Im Namen der chinesischen

Energiefirma CEFC, dem kapitalistischen Arm der »Neuen Seidenstraße« von Präsident Xi Jingping, bereiste Hunter die Welt. Die Familie Biden genoss die Privilegien von Joes zweiter Amtszeit als Vizepräsident. Der Rubel rollte.

Während Hunters ausländische Partner auf ein Treffen mit Joe drängten, war es zunehmend schwierig geworden, Termine im Westflügel des Weißen Hauses zu bekommen. Präsident Obamas Leute hatten ein Auge darauf geworfen, und die Justiziare des Präsidenten legten ihnen immer mehr Steine in den Weg.

Deshalb beschloss Hunter, ein Essen an einem neutralen Ort zu organisieren und zwei Fliegen mit einer Klappe zu schlagen. So konnte sein Vater auf einen Schlag seine Gönner aus der Ukraine, Kasachstan und Russland treffen.

Das Abendessen fand am 16. April 2015 im privaten »Gartenzimmer« des Cafe Milano statt.

Am nächsten Tag erhielt Hunter eine E-Mail von Vadym Pozharskyi, einem hochrangigen Manager der korrupten ukrainischen Erdgasfirma Burisma, der ihm dafür dankte, dass er ihn seinem Vater vorgestellt hatte.

»Lieber Hunter, danke für die Einladung nach Washington und für die Gelegenheit, deinen Vater kennenzulernen und Zeit mit ihm zu verbringen«, schrieb Pozharskyi am 17. April. »Es war mir eine Ehre und eine Freude.«

Zu dieser Zeit bezahlte Burisma 83 333 Dollar im Monat an Hunter für seine Vorstandsmitgliedschaft.

Vor dem Essen kündigte Hunter seinen Gästen an, dass Joe Biden da sein werde. In einer E-Mail nutzt er seine Rolle im Vorstand des World Food Program USA (Anm. d. Redaktion: Welternährungsprogramm USA) als Vorwand, um seine Geschäftspartner seinem Vater vorzustellen.

»Also, der Grund für das Essen ist offiziell ein Gespräch über Ernährungssicherheit«, schreibt Hunter am 26. März an Michael Karloutsos, mit dem er einen Deal in Griechenland mit umweltfreundlichen Zügen aus China anleiern wollte.

»Dad wird da sein, aber das bleibt erst mal unter uns. Danke.«

Karloutsos antwortet: »Alles bleibt unter uns. Alles gut! ... Ich weiß, dass du erwähnt hattest, dass dein Vater wahrscheinlich auch an dem Abendessen teilnehmen würde.«

Auf der Gästeliste, die Hunter Biden 3 Wochen vor dem Essen erstellte, standen die russische Milliardärin Elena Baturina und ihr Ehemann, der korrupte, ehemalige Moskauer Bürgermeister Juri Luschkow, der 2019 in München verstarb.

Am 14. Februar 2014 hatte Baturina 3,5 Millionen Dollar an Rosemont Seneca Thornton LLC überwiesen, einem Konsortium, das aus Rosemont Seneca von Hunter, Devon Archer und Chris Heinz und der Thornton Group aus Boston bestand, um ein Joint Venture mit China zu starten.

Baturinas Überweisung wurde in Berichten des Finanzministeriums über verdächtige Aktivitäten erwähnt, wie Dokumente belegen, die den Senatoren Chuck Grassley und Ron Johnson vorgelegt wurden, unter deren Vorsitz eine von den Republikanern im Senat angestoßene Untersuchung durch den Finanzausschuss und den Ausschuss für innere Sicherheit und Regierungsangelegenheiten (Homeland Security and Governmental Affairs Committee) stattfand.

Drei Beamte aus Kasachstan wurden ebenfalls ins Cafe Milano eingeladen, darunter Marc Holtzmann, damaliger Vorsitzender der größten Bank der ehemaligen Sowjetrepublik, der Kazkommertsbank.

Der mexikanische Botschafter und Vertreter des World Food Program USA standen ebenfalls auf der Gästeliste, die Hunter 3 Wochen zuvor an Archer mailte:

»3 Plätze für unsere Kasach-Freunde«, schrieb er.

»2 Plätze für Elena und ihren Mann.«

»2 Plätze für uns beide.«

»2 Plätze für WFP-USA-Leute.«

»Vadym Pozharskyi, Burisma-Manager.«

»3 Botschafter (Mexiko, ?, ?).«

»Insgesamt: 14 Plätze«

Der Laptop erhält keine Infos darüber, ob diese Gäste alle kamen.

Vor dem Essen schrieb Archer an Hunter, dass Baturina nicht kommen will, dafür ihr Mann Juri Luschkow.

»Elena sagt, sie will Juri nicht die Show stehlen. Sie wird in der Stadt, um uns zu treffen, kommt aber nicht zum Essen«, schrieb Archer am 20. März. »Das war nur ihr Vorschlag. Wir könnten darauf bestehen.«

Am Ende schrieb er: »Wir brauchen natürlich noch Plätze für deinen Typen (und für meinen, wenn er in der Stadt ist).«

Hunter: »Deinen Typen dazuhaben, bedeutet vermutlich mehr Ärger als es wert ist – es sei denn, du hast einen speziellen Grund.«

Es ist unklar, ob Devon Archers »Typ« John Kerry war oder jemand anders.

Nach dem Essen um 23:15 Uhr schrieb Rick Leach, Begründer des World Food Program USA, um sich bei Hunter zu bedanken. »Was für ein fantastischer und produktiver Abend – vielen Dank!«

Der kasachische Banker Marc Holtzmann schrieb per E-Mail: »Lieber Hunter, danke für einen fantastischen Abend, die wunderbare Gesellschaft und produktiven Gespräche. Ich freue mich darauf, dich bald wiederzusehen und in Zukunft mit dir zusammenzuarbeiten.«

Hunter benennt die beiden anderen Kasachen nicht, aber auf einem unbestätigten Foto auf der Webseite der Anti-Korruptions-NGO Kazakhstani Initiative on Asset Recovery finden wir einen Hinweis.

Darauf sieht man den lächelnden Joe Biden und Hunter mit dem damaligen kasachischen Premierminister Karim Massimow und dem Jung-Oligarchen Kenes Rakischew (34) auf einem Foto, das vermutlich an diesem Abend im Cafe Milano aufgenommen wurde.

Onlinefotos der Einrichtung des Cafe Milano aus dieser Zeit passen zum Hintergrund des Fotos, und durch einen durchsichtigen Vorhang hinter Hunters Kopf kann man in Umrissen das Logo des Cafe Milano erkennen. Joe hat seine Krawatte abgenommen, die beiden Kasachen auch.

Eine weitere Bestätigung finden wir in einer E-Mail, in der Archer zu einem »kleinen Privatfrühstück« am Morgen vor dem Essen in Massimows Suite im Willard Hotel eingeladen wird: »Es gibt mehrere Themen, die der Premier gerne mit Ihnen besprechen würde, und er würde sich freuen, persönlich Zeit mit ihnen verbringen zu können.«

Im Jahr darauf beschreibt Hunter Massimow als »engen Freund«.

Hunters und Archers kumpelhaftes Verhältnis zu Rakischew findet man auch in einem Briefwechsel auf dem Laptop. Er schlägt ihnen diverse Geschäftsideen vor und bittet um ein Treffen mit John Kerry. Rakischew nennt Hunter »meinen Bruder von einer anderen Mutter«.

Der kasachische Jung-Oligarch, dessen Vermögen *Forbes* auf 332 Millionen Dollar schätzt, war der größte Anteilseigner an der Kazkommertsbank.

Seine Firma Novatus überwies am 22. April 2014 nach einem Überweisungsbeleg im Senatsbericht von Grassley und Johnson

über eine lettische Bank 142 300 Dollar an Archers Firma Rosemont Seneca Bohai. Verwendungszweck war angeblich ein »Auto«.

Seitdem die *New York Post* im Oktober 2020 über die E-Mail
von Pozharskyi auf Hunters verlassenem Laptop berichtete, in
der er sich für das Treffen mit seinem Vater bedankt, antwortet
das Weiße Haus nicht mehr auf Anfragen der *Post*. Das Weiße
Haus hat nie die Echtheit der *Post*-Berichte bestritten oder Rich-
tigstellungen verlangt.

Im Dezember 2020 dementierte die Biden-Kampagne gegenüber *USA Today* »kategorisch«, dass ein solches Treffen jemals
stattgefunden hat.

Auch der »Faktenchecker« der *Washington Post*, Glenn Kessler, schrieb: »Nach einer umfassenden Prüfung sagte die Biden-
Kampagne, dass ein Treffen zwischen Joe Biden und Pozharskyi
nie stattgefunden habe.«

Aber im Juni 2021 musste das Weiße Haus klarstellen, nachdem die *New York Post* weitere Details des Treffens veröffentlicht
hatte, darunter auch die Tatsache, dass es ein Abendessen war,
bei dem Joe mehrere Geschäftspartner von Hunter getroffen
hatte.

Nach 8 Monaten des Leugnens und Dementierens sagte ein
anonymer »Mitarbeiter des Weißen Hauses, der mit Joe Bidens
Terminkalender« vertraut war, zu Kessler, Joe Biden sei an dem
Abend tatsächlich im Cafe Milano gewesen, aber »habe nur kurz
vorbeigeschaut, um einen der Gäste zu treffen« und dass es »keine Diskussion zu politischen oder geschäftlichen Themen gegeben hätte«.

Aber das läuft natürlich nicht so. Joe Biden braucht nur zu
erscheinen und Hände zu schütteln, damit Hunter seine Macht
und seinen Einfluss demonstrieren kann.

Die anonyme Quelle im Weißen Haus behauptete, Joe Bidens
Besuch im Cafe Milano tauche deshalb nicht in seinem offiziel-

len Kalender auf, weil er »nach Feierabend nur auf den letzten Drücker vorbeigeschaut« habe.

Hunter hatte jedoch 3 Wochen lang seinen Gästen versprochen, dass sein Vater da sein würde.

Das Weiße Haus versuchte außerdem, über den »Faktenchecker« Kessler dem Ganzen eine religiöse Dimension zu verleihen, in dem sie behaupteten, Joe Biden sei nur da gewesen, um Pater Alex Karloutsos zu sehen, den Vater von Michael Karloutsos.

»Der Irische Katholik Joe Biden arbeitet seit Jahren vertrauensvoll mit Vertretern der griechisch-orthodoxen Kirche zusammen.«

Eine seltsam verworrene Erklärung dafür, warum Biden überhaupt dort war. Letztendlich bestätigt die Story in der *Washington Post* jedoch die Tatsache, dass Hunter Joe Vadym Pozharskyi vorgestellt hatte. Damit straft sie Joe Bidens Behauptung Lügen, er habe keine Kenntnis von Hunter Bidens Überseegeschäften.

10

Frühstück mit Milliardären

*»Ich habe mir angesehen, was deine Familie gemacht hat
und möchte dieser Tradition folgen.«*

Hunter zu Miguel Magnani,

Enkel des ehemaligen mexikanischen Präsidenten, Februar 2016

» $\mathbf{F}$ rühstück mit Dad – Marine-Observatorium« lautete der Kalendereintrag um 8:30 Uhr am 19. November 2015.

Der mexikanische Milliardär Carlos Slim weilte gerade in Washington, wie *Politico* am nächsten Tag schrieb: »ENTDECKT: Carlos Slim gestern früh in der Lobby des Four Seasons Georgetown«.

Mit dabei waren der mexikanische Milliardärskollege Miguel Alemán Velasco und sein 49-jähriger Sohn, Miguel Alemán Magnani, der der Begründer der Billigfluglinie Interjet ist und in dessen Villa in Acapulco Hunter und seine Frau Kathleen im März gewohnt hatten.

Jeff Cooper, der langjährige Großspender der Bidens, der gerade eifrig an Energiegeschäften in Mexiko arbeitete, weilte ebenfalls in Washington.

Zufälligerweise fanden sich alle diese Geschäftspartner von Hunter am 19. November bei seinem Vater zum Frühstück in der Residenz des Vizepräsidenten, dem Marine-Observatorium, ein.

Auf Hunter Bidens Laptop befinden sich fünf Fotos, die die Beteiligten mit Joe und Hunter Biden zeigen, aufgenommen am 19. November um 10:03 Uhr und 10:04 Uhr.

Die Fotos wurden im Wohnzimmer gemacht, das zu diesem Zeitpunkt von Jill Biden in Narzissengelb gehalten und mit Bildern des Vermonter Künstlers Wolf Kahn dekoriert war. Bilder, die von einer Kunstgalerie in Georgetown ausgeliehen waren. Auf den Fotos sind die Bilder im Hintergrund erkennbar, genauso wie die Sessel mit Blümchenmuster und ein rosa Seidenteppich, die zur damaligen Wohnzimmereinrichtung passten.

Joe Biden behauptet, nichts von Hunter Bidens lukrativen Geschäften in Ländern, in denen er als Vizepräsident Einfluss hatte, gewusst zu haben.

Auf dem Laptop gibt es jedoch reichlich Belege, dass Joe aktiv involviert war. Zu den mehr als hundert Terminen im Marine-Observatorium, die Hunter Biden in seinem Kalender notiert hat, zählen mehrere, die sich mit Hunters Geschäftsinteressen überschneiden.

Joe hat sich mindestens 19-mal in seinem Büro im Westflügel des Weißen Hauses mit Hunters Geschäftspartnern getroffen. Er flog mit seinem Sohn an Bord der Air Force 2 in Länder, wo Hunter Geschäftsinteressen verfolgte. Dabei flog mindestens einmal einer von Hunters Geschäftspartnern mit.

Hunters Beziehung zum Handy-Milliardär Carlos Slim, damals einer der reichsten Männer der Welt, begann kurz nach einem Staatsbankett für den mexikanischen Präsidenten Felipe Calderón, zu dem Slim mit Joe und Jill Biden eingeladen war. Die Schauspielerin Eva Longoria, die Sängerin Beyoncé und der damalige CIA-Chef John Brennan waren ebenfalls dabei.

Der Goldregen, der sich immer wieder über Hunter Biden ergoss, wenn sein Vater einen neuen ausländischen Regierungschef oder Oligarchen kennenlernte, führte ihn im folgenden Jahr auf eine VIP-Reise nach Mexiko.

Im Mai 2011 verzeichnet Hunter Bidens Tagebuch eine »geplante Tour auf Einladung von Carlos Slim« durch sein Privatmuseum Museo Soumaya in Mexiko-Stadt. Das Museum ist nach Slims verstorbener Frau Soumaya Domit benannt und birgt unschätzbar wertvolle Skulpturen aus dem prähistorischen Mittelamerika. Es gibt keine größere Ehre, die Hunter hätte zuteilwerden können als eine Privatführung mit dem Milliardär und Gründer.

Hunter frühstückte außerdem mit einem weiteren mexikanischen Milliardär, Slims Freund Carlos Bremer, in dessen imposanter Villa in Monterrey, Mexiko. Bremer war der ehemalige Chef der mexikanischen Börse und spendete Millionen Dollar an die Clinton Foundation, wo er im Vorstand saß.

Anschließend führte Hunter persönliche Treffen und Videokonferenzen mit den Söhnen von Carlos Slim, Carlos Junior und Tony, durch.

Er besuchte Mexiko nochmals in den Jahren 2012, 2013, 2014 und 2015. Sein letzter aufgezeichneter Besuch fand mit seinem Vater und Cooper an Bord der Air Force 2 statt.

»Miguel möchte, dass wir nach Mexiko-Stadt kommen«, schrieb Jeff Cooper am 26. Februar 2013 an Hunter. »Das wird echt gigantisch, Kumpel.«

In dieser Zeit öffnete der mexikanische Präsident Enrique Peña Nieto den staatlichen Energiebetrieb seines Landes, Petróleos Mexicanos (Pemex), für private Investitionen.

Joes kleiner Bruder Jim war auch scharf darauf, sich die »sehr freundlichen« Familienkontakte zu Carlos Slim zunutze zu machen. Am 7. Mai 2015 schrieb er eine E-Mail an Hunter über einen Deal mit Slim und Pemex.

»Hab einen ernsten Deal mit Pemex (Carlos Slim) und brauche eine Finanzierung für ein paar Tage bis zu einer Woche«, so Jim.

Hunter und Jeff Cooper hofften auch auf das Geld der Familie Slim für Coopers Online-Glücksspielunternehmen und Anbieter digitaler Geldbörsen ePlata, an der Hunter über seine Beteiligungsfirma Owasco 5 Prozent hielt.

»Wer ist wohl der beste erste Großpartner, abgesehen von Interjet (der Alemáns)? Die Slims kommen natürlich in Frage, wenn sie die Idee nicht klauen und sie selbst vermarkten«, schrieb Hunter im Februar 2015 an Cooper.

»Ich habe mit meinem Vater gesprochen, was das Angebot Slim angeht«, so Hunter in einer späteren SMS.

»Klingt VERDAMMT GUT«, so Cooper.

Cooper flog 2016 mit dem Vizepräsidenten an Bord der Air Force 2 nach Mexiko, wo er und Hunter ein Erdölgeschäft mit Alemán Magnani verhandeln wollten, das leider unter keinem guten Stern stehen sollte. Um 6:00 Uhr morgens am 24. Februar 2016, etwa eine Stunde nach Abflug von Joint Base Andrews auf dem 5-Stunden-Flug nach Mexiko-Stadt, schrieb Hunter auf dem sicheren, superschnellen Satelliten-Nachrichtenkanal der Air Force 2 eine verschnupfte E-Mail an Alemán Magnani, mit Blindkopie an Jeff Cooper:

»Wir landen spät heute Abend in Mx-Stadt mit der Air Force 2. Ich treffe mit Dad Präsident N (Peña Nieto). Würde dich gerne sehen, aber du antwortest nie. Das macht mir echt zu schaffen. … Ich hätte dich gerne mit deinen Eltern am Flieger, wenn wir landen, aber du ignorierst mich.«

»Ich habe mir angesehen, was deine Familie gemacht hat und möchte dieser Tradition folgen. … Wir reden seit 7 Jahren über Geschäfte. Und ich weiß es zu schätzen, dass ich in deiner Urlaubsvilla wohnen durfte …, aber ich habe jeden Einzelnen ins Weiße Haus eingeladen, um den du mich gebeten hast, zur Residenz des Vizepräsidenten und zur Amtseinweihung, und dann stellst du dich total stumm. … Es kommt mir so vor, als hätte ich dich irgendwie beleidigt.« Hunter war Alemán Magnani nützlich gewesen. Er hatte Meetings mit Joe Biden arrangiert und drei Einladungen zum Obama-Biden-Vereidigungsball 2013.

Noch wichtiger für einen mexikanischen Flugunternehmer waren jedoch die Treffen für Alemán Magnani mit dem Verkehrsminister Anthony Foxx am 17. März 2014 und am 23. Januar 2015, sowie ein weiterer Termin mit dem Chef der Flugaufsichtsbehörde FAA (Federal Aviation Authority), wie die E-Mails auf dem Laptop zeigen.

Als Cooper ihn fragte, ob er auch beim ersten Treffen mit Foxx dabei sein würde, schrieb Hunter zurück: »Nein, aber ich rufe Minister Foxx an und lasse ihn wissen, dass wir Kumpel sind.«

Vor dem zweiten Termin schrieb Hunter an Laura de Castro, Foxx' Terminsekretärin: »Miguel Alemán (Vorsitzender Interjet) ist ein enger Freund der Familie, aber ich habe nichts mit dem Unternehmen zu tun.«

Burisma, die korrupte ukrainische Erdgasfirma, die Hunter 1 Million Dollar im Jahr für einen Sitz im Vorstand zahlte, mischte auch bei seinen mexikanischen Geschäften mit.

In einer E-Mail von 2014 schrieb Jeff Cooper an Hunter: »Ich habe gestern Abend Miguel (Alemán Magnani) getroffen. Er hat für den 12. Januar Termine mit dem Energieminister und dem

Pemex-Chef anberaumt. Könnte vielleicht jemand von Burisma dazukommen?«

Hunter bat außerdem später Alemán Magnani, bei der mexikanischen Regierung zu intervenieren, um Burisma-Eigentümer Mykola Slotschewskyj bei einem Visa-Problem zu helfen. Alemán Magnani scheint nichts unternommen zu haben.

Slotschewskyj konnte deswegen nicht nach Mexiko fliegen, um einen Deal zu besiegeln, den Cooper mit Pemex arrangiert hatte – was eine von Hunters lukrativsten Nebeneinkünften gefährdete.

»Werde bei Burisma massiv Schadensbegrenzung betreiben müssen«, schrieb Hunter am 16. Februar 2015 an Cooper. »Gefährdet vermutlich meinen Vorstandsposten.«

»Es schockiert mich, dass Miguel nicht performt, wenn er gebraucht wird«, so Cooper. »Sie legen ganz offenbar großen Wert auf die Beziehung zu deiner Familie UND wissen, dass es großen Schaden anrichten würde, dich zum Feind zu haben. … Vielleicht kann dein Vater seinen Vater anrufen? Vielleicht rüttelt das die Dinge auf, was meinst du?«

Auf dem Laptop findet sich keine Antwort, aber Hunter weiß sicher, dass seine Ankunft im folgenden Jahr an der Seite seines Vaters an Bord der Air Force 2 seinen mexikanischen Partnern seinen Einfluss demonstrieren wird.

Nichts »rüttelt die Dinge« im Ausland so gewinnbringend durch, wie im Vogel des Weißen Hauses einzufliegen.

Kapitel
11

Burisma

»So ein Mistkerl. Sie haben ihn entlassen!«

Joe Biden, Council on Foreign Relations, 23. Januar 2018

6 Monate, nachdem Joe 2009 als Vizepräsident vereidigt worden war, gründete Hunter Biden, damals 39, seine Investmentfirma Rosemont Seneca Partners. Seine Partner waren Chris Heinz, damals 36, der Stiefsohn von Senator John Kerry, und Heinz' bester Freund aus Yale, Devon Archer, damals 35, ehemaliger Berater von Kerry.

Archer wurde mittlerweile zu einem Jahr Haft verurteilt, weil er einen amerikanischen Indianerstamm um 60 Millionen Dollar betrogen hatte, aber damals war er der Goldjunge des Trios.

Als Sohn eines Vietnam-Veteranen, der nach dem Krieg Immobilienmakler wurde, wuchs Archer auf Long Island auf. An der Yale University galt er als charmanter Aufsteiger inmitten des amerikanischen Geldadels. Er war »sehr gut aussehend und charmant, mit einem lockeren Lächeln«, so ein damaliger Zeitgenosse. »Er bekam viel positives Feedback für seine Sozialkompetenz.« Archer heiratete die Fußpflegerin Krista aus Manhattan, mit der er drei Kinder bekam. Sie bezogen ein Reihenhaus in Brooklyn, das 3,6 Millionen Dollar kostete, und kauften ein weiteres Haus am Meer, mit acht Schlafzimmern, in Quogue, Long Island, für 3,7 Millionen Dollar. Das war 3 Jahre vor Archers Anklage im Bundesgericht Manhattan. Sie verbrachten den Sommer beim Swordfish Beach Club in Westhampton, New York, und dem Plandome Country Club in Manhasset.

Archer war ein fleißiger Arbeiter, der sich als Investor betrachtete, doch seine Kollegen sahen seine Stärken eher im Verkauf und Marketing. In der Welt der Börsengurus galten er und Hunter jedoch als »Naivlinge«, die auf schnelles Geld aus waren. Deshalb nahm Archer immer größere Risiken auf sich.

Am 16. April 2014 entstand ein Foto mit ihm und Joe Biden im Weißen Haus, welches Joe Biden später verfolgen sollte.

Darauf sieht man Joe und Archer vor einer amerikanischen Fahne im Büro des Vizepräsidenten im Westflügel des Weißen Hauses, eine Woche, bevor Devon Archer dem Vorstand der ukrainischen Energiefirma Burisma beitreten sollte.

Am darauffolgenden Tag erschien das Foto auf der Burisma-Webseite, was vermutlich auch der Grund dafür war.

Das Weiße Haus hat nie die Echtheit des Fotos bestritten. Über Mittelsmänner wurde jedoch suggeriert, dass das Treffen in Wahrheit dazu diente, um Archers 7-jährigem Sohn bei einem »Kunstprojekt« in der Schule zu helfen. 2 Wochen zuvor nannte es Archer in einer E-Mail an Hunter anders beschrieben: »Irgendetwas über Lukes Buchbesprechung im WH (Weißen Haus)?«.

Am selben Tag, als Vizepräsident Joe Biden das frischgebackene Burisma-Vorstandsmitglied im Weißen Haus begrüßte, wurden fast 6000 Kilometer entfernt im Zentralen Strafgerichtshof in London, 23 Millionen Dollar des Burisma-Eigentümers Mykola Slotschewskyj auf britischen Bankkonten eingefroren. Es war Teil einer gemeinsamen Korruptionsermittlung von MI-5 und FBI gegen Oligarchen und Kleptokraten aus dem Umfeld des prorussischen, ehemaligen ukrainischen Präsidenten Viktor Janukowitsch.

5 Tage später flog Joe nach Kiew, das Versprechen von Abermillionen an US-Hilfe im Gepäck. Der von den USA unterstützte Maidan-Revolution im Februar 2014 hatte Janukowitsch vertrieben, woraufhin Russland Teile der Ukraine annektierte, im Donbass tobte zwischen der Regierung in Kiew und prorussischen Separatisten ein blutiger Krieg. In Kiew herrschte eine Übergangsregierung bis zu den Wahlen am 25. Mai 2014, die vom leutseligen, mit den USA und Europa verbündeten »Schokoladenkönig« Petro Poroschenko gewonnen wurden.

Am 12. Mai 2014 wurde Hunter Biden Vorstandsmitglied von Burisma, für die fürstliche Summe von 83 333 Dollar im Monat.

Jahre später musste David Ignatius von der *Washington Post* zugeben, dass das Foto mit Devon Archer im Weißen Haus Joe Biden Schaden zugefügt hatte, weil es ihn mit Burisma in Verbindung brachte.

»Die Gefahr, dass Hunter Bidens Burisma-Connection missbraucht werden könnte, wurde deutlich, als Burisma ein Foto von Hunters damaligem Partner Devon Archer mit dem damaligen Vizepräsidenten Joe Biden vor einer amerikanischen Fahne postete, scheinbar im Weißen Haus aufgenommen«, schrieb Ignatius im Oktober 2020.

Ignatius zitierte einen anonymen Berater, der Hunter durch einen Bekannten riet, »das Foto von der Burisma-Webseite entfernen zu lassen, was am selben Tag geschah«.

Dieser Vorgang wird durch eine E-Mail vom 13. Mai 2014 bestätigt, in der die Chefjustiziarin des Vizepräsidenten, Demetra

Lambros, Hunter und Devon Archer bittet, das Foto dringend entfernen zu lassen.

»Hey, Jungs. Es gibt scheinbar ein Foto von Devon und dem WP (Wladimir Putin) auf der Burisma-Webseite«, schrieb Hunters Verbindungsmann Eric Schwerin. »Demetra hat angerufen und darum gebeten, das Foto von Burisma runternehmen zu lassen (es ist rechtlich problematisch, da es wie eine Werbung wirken könnte).«

Im April 2015 traf Joe Biden im Cafe Milano Slotschewskyjs Handlanger Vadym Pozharskyi (36).

Ein Zeichen dafür, dass Hunters Wert für Burisma direkt mit Joe Bidens Macht und Einfluss zusammenhing, war die Tatsache, dass Hunters Vorstandsgehalt im April 2017 um die Hälfte gekürzt wurde, nachdem Joe nicht mehr im Amt war.

In einer E-Mail vom 19. März 2017 bat Pozharskyi Hunter, einen neuen Vertrag zu unterschreiben. »Das einzige, was geändert wurde, ist das Gehalt. …«

»Deine Entlohnung ist immer noch die höchste in der ganzen Firma, höher als der übliche Monatslohn für einen Geschäftsführer. Ich bin sicher, dass du das fair und vernünftig finden wirst.«

Von da an beliefen sich die monatlichen Überweisungen an Hunter von Burisma nur noch auf 41 500 Dollar, in Euro bezahlt.

Sobald Hunter und Archer im Vorstand von Burisma saßen, fackelte Pozharskyi nicht lange, sie zu bitten, ihren Einfluss in Washington zugunsten von Slotschewskyj (47) auszuspielen, damit dieser der internationalen Polizeiermittlung entkommen konnte, die gegen ihn im Gange war.

Während sein Vater am 22. April 2014 Kiew besuchte, schickte Hunter eine E-Mail an Archer, mit dem Betreff »JRB in UKR«, mit einem Zitat aus Joe Bidens Rede an das Ukrainische Parlament: »Herr Biden sprach von den ›schändlichen Bedrohungen‹, vor denen die Ukraine stehe, und dass die USA ›bereit seien zu helfen‹. Er betonte aber auch, dass die Ukraine … ihre lähmende Abhängigkeit von russischem Erdgas verringern müsse.«

»Wow«, schrieb Archer. »Wir müssen dafür sorgen, dass diese dahergelaufene Übergangsregierung in der Ukraine den Wert von Burisma für ihr Überleben versteht.«

Hunter antwortete: »Sag das Vadim – dann sieht er, dass wir nützlich sind.«

Tatsächlich arbeitete Hunter schon seit Wochen an einer Strategie, die Macht seines Vaters für Burisma maximal gewinnbringend einzusetzen.

In der Woche vor Joes Reise nach Kiew ermutigte Hunter Archer, den Burisma-Deal schnell umzusetzen. »Der Vertrag sollte jetzt beginnen, und nicht erst nach dem Besuch meines Typen«, so Hunter am 13. April.

»Die Ankündigung der Reise meines Alten sollte als Resultat unseres Einflusses kommuniziert werden –, aber was er tun und sagen wird, liegt nicht in unseren Händen.«

Anfang April waren Hunter und Devon Archer für einen zweitägigen »Workshop« zum Thema Finanzmärkte des renommierten Ambrosetti-Clubs an den Comer See nach Italien geflogen. Der Ambrosetti-Club hatte schon früher seinen Vater Joe Biden eingeladen. Sie wohnten im luxuriösen Oligarchenhotel Villa d'Este direkt am Seeufer. Am 3. April hatte Hunter einen Termin mit dem Ambrosetti-Gast Stephen Schwartzman, der Milliardär und Chef der Blackstone-Gruppe ist.

Tags darauf traf er sich auf der Hotelterrasse mit Elena Baturina, der reichsten Frau Russlands, die Ehefrau des ehemaligen Moskauer Bürgermeisters. Sie hatte soeben 3,5 Millionen Dollar auf ein Konto von Devon Archer und Rosemont Seneca Thornton überwiesen.

In E-Mails vor dem Treffen wähnten sich Hunter und Archer wie die Hollywoodspione James Bond und Jason Bourne: »Sehr

Bond-/Bourne-mäßig, sich mit den Oligarchen am See zu treffen«, schrieb Archer.

Wir wissen nicht, ob sich Hunter und Archer am Comer See mit Slotschewskyj getroffen haben, aber seinen Gesandten Pozharskyi trafen sie auf jeden Fall, wie eine E-Mail vom 12. Mai bestätigt, bei der er sie gebeten hatte »euren Einfluss zu benutzen«, um gegen Vorwürfe der ukrainischen Regierung von »Korruption, Betrug oder Besitzerschleichung« anzugehen.

»Nach unserem Treffen am Comer See und weiterführenden Gesprächen würde ich gerne folgende Situation zu eurer Kenntnis bringen«, schrieb Pozharskyi. »Das Innenministerium hat Ermittlungen gegen Burisma Holdings eingeleitet. ...«

»Wir brauchen dringend eure Hilfe, damit ihr euren Einfluss geltend machen könnt, um ein Zeichen zu senden, diese unserer Meinung nach politisch motivierten Attacken zu unterlassen.«

Hunter antwortete: »Vadim – ich bin mit Devon in Doha. Wir sprechen sobald als möglich mit den Anwälten von Boies Schiller.«

Boies ist die New Yorker Kanzlei, die enge Verbindungen zu den Demokraten hat, und die Hunter Biden 216 000 Dollar »als Berater« bezahlte. Der Chef ist Joe Bidens Großspender und Staranwalt David Boies. In einer weiteren E-Mail an Archer schreibt Hunter, dass Burisma an Boies eine Monatsgebühr von 25 000 Dollar »zu unserem Schutz« zahlen muss.

In seiner Antwort an Hunter am 12. Mai 2014 war Pozharskyi noch fordernder.

Er nannte zwei Mitglieder der ukrainischen Übergangsregierung, die vielleicht helfen könnten, die »Angriffe« auf Burisma abzuwehren. »Premierminister (Arseniy) Jatsenjuk oder Interimspräsident (Oleksandr) Turtschinow könnten eine Bitte an Interims-Innenminister (Arsen) Awakow schicken, die Untersuchungen einzustellen.«

Awakow unterstand als Interimsminister der ukrainischen Bundespolizei.

Es schien Hunter nicht zu stören, dass er 2 Wochen vor den Wahlen von einer Firma, die ihm 1 Million Dollar im Jahr bezahlt, gebeten wurde, über seinen Vater politischen Druck auf die instabile ukrainische Übergangsregierung auszuüben.

Stattdessen leitete er Pozharskyis E-Mail an Boies-Anwältin Heather King weiter, die am Nachmittag antwortete: »Der unmittelbare Plan ist, im Außenministerium die Zuständigen für Energie und die Ukraine zu kontaktieren und sie auf den neuesten Stand zu bringen, was Burisma angeht. Wir können dort nicht mit harten Forderungen aufkreuzen, aber wie üblich ist da sicher eine gewisse Hilfsbereitschaft vorhanden, wenn alles gut geht.«

»Dazu gehört auch eine Kontaktaufnahme zu Carlos Pascual, dem obersten Energiepolitiker im Außenministerium. Er war zuvor US-Botschafter in der Ukraine.«

3 Monate später verließ Pascual das Außenministerium und ging in die Privatwirtschaft.

King schlug außerdem vor, »einen Lobbyisten einzustellen. ... Ich will mich nicht als ausländischer Lobbyist anmelden müssen.« Sie schlug dafür den Lobbyisten David Leitner vor, den ehemaligen Stabschef von Außenminister John Kerry. »Er ist sehr eng mit Minister Kerry.«

Dank seiner Einflussnahme auf die Staatsanwaltschaft der Ukraine konnte Slotschewskyj kurz vor Weihnachten 2014 den Fängen des britischen Betrugsdezernats entkommen. Er hatte ein Schreiben der Staatsanwaltschaft vom 2. Dezember 2014 organisiert, wonach Slotschewskyj »nicht im Verdacht steht, ein Verbrechen begangen zu haben«, so der *Guardian*.

Dieser Brief diente dem zuständigen britischen Richter als Grundlage, die Anklage des Betrugsdezernats zu verwerfen. Slotschewskyj bekam seine 23 Millionen Dollar wieder.

Der damalige Bundesstaatsanwalt der Ukraine war der Ex-Polizist Vitali Jarema.

George Kent, Mitarbeiter der US-Botschaft in Kiew, sagte dem US-Justizministerium, dass Burisma zwischen Mai und Dezember 2014 die ukrainische Bundesstaatsanwaltschaft mit 7 Millionen Dollar bestochen hatte, um die Ermittlungen zu stoppen, berichtet der unabhängige Journalist John Solomon auf *Just the News.*

In einer Aktennotiz an das Außenministerium schrieb Kent, Jaremas Abteilung habe »die Akte Slotschewskyj wenige Tage vor dem westlichen Weihnachten geschlossen …, nachdem MI-5 und FBI Monate und vermutlich Millionen Dollar investiert hatten, um im ersten Bestechungsfall gegen Slotschewskyj, in Zusammenhang mit Gas- und Ölrechten, zu ermitteln.«

Laut Kent war »Jarema für diesen Skandal verantwortlich.« Nach einem zornigen Meeting mit Kent und einem weiteren US-Beamten in Februar 2015 trat Jarema als Bundesstaatsanwalt zurück.

Slotschewskyj, der im Exil in Monte Carlo lebte, war jetzt in London aus dem Schneider.

Aber Jaremas Nachfolger Wiktor Schokin sollte ihm noch Problem machen, ein 62-jähriger ehemaliger Staatsanwalt, den der neue Präsident Petro Poroschenko aus der Pension holte, um am 10. Februar 2015 der neue ukrainische Bundesstaatsanwalt zu werden.

• • • •

Missmut regte sich im US-Außenministerium über Hunters Verbindung zu Slotschewskyj, gegen den ein Einreiseverbot in die USA verhängt worden war.

Im August 2014 hatte der neue Energiebeauftragte der Regierung Obama, der in Israel geborene Amos Hochstein (42), sein Amt angetreten.

Er versuchte zweimal bezüglich Hunters Rolle bei Burisma zu intervenieren, darunter im Oktober 2015 direkt bei Joe Biden im Westflügel des Weißen Hauses. »Ich wollte sichergehen, dass er (Joe Biden) sich darüber im Klaren war, dass es verstärkte Kommunikation über Hunter Bidens Position im Vorstand von Burisma in den Medien mit Nähe zu den Russen und korrupten Oligarchen gibt«, sagte Hochstein dem Untersuchungsausschuss der Senatoren Grassley und Johnson.

Nachdem Holstein Joe damit konfrontiert hatte, schrieb ihm Hunter, dass sein Vater mit ihm sprechen wolle.

Laut Hunters Kalender traf er sich am 6. November 2015 im Le Pain Quotidien in Georgetown mit Hochstein, der ihm sagte, dass »die Russen« seinen Namen nutzen würden, um unter Ukrainern »Desinformation zu verbreiten«.

Am 12. November hinterließ Hunters Sekretärin ihm eine Rückrufbitte von Hochstein: »Bitte rufen Sie möglichst heute noch zurück.«

Am 7. Dezember 2015 versuchte Hochstein das Thema auf einem Air Force 2 Flug in die Ukraine wieder bei Joe anzuschneiden, aber sein Flehen wurde ignoriert.

Hochstein war nicht der einzige Beamte im Auswärtigen Amt, der sich Sorgen machte, dass Hunters Rolle bei Burisma die Anti-Korruptionsbemühungen der USA untergruben. George Kent von der US-Botschaft in Kiew hatte sich im Februar 2015 an das Büro des Vizepräsidenten gewandt, als er von Hunters Beziehungen zum »verabscheuungswürdigen Oligarchen« Slotschewskyj erfahren hatte.

»Ich trug meine Bedenken vor, dass Hunter Bidens Status als Vorstandsmitglied (von Burisma) den Eindruck eines Interessenkonflikts erwecken könnte«, sagte Kent vor dem Senatsausschuss aus.

»Ich war der Meinung, dass jemand mit Hunter reden sollte, damit er vom Burisma-Vorstand zurücktritt.« Kent erhielt nie eine Antwort aus Joe Bidens Büro.

Am 22. Mai 2015, inmitten dieser Turbulenzen beim State Department, schrieb Hunter eine E-Mail an einen der engsten Vertrauten seines Vaters, dem stellvertretenden Außenminister Tony Blinken (den Joe 2021 zum Außenminister machen sollte) und fragte, ob er »nächste Woche Zeit auf einen Kaffee« hätte. »Ich brauche deinen Rat zu ein paar Fragen.«

»Natürlich. ... Ich freu mich darauf«, antwortete Blinken.

Das Treffen wurde für den 27. Mai 2015 anberaumt. Hunter wurde gesagt, dass er »durch den Diplomateneingang des Außenministeriums« geschleust werden würde.

Aufgrund Beaus fortschreitender Krebserkrankung wurde das Meeting auf den 22. Juli verschoben. Vor dem Grassley-Johnson-Ausschuss sagte Blinken, er könne sich nicht an die Unterhaltung erinnern, bis auf die Tatsache, dass sie sich über seinen Bruder unterhalten hätten, und die Auswirkungen, die seine Krankheit auf die Familie und Vizepräsident Biden hatte. Es ging um die Verluste, die die Familie erlitten hatte, und wie sie damit umgingen.«

Blinken behauptete auch, keine Ahnung von Hunters Vorstandsposten bei Burisma gehabt zu haben oder deswegen Beschwerden erhalten zu haben.

Als die Slotschewskyj-Ermittlungen der ukrainischen Staatsanwaltschaft Ende 2015 Fahrt aufnahmen, erhöhte Pozharskyi den Druck auf Hunter und Archer und verlangte ausdrücklich, ihren Einfluss zu nutzen, um die Ermittlung gegen Burisma »einzustellen«.

Pozharskyi forderte »eine Liste von Ergebnissen ... einen konkreten Ablauf einschließlich Meetings/Schriftverkehr, die dazu führen, dass hochrangige US-Beamte in der Ukraine (Botschafter) und in den USA vertraulich und öffentlich ihre Unterstützung und positive Meinung über Nikolayi (Slotschewskyj)/Burisma ausdrücken, bis in die höchsten Regierungskreise hier in der Ukraine: beim Präsidenten der Ukraine, dem Stabschef, der Bundesstaatsanwalt etc.«, schrieb er am 2. November 2015.

»Dazu sollte auch eine Delegation von hochrangigen aktuellen und/oder ehemaligen Beamten und Experten im November in der Ukraine zählen, die mit ukrainischen Topbeamten Meetings ansetzen und positive Botschaften in Nikolays Angelegenheit kommunizieren, mit dem ultimativen Ziel, die Ermittlungen gegen Nikolay in der Ukraine einzustellen.«

Im darauffolgenden Monat flog Joe nach Kiew und sprach am 8. Dezember 2015 erneut vor dem ukrainischen Parlament. Er kritisierte das »Krebsgeschwür der Korruption« in der Ukraine und griff die Staatsanwaltschaft an, die gegen Burisma ermittelte: »Das Amt des Bundesstaatsanwalts muss dringen reformiert werden.«

Hinter den Kulissen übte er Druck auf Poroschenko aus, den Generalstaatsanwalt Schokin zu entlassen.

Laut Joe Biden, dem State Department, US-Medien und des von George Soros finanzierten Anti-Corruptions Action Center AntAC lag es daran, dass Schokin korrupt sei, Reformen blockiere und die Ermittlungen gegen Slotschewskyj verschleppe.

Das Gegenteil war der Fall.

Tatsächlich ermittelte Schokin aggressiv gegen Burisma, wie Pozharskyi in zunehmend dringenden E-Mails an Hunter Biden und Devon Archer schrieb. Ukrainische Medien bestätigen dies.

Am 2. Februar 2016 unterschrieb Schokin einen Haftbefehl für Slotschewskyj und ließ seinen gesamten »beweglichen und unbeweglichen Besitz« konfiszieren, darunter vier Villen, zwei Grundstücke und einen Rolls Royce Phantom, so die *Kyiv Post*, *Interfax* und *National Radio Company*.

10 Tage später rief Joe Biden Präsident Poroschenko an.

5 Tage nach diesem Anruf wurde Schokin im Prinzip entlassen, obwohl das ukrainische Parlament die Entlassung erst einen Monat später amtlich machen sollte.

In einem geleakten Telefongespräch zwischen Biden und Poroschenko vom 18. Februar 2016 sagte der ukrainische Präsident, er habe »gute Neuigkeiten. Gestern war ich beim Bundesstaatsanwalt und, obwohl wir nichts gegen ihn in der Hand haben, obwohl es keine Beweise für Korruption oder Fehlverhalten gibt, und obwohl das Volk ihn unterstützt, habe ich ihn gebeten zurückzutreten. Als Ergebnis dieses Treffens hat er mir seinen Rücktritt versprochen und vor einer Stunde habe ich seine schriftliche Rücktrittserklärung erhalten.«

Joe seufzt und sagt: »Super.«

Am 13. Mai 2016 sagt Joe zu Poroschenko: »Glückwunsch zum neuen Bundesstaatsanwalt. … Es ist jetzt sehr wichtig, dass er schnell den Schaden behebt, den Schokin angerichtet hat. Ich bin ein Mann, der zu seinem Wort steht, und jetzt, wo der neue Bundesstaatsanwalt im Amt ist, können wir die Kreditgarantie von 1 Milliarde Dollar verabschieden.«

Poroschenko: »Vielen Dank für diese hilfreichen Worte der Unterstützung. Es war wirklich eine sehr große Herausforderung.«

9 Monate später ließ der neue Bundesstaatsanwalt, der Politiker Juri Luzenko, alle Ermittlungen gegen Slotschewskyj und Burisma fallen.

In einem Auftritt beim Council on Foreign Relations 2018 prahlte Joe, er sei nach Kiew geflogen und hätte damit gedroht, der Ukraine 1 Milliarde Dollar an Kreditgarantien vorzuenthalten, wenn Schokin nicht entlassen werde.

»Ich habe sie angesehen und gesagt, ›Ich fliege in 6 Stunden. Wenn der Staatsanwalt nicht entlassen wird, kriegt ihr das Geld nicht.‹ Und wisst ihr was? Sie haben ihn entlassen.«

Schokin hat ausgesagt, dass er wegen seiner Ermittlungen gegen Slotschewskyj und der Beschlagnahmung dessen Besitzes zum Rücktritt gedrängt wurde.

In einem sensationellen Interview mit der ukrainischen Zeitschrift *Strana* sagte Schokin 2019, er habe vorgehabt, »(Hunter) Biden, (Devon) Archer usw. zu vernehmen, als er geschasst wurde.

»Der (ukrainische) Präsident sagte mir mehrmals, dass Joe Biden meine Entlassung gefordert hatte. … Biden nahm das sehr ernst. Er versprach Poroschenko einen korrupten Kompromissvorschlag, was mich anging.«

Zuerst habe er »die Andeutungen nicht verstanden, dass wir die Ermittlungen gegen Burisma fallenlassen müssen«, so Schokin. »Alle weiteren Ereignisse waren das Ergebnis meiner Weigerung.

»Es gab mehrfache Ultimaten und Diskussionen meinetwegen. Am 2. Februar 2016 habe ich schließlich die rote Linie überschritten, als wir gerichtlich die Beschlagnahmung von Burisma-Eigentum haben anordnen lassen. Der Präsident hat dann wohl einen weiteren Anruf von Joe Biden erhalten, der damit drohte, Hilfsgelder vorzuenthalten. … Da hat Poroschenko klein beigegeben.«

Seitdem Schokin im Ruhestand ist, versucht er seinen Ruf wiederherzustellen.

Als er hörte, wie Joe Biden damit prahlte, » auf höchster Ebene in die Regierungsentscheidungen in der Ukraine interveniert zu haben … und meine Entlassung erwirkt zu haben, fand ich, er hat nicht nur unseren Präsidenten verhöhnt, sondern alle Ukrainer.«

Im April 2020 beschloss das Amtsgericht Kiew, dass Schokin offiziell als mutmaßliches Opfer eines Verbrechens, begangen durch Joe Biden, bezeichnet wird. Zuerst wurde Joe Bidens

Name geschwärzt, später ließ das Gericht ihn offiziell mit Namen nennen.

• • • •

In seinen 5 Jahren im Vorstand von Burisma verdiente Hunter Biden bis April 2019 4 Millionen Dollar.

In seiner Biografie schrieb er, das Geld von Burisma sei »eine schlimme Form von Spielgeld« gewesen, das ihn ermutigte, monatelange Exzesse zu feiern.

Sein Job bei Burisma katapultierte den ahnungslosen Hunter in eine gigantische Auseinandersetzung um Energie, die zwischen den USA und Russland stattfand. Es sollte nicht das letzte Mal sein, dass er in ein geopolitisches Pulverfass stolperte.

Wie es genau dazu kam, dass der Sohn des Vizepräsidenten in eine solch zwielichtige Operation verwickelt wurde, ist über die Jahre immer wieder durch widersprüchliche Erklärungen von Hunter und seinem Gefolge verschleiert worden.

Laut seinem Anwalt George Mesires hatte der ehemalige polnische Präsident Aleksander Kwasniewski, der Vorstandsmitglied bei Burisma war, Hunter für den Vorstandsposten empfohlen.

Der amerikanische Investmentbanker und Burisma-Vorstandsvorsitzender Alan Apter sagte dem *Wall Street Journal*, er habe Devon Archer über Bekannte kennengelernt und die beiden »nur wegen ihren Qualifikationen« eingeladen, dem Burisma-Vorstand beizutreten.

Auf dem Laptop findet sich eine andere Geschichte.

Hunter hatte einem gewissen »Alex« eine »Vermittlungsgebühr« für den Vorstandsposten bezahlt, wie eine E-Mail aus dem Jahr 2016 verrät. Insgesamt hat er 277 775 Dollar an Alex bezahlt, ein Drittel seiner Vorstandsbezüge bei Burisma für 10 Monate.

Wer war dieser mysteriöse Alex? Tatsächlich war er eine sehr interessante Figur in Bezug auf Hunters Verbindungen nach Russland.

Alex Kotlarski war ein Osteuropäer in New York, der für die Unternehmensberatung TriGlobal Strategic Ventures tätig war. Laut deren Webseite helfen sie westlichen Firmen »bei Geschäften in den Schwellenländern der ehemaligen Sowjetunion«.

TriGlobal wurde vom armenischstämmigen Moskauer Oligarchen Ara Abrahamian mitbegründet, einem engen Verbündeten von Wladimir Putin, der ihm eine der höchsten zivilen Auszeichnungen Russlands verliehen hatte, den Verdienstorden für das Vaterland.

Abrahamian feierte seinen 60. Geburtstag in Moskau in einem Bankettsaal in der Nähe des Kremls – ein klares Zeichen für seine enge Verbindung zu Putin. Zu den geladenen hohen Regierungsvertretern zählte der Außenminister Sergei Lawrow, wie man auf Fotos auf seiner Webseite sehen kann. Ein Grußwort von Wladimir Putin wurde verlesen.

Abrahamian wohnte in einer 80-Millionen-Dollar-Villa im teuren Bezirk Odintsowski im Westen Moskaus, gegenüber von Putins rechter Hand Igor Setschin, dem Chef des russischen Staatsbetriebs Rosneft, der später in Hunters Geschäfte in China verwickelt sein wird.

Am 16. Februar 2012 frühstückte Hunter mit Abrahamian in seiner Villa in Moskau. Er war direkt nach einem Treffen mit dem damaligen chinesischen Vizepräsidenten Xi Jinping nach Russland geflogen.

In Hunters Kalender steht »Frühstück mit Vorstand ›Troika-Dialog‹, Essen bei Ara Abrahamian zu Hause.«

Am Nachmittag traf er sich mit Sergei Tschemesow, einem von Putins engsten Beratern und dem Chef der Staatsfirma Rostec, zum Abendessen mit einem weiteren Oligarchen. Am nächsten

Tag war er wieder zum Frühstück bei Abrahamian, danach fand erneut ein Treffen mit zwei Milliardären statt.

Wie Hunter Zugang zum innersten Kreis der russischen Oligarchen bekam, ist ein Rätsel. Wir wissen jedoch von einem Hunter-Biden-Interview mit dem *New Yorker*, dass Alex Kotlarski, Abrahamians rechte Hand bei TriGlobal, daraufhin Hunter dem Burisma-Chef Slotschewskyj vorgestellt hat.

Der *New-Yorker*-Artikel aus dem Jahr 2019 bezeichnet Kotlarski als »Ukrainer im New Yorker Autoservicegeschäft«.

Er scheint eine wichtige Rolle bei Burisma gespielt zu haben. Er ist bei Hunter und Archers Schriftverkehr mit Burisma in Kopie und flog mit Hunter in der ersten Klasse, eine Reihe hinter ihm.

Die erste Erwähnung von Kotlarski auf dem Laptop war am 11. Juni 2012, als er in einer E-Mail von Archer über einen privaten Charterflug nach Almaty, Kasachstan, in CC war. Burisma sollte 2014 einen Deal mit der staatlichen kasachischen Energiefirma KazMunayGas machen, um Öl- und Gasvorkommen zu fördern. Hunter und Archer reisten mindestens dreimal nach Kasachstan, unter anderem mit Slotschewskyj, wo sie Premierminister Karim Massimow trafen.

Mit an Bord dieses Fluges war Abrahamians Partner Vitali Pruss, Präsident von TriGlobal in New York und Slotschewskyjs Freund, der zuvor die russische staatseigene Pipeline Transneft vertreten hatte.

Hunter sagte gern, dass Burisma das hehre Ziel verfolgte, die Ukraine in Energiefragen unabhängig von Russland zu machen. Aber alle Kontakte, die ihn bei Burisma an Bord geholt hatten, waren mit Russland verbündet. Burisma-Chef Slotschewskyj war in der Ukraine Umweltminister unter dem russlandfreundlichen, ehemaligen Präsidenten Wiktor Janukowytsch, der nach dem Maidan nach Russland floh.

Kapitel

12

Prinzlinge

»China soll uns die Butter vom Brot stehlen?
Ach, komm schon. ... Das sind keine
schlechten Menschen, Leute. Aber wissen Sie was?
Sie sind keine Konkurrenz für uns.«

Joe Biden, Iowa, 2019

Hunter Bidens Reise nach Peking an Bord der Air Force 2 im Jahr 2013 an der Seite seines Vaters zum Antrittsbesuch beim frischgebackenen Präsidenten Xi Jinping war ein unmissverständliches Zeichen an seine chinesischen Geschäftspartner, dass er ein Player im großen Spiel war.

Er war die amerikanische Version eines Phänomens, das die Chinesen nur zu gut kannten: dem »Prinzling«, der für ein mächtiges Familienmitglied als Mittler, Stellvertreter und Strohmann diente.

Chinesische Prinzlinge sind die Sprösslinge der ursprünglichen kommunistischen Revolutionshelden, die sich und ihre Familien mittels eines ausgeklügelten Systems an Filz und Vetternwirtschaft bereichern und hochrangige Führungspositionen in staatseigenen Betrieben oder der Politik innehaben. Sie sind der neue chinesische Geldadel, reiche, mächtige Clans, die durch Geburt oder Heirat mit den Führungskadern der Kommunistischen Partei Chinas (KPCh) verwandt sind.

2021 berichtete *Forbes*, 626 chinesische Milliardäre besäßen zusammen 2,5 Billionen Dollar. Dazu zählt noch nicht der enorme verborgene Reichtum der Prinzlinge, der auf korrupte oder halb legale Weise gesammelt wurde. 2014 schätzte Credit Suisse diesen verborgenen Reichtum in Steuerparadiesen wie den Britischen Jungferninseln und den Kaimaninseln auf 1,4 Billionen Dollar oder etwa 30 Prozent des chinesischen Bruttoinlandsprodukts.

Der sogenannte »Rote Adel« hat durch seine politischen und militärischen Kontakte einen immensen Reichtum angehäuft und genießt ein Leben in unvorstellbarem Luxus. Seine Mitglieder besuchen Eliteschulen und leben in ummauerten Villen mit Dienern und privaten Sicherheitsleuten. Es ist jedoch ein prekäres Leben, das den unberechenbaren Ränkespielen und den gelegentlichen politischen Erdbeben in Peking ausgesetzt ist.

Den Chinesen dürfte also die Bedeutung völlig klar gewesen sein, als der wortkarge 43-jährige Hunter am 4. Dezember 2013 die Stufen der Air Force 2 hinter Joe Biden hinabstieg. Die beiden wurden von einer militärischen Ehrengarde auf dem roten Teppich in Empfang genommen.

Das war die amerikanische Machtelite, die in China private Geschäfte machen wollte.

Es war nicht das erste Mal, dass Hunter mit seinem Vater Xi getroffen hat. Die Kommunistische Partei Chinas (KPCh) hatte

Joe seit seinem ersten Besuch als junger Senator 1979 und später als Vorsitzender des Auswärtigen Ausschusses gefördert. In dieser Funktion war Joe ein früher Befürworter von Chinas Eintritt in die Welthandelsorganisation WTO, ein wegweisender Deal, der den amerikanischen Arbeitern riesigen Schaden zufügte. Millionen Jobs im produzierenden Gewerbe wurden nach China exportiert. Aber es war ein Preis, den die US-Politik bereit war zu zahlen, in der Hoffnung, dass ein wohlhabenderes China für alle ein Gewinn wäre und China irgendwann der freiheitlichen, demokratischen Weltordnung beitreten würde.

2 Jahrzehnte später hat die Globalisierung hauptsächlich den obersten Zehntausend genutzt und China hat sich nicht liberalisiert, sondern vielmehr (hauptsächlich mit Hilfe westlicher Technik) ein noch nie dagewesenes System totalitärer Überwachung installiert, von dem Hitler und Stalin nur geträumt hätten.

Joes chinesische Kontakte sollten für seinen Sohn Türöffner zu den vermögendsten chinesischen Staatsfonds und zu den mächtigsten Staatsbetrieben sein – Möglichkeiten, für die Wall-Street-Titanen wie Goldman Sachs töten würden.

Hunter hatte etwas, das man mit Geld nicht kaufen konnte: den Namen Biden und, damit verbunden, das Versprechen, Zugang zu den obersten Kreisen der USA zu erhalten. Joe hat dieses Versprechen in Peking eingelöst. Er traf sich trotz seines vollen Terminkalenders mit Hunters neuem Geschäftspartner, Jonathan Li (auch bekannt als Li Xiangsheng), Chef der Firma Bohai Capital, das von der Bank of China kontrolliert wurde.

Es wirkte vielleicht ungewöhnlich, dass ein Vizepräsident Familienmitglieder auf Staatsvisite mitnahm, aber bei Joe Biden hatte dies eine lange Vorgeschichte. Neben Hunter brachte er auch dessen mittlere Tochter Finnegan, 15, mit, um dem amerikanischen Publikum ein sauberes, gesundes Familienleben vorzugaukeln. Der gute alte Joe Biden hatte einfach gerne seine

Familie um sich. Diese Darstellung ist 5 Jahrzehnte lang geprobt und inszeniert worden, um sie im Bewusstsein der Amerikaner zu verankern.

Selten wurde in Frage gestellt, ob es in Ordnung war, dass Hunter aus Joes politischer Tätigkeit im Ausland Gewinn schlug, während Joe eigentlich amerikanische Interessen schützen und durchsetzen sollte.

Joe empfand jedoch jede Frage zu Hunters Gegenwart an seiner Seite bei offiziellen Terminen als persönlichen Affront. Er und sein Büro schworen immer Stein und Bein, absolut nichts von den Auslandsgeschäften seines Sohnes gewusst zu haben. Joe hatte einfach gerne seine Familie auf Reisen dabei.

Dieses Märchen schluckten vielleicht die amerikanischen Medien, aber die Chinesen wussten genau, was los war. Dafür kannten sie das Konzept von *Guanxi* nur zu gut, das konfuzianische System von persönlichen Netzwerken und Vitamin B, das seit Jahrtausenden die Grundlage der chinesischen Gesellschaft bildete. Die Wirren der Kulturrevolution in den 60er- und 70er-Jahren verschärfte nur die Bedeutung von *Guanxi* in einem Land ohne Tradition der schriftlichen Verträge. In der chinesischen Geschäftswelt bilden unausgesprochene, gegenseitige Abmachungen die Grundlage, da Familienbande als Verlängerung des Individuums gesehen werden.

Guanxi war der Weg, wie man gemeinsam vorankam: Eine Hand wäscht die andere. Es war ein System, das Joe Biden nur zu gut aus seiner Zeit in Delaware kannte, als er von seinen Spendern Jobs und Gefallen für seine Familienmitglieder bekam. Alle Mitarbeiter der Bidens wussten genau, »wer Joes Familie hilft, hilft auch Joe«.

Deshalb verstanden sich Präsident Xi und Vizepräsident Biden von ihrem ersten Kennenlernen 2011 an so gut, obwohl sie nicht dieselbe Sprache sprachen. Joe war von Präsident Barack

Obama entsandt worden, um seinen undurchsichtigen chinesischen Kollegen kennenzulernen, der als Nächstes an der Reihe war, Staatsoberhaupt zu werden. 2 Jahre später begrüßte Xi Joe schon als »mein alter Freund«.

Xi war selbst eine Art Prinzling. Sein Vater, Xi Zhongxun, war ein Revolutionsheld, der Propagandachef der kommunistischen Partei und die rechte Hand vom »Großen Vorsitzenden« Mao Zedong. Aber im Jahr 1963, als Xi 10 Jahre alt war, wurde sein Vater wegen »Subversion« aus der Partei ausgeschlossen. Die Roten Garden führten ihn in einem kegelförmigen Metallhut der Rotgardisten vor, folterten ihn und sperrten ihn ein. Xis Mutter musste ihren Mann denunzieren, Xis ältere Schwester hat sich wohl das Leben genommen. Mit sechzehn wurde Xi aus der Schule geworfen und zur Umerziehung in die ländliche Provinz Shaanxi geschickt. Nach Maos Tod 1976 wurden Xi und sein Vater unter dem neuen Obersten Führer Deng Xiaoping rehabilitiert.

Xi sollte daraufhin in der Kommunistischen Partei Chinas (KPCh) Karriere machen, bis zum Status einer »zentralen Führungsperson«, eine Ehre, die bisher nur Deng und seinem Vorgänger Mao zuteilwurde. Der Familienlegende nach gründete Xis Vater unter Deng 1980 die »Sonderwirtschaftszone« von Shenzen. Die Region nahe Hongkong war ein Testlauf für ein Produktionszentrum von Exportgütern, um internationale Investoren anzulocken und die chinesische Version des Staatskapitalismus zu begründen. Während Xis Amtszeit wurde die Rolle seines Vaters immer mehr in den Vordergrund gerückt und Dengs Rolle reduziert.

Xis Lebensgeschichte vermittelte ihm also eine nüchterne Sicht der Politik, wie er 2000 in einem Interview im *Wall Street Journal* verriet.

»Menschen, die sehr wenig Kontakt zu den Mächtigen haben, die weit weg davon sind, sehen diese Dinge immer als neuartig und mysteriös an«, so Xi. »Aber was ich sehe, sind nicht nur die Oberflächlichkeiten: die Macht, die Blumen, der Ruhm, der Applaus. Ich sehe die Gehege (in denen die Roten Garden während der Kulturrevolution die Häftlinge sperrten), ich sehe, wie Menschen heiß oder kalt laufen können. Ich verstehe die Politik auf einer tieferen Ebene.«

Joe hat immer gerne damit geprahlt, dass sein Verhältnis zu Xi etwas ganz Besonderes sei. Oft behauptete er, »als Vizepräsident 24 oder 25 Stunden Meetings unter vier Augen mit ihm gehabt zu haben und 27 000 Kilometer mit ihm gereist« zu sein. »Ich kenne ihn also ganz gut.«

Man kann sich nur zu gut vorstellen, was der Chemieingenieur Xi Jinping vom schwadronierenden, selbstherrlichen Joe Biden hielt, nachdem er von einem Dolmetscher ins Mandarin übersetzt wurde. Aber beide Männer verband eine tragische Familiengeschichte, sie tranken beide keinen Alkohol und waren stolz auf ihre Kinder, die einen Abschluss an amerikanischen Eliteunis hatten: Xis 29-jährige Tochter Xi Mingtse hatte die Harvard University besucht. Sie waren beide Männer mit bescheidenem Talent, die es ganz an die Spitze geschafft hatten.

Joes Betonung, wie viele Meetings er mit Xi gehabt hatte und wie viele Kilometer er mit ihm gereist war, und nicht, welche handfesten Ergebnisse er produziert hatte, war eher ein Rätsel für das amerikanische Publikum, das darin nur leere Prahlerei erkennen konnte. Aber für das chinesische Publikum hatte es eine andere Bedeutung: *Wu-Lune*, ein langfristiges Investment in eine persönliche Geschäftsbeziehung und Geschäftspartner.

2013 hatte Joe eine drängende Aufgabe für die Vereinigten Staaten und ihre Verbündeten in der Region zu erledigen: Er sollte die Chinesen dazu bringen, den Diebstahl des geistigen Eigentums zu unterlassen und mit der Militarisierung der Inseln in den umstrittenen Gewässern des Südchinesischen Meeres aufzuhören. Letzteres war einer der gefährlichsten Brennpunkte der Gegenwart. Eine Woche vor Joes Besuch hatten die Chinesen provokant eine »Identifikationszone der Luftverteidigung« ausgerufen, um die Lufthoheit über japanisches und südkoreanisches Gebiet zu beanspruchen.

Joe reiste jedoch mit leeren Händen wieder ab.

Ganz im Gegensatz zu Hunter, der seinen ersten Megadeal mit China abschließen konnte: die Investmentfirma Bohai Harvest Rosement (BHR), die 12 Tage nach Hunters Ankunft an Bord der Air Force 2 aus der Taufe gehoben wurde. Am 16. Dezember 2013 stellten die Behörden in Shanghai deren Geschäftslizenz aus. Hunter wurde als Miteigentümer und Vorstandsmitglied eingetragen.

In den nächsten Monaten beschleunigte China sogar den Bau von »künstlichen Flugzeugträgern« auf Riffen und Atollen rund um die Spratly- und Paracel-Inseln, um das Südchinesische Meer zu kontrollieren und amerikanische Verbündete zu bedrohen.

Bis Januar 2019 verfügte BHR über 2,5 Milliarden Dollar Anlagevolumen, wie die Vorstandsunterlagen auf Hunters Laptop zeigen.

Im Juli 2021 besaß Hunter immer noch 10 Prozent von BHR, obwohl er versprochen hatte, sich von seinen Investmentbeteiligungen zu trennen, wenn sein Vater Präsident wird.

Mit anderen Worten machte der Sohn des US-Präsidenten Geschäfte mit der Regierung des kommunistischen China.

Während seines 3-tägigen Aufenthalts in Peking, im Dezember 2013, war Hunter Biden »manchmal dabei und manchmal nicht, wenn sein Vater seine Empfänge und roten Teppiche hatte. Manchmal schien er seinem eigenen Reiseplan zu folgen, vermutlich mit seiner Tochter Finnegan«, schrieb Joch Lederman, ein Reporter für NBC, der an Bord der Air Force 2 mitflog.

Zwischen Mai 2013 und Januar 2014 gibt es eine Lücke in Hunters E-Mails, und anders als sonst, ist diese Reise nach Peking nicht in Hunters Kalender verzeichnet. Aber aus anderen Quellen können wir uns zusammenreimen, was passiert ist.

Von Hunters Aussage im *New Yorker* wissen wir, dass er kurz nach ihrer Ankunft ein Treffen von Joe Biden und seinem Geschäftspartner Jonathan Li in der Lobby des historischen Staatsgästehaus Diaoyutai arrangierte, wo die Bidens wohnten. Der Bericht des Pressepools der mitreisenden US-Journalisten erwähnt an diesem Tag einen außerplanmäßigen Zwischenstopp. »Vizepräsident Li Yuanchao und Vizepräsident Joe Biden betraten um 12:06 Uhr Villa 5 (des Staatsgästehauses) und unterhielten sich wie alte Bekannte unter ihren Freunden und Mitarbeitern, kurz vor dem offiziell terminierten Fototermin zum Händeschütteln. Dann trat Vizepräsident Joe Biden für 4 Minuten und 30 Sekunden, nur von seinen Leibwächtern begleitet, in ein Nebenzimmer. Es ist unklar, was er dort gemacht hat. Vielleicht ein wichtiges Telefonat.«

Joes Termin im Nebenzimmer, durch den er seine chinesischen Gastgeber und die versammelten Medien warten ließ, war möglicherweise ein Treffen mit Hunters Geschäftspartner Jonathan Li. (Einige Jahre später schrieb Joe Biden ein Empfehlungsschreiben für Lis Sohn Christopher an die Brown University.)

Adam Entous vom *New Yorker* weiter: »Einem BHR-Vertreter in Peking zufolge arrangierte Hunter ... ein Treffen zwischen Li und seinem Vater in der Hotellobby ihres Quartiers. Danach hatten Li und Hunter laut eigener Auskunft einen lockeren gesellschaftlichen Termin. Hunter sah darin kein Problem, sagte er mir. ›Warum sollte ich um die halbe Welt fliegen und ihn nicht auf einen Kaffee treffen?‹«

Manche Berater machten sich jedoch Sorgen, dass »Hunters Treffen mit seinen Geschäftspartnern seinen Vater der Kritik aussetzen würde, seinen Einfluss ausgenutzt zu haben. Als ich Mitarbeiter Bidens fragte, ob sie diese Bedenken beim Vizepräsidenten angesprochen hätten, gaben einige an, sich nicht getraut zu haben. ›Jeder seiner Mitarbeiter ist schon einmal angebrüllt worden‹, so ein ehemaliger Berater. Andere hatten Angst, seine Gefühle zu verletzen. Ein Geschäftspartner sagte, dass Joe Biden während ernster Familiengespräche immer ›extrem melancholisch wurde. ... Als hätte man ihn zutiefst gekränkt.«

Die Last von Joes Familientragödie diente ihm wie immer als Schutzschild vor berechtigter Kritik und machte ihn blind für die schwerwiegenden Risiken, denen er seine Familie aussetzte.

Während der weiteren Reise erschien Hunter nur bei einem einzigen offiziellen Termin mit Joe und Finnegan, den der offizielle Fotograf des Weißen Hauses festhielt: eine traditionelle Teezeremonie im Teehaus Liu Xian Guan im Dongcheng-Viertel von Peking, zusammen mit dem US-Botschafter Gary Locke, dessen Frau und Sohn.

Auf einem anderen Foto drückt sich Hunter im Hintergrund herum, während Joe den versammelten KPCh-Kadern die Hände schüttelt. Vor einem Abendessen in der »Großen Halle des Volkes« sah Hunter zu, wie Xi und sein Vater antike Artefakte aus dem Chinesischen Museum inspizierten.

Joe und Xi sollen sich in einem Separee vor dem Essen außergewöhnliche 4,5 Stunden unterhalten haben. Wir wissen nicht, ob Hunter Biden bei diesem »Vieraugengespräch« dabei war, aber beim Essen unterstrich Joe gegenüber Xi die Bedeutung, die er persönlichen Beziehungen zumaß.

»Politik ist meiner Meinung nach immer persönlich«, so Joe Biden. »Persönliche Beziehungen sind der einzige Weg, Vertrauen aufzubauen«, so Joe bei einem Frühstückstreffen mit dem amerikanisch-chinesischen Unternehmerrat am nächsten Tag. Er prahlte damit, wie viel Zeit er mit Xi verbracht hatte, und verkündete, dass sie versuchen würden, »eine neue Art von Beziehung aufzubauen«, die auf »gegenseitigem Vertrauen« beruhe. Für chinesische Ohren war die Botschaft klar: »Ich bin euer Mann. Wie viel ist es euch wert?«

Beim Staatsbankett mit Joe erklärte Xi, dass die Beziehung zwischen USA und China eine »Win-Win-Kooperation« sei. Aber was China angeht, haben nur die Bidens gewonnen, nicht die USA.

Joe wusste, dass Xis Wirtschaftsreformen eine einzigartige Gelegenheit darstellten, sich in China eine goldene Nase zu verdienen, und dass er sich mit seiner Familie in der Poleposition befand.

Xi nahm sich die Zeit, Joe Biden die Bedeutung des 18. Parteitags der Kommunistischen Partei Chinas (KPCh) zu erklären, bei dem er zum Generalsekretär der KPCh gewählt worden war. Wang Qishan, Xis Mitbewohner während seines erzwungenen Exils in der Provinz als junger Mann, war oberster Korruptionsbekämpfer geworden, der Xis interne Feinde in der Partei ausschalten sollte.

Aber Xi wollte Joe Biden nicht mit lästigen Parteiinterna langweilen. Stattdessen erzählte er ihm einfach von den vielversprechenden Wirtschaftsreformen, die auf dem Parteitag beschlossen wurden, und die »für gleiche Wettbewerbsbedingungen für private und ausländische Firmen« sorgen würden, so Joe beim Frühstück.

Er erwähnte Hunters Firmen nicht, aber das musste er auch nicht.

Abgesehen von seiner Prahlerei konnte Joe Biden auf lange und enge Beziehungen zu China zurückblicken. Er gehörte der ersten Delegation des US-Kongresses an, die China 1979 besucht und Präsident Deng Xiaoping getroffen hatten, nachdem die USA und China nach Maos Tod ihre Beziehungen normalisierten. Zu dieser Zeit studierte Xi – 11 Jahre jünger als Joe Biden – noch Ingenieurwesen an der chinesischen Topuni Tsinghua.

Im August 2001 war Joe Biden wieder in China. Diesmal führte er die Delegation als Vorsitzender des Auswärtigen Ausschusses des Senates an. 2 Monate später machte der Senat für China den Weg in die Welthandelsorganisation WTO frei.

Präsident Jiang Zemin lud Joe Biden und seine drei Senatskollegen zu einer ausgedehnten Charmeoffensive mit KP-Kadern ins Beidaihe ein, Chinas Version von Martha's Vineyard, einem Luxusstrandresort.

Joe kehrte nach Washington zurück, voller Lob für Chinas Aufstieg »als Großmacht. Denn Großmächte halten sich an internationale Normen, in Bezug auf Waffenkontrolle, Menschenrechte und Handel«, sagte er der *New York Times*.

Als Joe Biden das nächste Mal im August 2011 nach China flog, war Xi Jinping bereits der designierte Nachfolger des Präsidenten Hu Jintao. Die beiden Vizepräsidenten hielten gemeinsame Businessdialoge ab, luden zu gemeinsamen Staatsbanketten in Peking ein und besuchten zusammen die Stadt Chengdu in der Provinz Sichuan, die 2000 Kilometer entfernt lag.

Joe war scheinbar sehr daran gelegen, Xi Jinping zu beeindrucken – so sehr, dass der *Weekly Standard* sich zur Überschrift »Biden stellt Amerika wieder bloß« genötigt sah.

»Amerikanische Beamte verbiegen sich mittlerweile, um chinesischen Führern zu gefallen. Die Reise des Vizepräsidenten läuft Gefahr, wie ein Kniefall vor dem Reich der Mitte zu wirken. ›Sie sind eine Angelegenheit nationaler Bedeutung‹, schwärmte Joe gegenüber Xi.«

6 Monate später hatte die Regierung Obama Joe Biden die Zuständigkeit für China übertragen. Die Regierung bezeichnete ihre Chinapolitik erst als »strategische Wende nach Asien«, später als »neues Gleichgewicht«. Das Ziel war, den Aufstieg Chinas

zu bremsen. Ein Jahrzehnt später war davon nicht mehr viel zu spüren, bis auf ein paar US-Marines in Nordaustralien.

Einige Wochen, nachdem Joe das Chinaressort übertragen bekommen hatte, besuchte Xi Jinping Washington. Zum Mittagessen mit dem chinesischen Vizepräsidenten im Benjamin-Franklin-Saal des Auswärtigen Amtes am 14. Februar 2012 lud Joe auch Hunter ein.

Am gleichen Abend flog Hunter nach Moskau, um einen Oligarchen zu treffen, deshalb verpasste er das Staatsbankett für Xi in der Residenz des Vizepräsidenten, dem Marine-Observatorium.

Xi reiste nach Iowa, um die Familie zu besuchen, bei der er als junger Austauschstudent gewohnt hatte, als er 1985 amerikanische Landwirtschaft studierte. Seine letzte Station war Los Angeles, wo Joe ihn wieder zum Dinner einlud.

In L.A. hatte Xi einen Termin, der für Hunters Geschäfte in China sehr nützlich war. Er besuchte eine Feier zur Vertragsunterschrift mit dem US-Energie-Startup GreatPoint, eine von Hunters ersten Kunden, als er 2008 seine Unternehmensberatung Seneca Global Advisors gründete.

GreatPoint Energy hatte soeben ein Investment von 1,25 Milliarden Dollar von der Wanxiang-Gruppe bekommen, die größte ausländische Risikokapitalinvestition in den USA in diesem Jahr. Xi kam, um die Vereinbarung zu verkünden, mit seinem Reisebegleiter, dem Wanxiang-Eigentümer und Milliardär Lu Guanqiu und dem US-Handelsminister John Bryson.

Es ist unklar, ob Hunter beim Wanxiang-Deal involviert war, oder ob Joe Biden von der Rolle seines Sohnes bei dem Termin wusste.

2 Jahre später beteiligte sich Wanxiang an einem weiteren Skandalunternehmen der Bidens, dem pleitegegangenen Hersteller von Elektroautos Fisker Automobile, in das Hunter mit Rosemont Seneca Partners investiert hatte.

Fisker hatte Anleihen von 528 Millionen Dollar von der Regierung Obama in den Sand gesetzt, um in Joe Bidens Heimatstaat Delaware, in einer alten Fabrik, 6 Kilometer von Joe Bidens' Haus in Greenville, Hybrid-Fahrzeuge zu bauen. Joe hatte eine Schlüsselrolle bei der Beschaffung dieser Kredite 2009, wie der Wirtschaftsentwicklungsbeauftragte von Delaware, Alan Levin, dem *Wall Street Journal* sagte. »Man könnte den Vizepräsidenten als unsere Geheimwaffe bezeichnen, aber an Joe Biden ist nichts geheim.« Eine Biden-Sprecherin sagte dem Wall Street Journal, Biden habe beim Energieministerium »nicht direkt interveniert«. Nach der Genehmigung des Deals nannte es Joe Biden bei einem Frühstück für Autogewerkschaftsbosse »eine Metapher für die Wiedergeburt unseres Landes«.

Im Jahr 2013 hatte Fisker Insolvenz angemeldet, ohne ein einziges Auto in den USA gebaut zu haben.

Auf der Liste der geprellten Investoren, zu denen Leonardo di Caprio und Al Gore gehörten, entdeckten die Reporter auch den Namen von Hunter Biden, aber sie konnten nie feststellen, ob er ein geprellter Investor war oder nur einen im Ausland gebauten Fisker gekauft hatte. Beides traf zu, wie sich herausstellte.

Vor seinen großen Deals mit China beteiligte sich Hunter an jeder Finanzierungsrunde für Fisker, wobei nicht bekannt ist, wie viel Geld er ausgab. »Du hast kein Problem damit, Fisker als Investment anzupreisen, oder?«, fragte ihn sein Geschäftspartner Erich Schwerin.

2013 kaufte Hunter mit einem Regierungszuschuss von 7500 Dollar eine elektrische Luxussportlimousine von Fisker mit Holztäfelung, einen »Karma«, der in Finnland gefertigt wurde. Es scheint jedoch ein Montagswagen gewesen zu sein. Ein Jahr später tauschte er ihn gegen einen kaiserblauen BMW 40Li im Wert von 80 000 Dollar.

Nach der Übernahme von Fisker durch die Chinesen erhielt Hunter eine devote E-Mail von Ni Pin, dem Prinzling-Schwiegersohn des neuen Fisker-Eigentümers Lu Guanqiu, der jetzt Chef von Fisker USA war: »Wir haben gehört, dass Ihr Fisker kaputt ist und nicht gewartet werden konnte. Das tut mir sehr leid«, schrieb Ni Pin an Hunter. »Wir werden uns sehr gerne darum kümmern.«

Hunter antwortete: »Ich habe meinen Fisker geliebt, aber aufgrund der vielen Fehler und Schwierigkeiten mit der Wartung musste ich ihn dem Händler mit einem großen Verlust zurückgeben.«

Es war vielleicht das einzige Mal, dass Hunter bei seinen Geschäften mit den Chinesen den Kürzeren zog. Aber sie sollten es bald wiedergutmachen.

13

Der Super-Vorsitzende

»Wir haben gute alte Freunde an der Spitze
von Amerikas innerstem Kreis von Macht und Einfluss.«

Professor Di Dongsheng,

Vizefakultätsleiter für internationale Beziehungen
an der Renmin University, 28. November 2020

Wer war der mysteriöse »Super-Vorsitzende«, der versprach, 100 Millionen Dollar Startfinanzierung in Hunters ersten Businessdeal in China zu investieren? Warum war seine Identität so ein Geheimnis, dass seine amerikanischen Partner ihn nur als »SC« (*Super-Chairman*) bezeichneten? Und warum »liebt mich der Super-Vorsitzende so?«, fragt Hunter vertraulich seinen Freund und Partner Devon Archer.

»Es hat nichts mit mir zu tun, sondern mit meinem Familiennamen«, schrieb Hunter in einer freudigen E-Mail am 23. September 2011.

Hunter was außer sich vor Freude. Er hatte eben den Deal seines Lebens abgeschlossen. Genauer gesagt hatte sein neuer Partner Jonathan Li, der Vorsitzende von Bohai Capital, einen Deal mit der chinesischen Regierung ausgehandelt, der ihn seiner Meinung nach sehr reich machen würde. Alles, was er dafür machen musste, war, einer Parade von chinesischen Parteibonzen die Hände zu schütteln, so wie er das auf seinem Kurzbesuch im vorigen Jahr gemacht hatte.

»Das bleibt bitte unter uns«, so Hunter an Devon Archer. »Aber unterm Strich, wenn ich/wir circa 7 Prozent von diesem Fonds bekommen, wäre das das Nonplusultra. Ich glaube nicht mehr an Lottogewinne, aber ich glaube an den Super-Chairman. Ich weiß, Michael (Lin) ist manchmal überoptimistisch, aber wenn wir 20 Prozent an einem Fonds mit dem Super-Chairman hätten, ist alles nach oben offen.«

Archer antwortete: »Das scheint sich mehr und mehr zu bewahrheiten. Ich glaube auch an den Super-Chairman, und fange an zu glauben, dass die Dinge auf dem Festland (China) tatsächlich so laufen. Wow!«

Sie hatten jeden Grund, optimistisch zu sein. Der Equity Investment Fonds BHR von Bohai Harvest RST (Shanghai), bei dem Hunter ein Vorstandsmitglied werden sollte, wurde von der Bank of China, der Sparkasse der chinesischen Bundespost, der Lebensversicherung China Life und dem Nationalrat des Sozialversicherungsfonds finanziert. Es waren staatseigene Firmen, die zusammen 8 Billionen Dollar wert waren.

Bis 2019 hatte BHR ein Volumen von 2,5 Milliarden Dollar erreicht, mit dem es auf der ganzen Welt investierte, von Kohlebergwerken und Molkereien in Australien bis zu amerikanischen Firmen mit Militäraufträgen und Anwendungen in der künstlichen Intelligenz. Die Käufe gehörten zu Präsident Xi Jinpings weltweitem Machtanspruch namens »Neue Seidenstraße«.

Vier Partner gehörten zur BHR-Partnerschaft: Auf der chinesischen Seite waren es Bohai, die von der Bank of China kontrolliert wurde, die die mächtigste finanzielle Einrichtung des Landes darstellt, und eine weitere mächtige finanzielle Einrichtung, Harvest Fund Management. Auf der amerikanischen Seite waren es Hunters Rosemont Seneca und die Thornton Group aus Boston, die sich zusammen Rosemont Seneca Thornton nannten, dem RST in Bohai Harvest RST.

Als einer von neun Direktoren des neuen Gemeinschaftsunternehmens BHR Partner erhielt Hunter 10 Prozent der Firma. Während sein Vater dem Weißen Haus immer näher kam, trat Hunter 2019 vom Vorstand zurück, hielt jedoch laut dem chinesischen Firmenkreditverzeichnis über seine Firma Skaneateles LLC im Juli 2021 immer noch seinen Anteil von 10 Prozent.

In einem Statement im Oktober 2019 sagte Hunters Anwalt George Mesires, sein Mandant hätte sich im Oktober 2017 dazu verpflichtet, für seinen 10-Prozent-Anteil an BHR »circa 420 000 Dollar zu investieren« und er hätte bis zu seinem Ausscheiden aus dem Vorstand keine Ausschüttung daraus erhalten.

Aber wenn dieser Anteil nichts wert war, warum hatte ihn Hunter dann nicht abgestoßen, als er vom Vorstand zurückgetreten war, um damit alle Verbindungen zu einem staatsnahen chinesischen Investmentfonds zu kappen, was seinem Vater schon so viel Ärger eingebracht hatte? Ganz im Gegenteil war Hunter bereit, seinen Vater in diesem Skandal einem noch größeren Risiko auszusetzen, um seine 10 Prozent zu behalten, weil der große Zahltag noch kommen sollte.

Für John Kerrys Stiefsohn Chris Heinz war die Angelegenheit dagegen zu heiß geworden. Heinz war nicht am BHR-Deal betei-

ligt, und jetzt so beunruhigt von den Risiken, die Hunter und Devon Archer in der Ukraine auf sich nahmen, dass er sich aus der
Partnerschaft zurückzog, wie sein Sprecher Chris Bastardi sagte.

Hunters Partner bei BHR waren jedoch nicht so risikoscheu.
Er sieht Archer – der später ebenfalls mit 10 Prozent Vizevor-
sitzender von BHR werden sollte – als treibende Kraft für die
Anhäufung von »Vitamin B«, die zu dem Abschluss geführt hat:
»Ich hätte den Super-Vorsitzenden nie kennengelernt, wenn ich
nicht Jonathan Li über Michael Lin kennengelernt hätte, diesen
über Jimmy Bulger und über dich Chris Heinz. Was immer dabei herauskommt, bist du für mich mit 50/50 beteiligt.«

Der Thornton-Mitbegründer Jimmy Bulger ist der Sohn des
ehemaligen Vorsitzenden des Landesparlamentes von Massachusetts, William Bulger, und der gleichnamige Neffe des berüchtigten Bostoner Mafiapaten James »Whitey« Bulger, an den
Jack Nicholsons Figur in *Unter Feinden* von Martin Scorsese
angelehnt ist. »Whitey« Bulger wurde 2018 im Gefängnis er-
schlagen.

Sein Onkel »Whitey« wurde zwar des elffachen Mordes über-
führt, aber »er war nicht so ein Monster, wie sie ihn dargestellt
haben«, so Jimmy im Dokumentarfilm *My Name is Bulger*: »Es
hat sich ein falsches Bild von meiner Familie etabliert. Wir können nicht gewinnen.«

Bulger und Hunter haben sich auf Anhieb verstanden. »Ich
liebe Bulger«, schreibt Hunter an Archer. »Er schreibt, wie er
spricht.« Der leutselige Bostoner nannte Hunter den »Drahtzie-
her« und lobte ihn nach ihren Reisen nach China überschwäng-
lich: »Deine Anwesenheit war eine große Hilfe für uns alle.«
2016 arrangierte er ein Meeting in Shanghai zwischen Hunter
und Alibaba-Chef Jack Ma.

Bulger stellte Hunter seinem Partner bei Thornton vor, dem
Mitbegründer Michael Lin, einem kräftigen, ehemaligen JP

Morgan Chase Asia Manager, der in Taiwan geboren wurde und in Peking arbeitete. Lin hatte ausgezeichnete Kontakte zu hohen chinesischen und taiwanesischen Beamten.

Der 58-jährige Lin erklärte Hunter, was seine chinesischen Partner von ihm erwarteten.

Erstens sollte er der Firma ein »internationales Erscheinungsbild« geben. Es war wichtig, »ein paar Guolos im Vorstand und als Eigner« zu haben, »denen wir vertrauen können«. Guolo ist ein leicht abwertender kantonesischer Begriff für Weiße, so wie »Langnasen«.

Zweitens sollte er »im Westen so viele Türen wie möglich öffnen«. Drittens sollte er »an den gelegentlichen Vorstandssitzungen in Hongkong und China teilnehmen und sich bei Messeauftritten mit wichtigen Investoren unterhalten.«

Dank Lin lernte Hunter Jonathan Li von Bohai kennen, der CEO von BHR werden sollte, und den Hunter seinem Vater vorstellen sollte, als sie mit der Air Force 2 nach Peking geflogen waren.

Li stellte daraufhin Hunter dem »Super-Vorsitzenden« vor.

4 Wochen nach Joe Bidens erstem Treffen mit dem damaligen Vizepräsidenten Xi in Peking im August 2011 schrieb Michael Lin an Hunter und Bulger die gute Nachricht, dass der Deal mit Bohai in Arbeit ist: »Also, meine Herren, ich möchte euch von meinem gestrigen Meeting mit Jonathan Li von Bohai in Kenntnis setzen. Super, so einen guten Kumpel zu haben! Ein Privatanlegerfonds mit 2 Prozent Jahresgebühr. Eigenanteil: 20 Prozent. Volumen Fonds I: 300 Millionen Dollar. Fonds I mit einem Fonds in Renminbi und einen USD-Fonds in US-Dollar in Höhe von je circa 150 Millionen Dollar.«

Lin lässt ihnen ausrichten, dass ihnen der Super-Vorsitzende 100 Millionen Dollar zugesagt hat, und zitiert ihren anonymen Wohltäter.

»Der Super-Vorsitzende sagte: ›Ich bin nicht gierig, obwohl ich 100 Millionen Dollar zusage. Ich werde einen Teil der übrigen 70 Prozent an andere chinesische Großfirmen wie China Investment Corp. oder ähnliche wichtige Firmen geben.«
Lin erklärt: »Das ist überraschenderweise sehr gut für uns. Firmen wie CIC und die anderen werden unser Profil und unsere Glaubwürdigkeit erhöhen, und den Kuchen des Fonds noch größer machen. ... Stell dir vor, wir sitzen alle zusammen im Vorstand mit CIC und den anderen RIESIGEN chinesischen Investmentfirmen!!!«

In einer anderen E-Mail beschreibt Lin, wie die Anteile der Firma aufgeteilt werden. Der Super-Vorsitzende erhält 40 Prozent, Jonathan Li und sein Team bekommen 30 Prozent, »und wir drei 30 Prozent (Ist das nicht schön?!).«

Am nächsten Tag schickt Lin einen »streng vertraulichen« Entwurf für eine Kooperationsvereinbarung, in dem die genauen Eckdaten der Zusammenarbeit aufgelistet werden. Danach erhalten die Partner jährlich 2 Prozent der Anlagesumme als Verwaltungsgebühr, abzüglich Unkosten.

Die Lebensdauer des Fonds wäre auf 8 Jahre angelegt, mit einer Option, um 2 Jahre zu verlängern. Wenn der Fonds zum Ende der Laufzeit ausgeschüttet wird, wird der Gewinn oder »Zinsübertrag« 80–20 aufgeteilt, mit 20 Prozent für die »Allgemeinen Partner«, zu denen Hunter zählt. Wir wissen nicht, ob diese Eckdaten bis zum Ende so geblieben sind.

Der Entwurf verrät uns aber zum ersten Mal, wer der »Super-Vorsitzende« ist. Im Entwurf sind vier »Allgemeine Partner« erwähnt: Hunter Biden ist »Partner B«, Michael Lin und Jimmy Bulger sind »Partner C« und das Managementteam ist »Partner D«.

»Partner A« ist Ever Union Capital, eine Firma auf den Britischen Jungferninseln, laut der Paradise-Paper-Untersuchung des Internationalen Konsortiums für investigative Journalisten.

Der einzige Eigentümer und Vorsitzender von Ever Union Capital ist der damals 41-jährige Che Feng (oder Kantonesisch Fung), der Schwiegersohn des hochrangingen KP-Kaders Dai Xianglong.

Er ist der »Super-Vorsitzende«. Che war einer von über einem Dutzend chinesischer Prinzlinge, die laut den »Paradise Papers« Briefkastenfirmen auf den Britischen Jungferninseln unterhielten, inklusive Deng Jiagui, dem Schwager von Präsident Xi Jinping.

Eine Untersuchung von Bloomberg aus dem Jahr 2012 zeigte, dass Xis Familie über 1 Milliarde Dollar angehäuft hatte, unter anderem in Luxusimmobilien in Hongkong. Während Bloomberg keine Anlagen gefunden hatte, die Xi direkt gehören, sagte der Harvard-Experte zur Politik der chinesischen Elite, Roderick MacFarquhar, zu den wichtigen Vorteilen, die die Verwandten von chinesischen Top-Kadern genießen:

»Man wird automatisch als einflussreich betrachtet, und wird gut behandelt, in der Hoffnung, *Guanxi* (Vitamin B) bei dem wichtigen Verwandten zu erreichen.«

Es verwundert kaum, dass die Chinesen dasselbe Modell der Einflussnahme bei Hunter Biden, als Sohn des Vizepräsidenten der Vereinigten Staaten, erwarteten. Es wäre als Westler sehr naiv anzunehmen, dass nicht dieselben Erwartungen an Hunter Biden gestellt werden, wenn er Anteile an einer chinesischen Firma, einen Vorstandssitz in dieser Firma und Zugang zu den obersten Machtzirkeln Chinas erhält.

Aber die Verbindungen des »Super-Vorsitzenden« zu Hunter Biden sollten ihn nicht davor bewahren, Xis nächster »Antikorruptionsrazzia« zum Opfer zu fallen, der damit seine Macht festigte.

Xis »Antikorruptionskampagnen« werden von vielen als Vorwand für parteipolitische Säuberungen von rivalisierenden Fraktionen angesehen. Davon betroffen war vor allem die sogenannte »Shanghai-Bande« um den ehemaligen Präsidenten Jiang Zemin und seinen verbündeten »Roten Familien«.

2018 verstärkte sich der Widerstand der Shanghai-Bande gegen Xis zunehmend diktatorischen Führungsstil, als dieser die zweifache Amtszeitbegrenzung für den Präsidenten und Vizepräsidenten abschaffen wollte, die nach Mao eingeführt wurde, um Diktatoren vorzubeugen.

Damit war der Weg frei, damit Xi Herrscher auf Lebenszeit bleiben konnte. Falls irgendjemand nicht kapiert hatte, was los war, trat Xi im Sommer 2021 auf der Feier zum 100. Geburtstag der KPCh als Mao verkleidet auf. Xi ernannte seinen engsten Verbündeten Wang Qishan erst zu seinem obersten Korruptionsbekämpfer und dann 2018 zum Vizepräsidenten.

Ins Visier von Wang geriet der Super-Vorsitzende Che Feng durch seine Verbindung zu Ma Jian, dem mächtigen stellvertretenden Vorsitzenden des Ministeriums für Staatssicherheit, dem chinesischen Äquivalent zu CIA und FBI.

Der Spionagechef wurde 2018 wegen Korruption zu lebenslanger Haft verurteilt. Ma und Che gehörten beide angeblich zur Shanghai-Bande. Nach einem chinesischsprachigen Artikel auf Radio France International wurde Che vorgeworfen, »Ma Jians Handlanger« zu sein.

Zu diesem Netzwerk der Intrigen zählt außerdem Miles Guo, auch bekannt als Guo Wengui, ein angeblich Verbündeter von Ma Jian. Guo lebt heute als Exil-Milliardär in New York. Er ist ein enger Vertrauter von Trump-Berater Steve Bannon. Guo war auch ein großer Investor in Ches Computereffektfirma Digital Domain, die an einem der X-Men-Filmen arbeitete.

Guo floh 2014 aus China, kaufte sich ein Penthouse für 68 Millionen Dollar am Central Park in Manhattan und trat Donald Trumps Privatclub in Mar-a-Lago, Florida, bei.

Für einen chinesischen Dissidenten war Guo eine auffallend schillernde Figur. Er gab links und rechts Interviews und posierte auf seiner Jacht für die Kameras.

Nachdem die *New York Post* im Oktober 2020 die Hunter-Biden-Laptop-Geschichte gebracht hatte, sendete Guos chinesischsprachiger TV-Sender GTV skandalöses Material vom Hunter-Biden-Laptop. Einige chinesischsprachige Webseiten machten jedoch übertriebene und falsche Aussagen über das Material und halfen damit unwillkürlich, die Enthüllungen als Desinformation zu diskreditieren, die seriöse Medien nicht ernst nahmen.

Guos Attacken gegen Xis Regime machten ihn zu einem prominenten Ziel der Kommunistischen Partei Chinas. Ein Trump-Insider berichtet, dass Xis erste Bitte beim Abendessen in Mar-a-Lago 2017 war, Guo auszuhändigen.

2018 beschuldigte Gua Xis Korruptionskommissar Wang Qishan, eine Affäre mit dem chinesischen Filmstar Fan Bingbing zu haben. Nach der Veröffentlichung der Anschuldigungen wurde Fan, die die bekannteste Frau Chinas war, verhaftet und verschwand monatelang.

Wang ist wie Xi ein Prinzling. Er ist der Schwiegersohn des ehemaligen Vizepremiers Yao Yilin, der für das Massaker am Platz des Himmlischen Friedens 1989 verantwortlich war.

Er ist zufälligerweise auch einer der wichtigsten Kontakte für Wall-Street-Banker in China.

Auf dem Höhepunkt des Trump-Handelskrieges mit China im September 2018 ließ Wang, gerade frisch als Xis Vizepräsident installiert, führende Wall-Street-Banker nach Peking einladen, um mit ihnen zu diskutieren, wie man das Weiße Haus davon abbringen könnte, Druck auf China auszuüben.

Der Blackstone-Chef Stephan Schwarzmann war ebenso dabei, wie die Chefs von Goldman Sachs und Morgan Stanley, berichtete die *New York Times*. Beide Seiten waren von Trumps Chinapolitik frustriert. Dies stand in krassem Gegensatz zu der Situation Ende der 1990er Jahre, als Wall Street-Titanen Präsident Clinton erfolgreich dazu drängten, Chinas Beitritt zur Welthandelsorganisation zu unterstützen.

Wang Qishan erklärte seinen Gästen, Peking biete ihnen lukrative Expansionschancen in China, wenn sie helfen könnten, die Regierung Trump zur Vernunft zu bringen.

Aber Donald Trump, der gesagt hatte, »Handelskriege sind eine gute Sache und leicht zu gewinnen«, wollte einfach nicht hören.

Wie der Xi-Intimus Prof. Di Dongsheng sagte: »Die Wall Street konnte Trump nicht einnorden.«

3 Wochen nach der US-Wahl 2020 hatte der stellvertretende Fakultätsvorsitzende für internationale Beziehungen an der Renmin University, Di Dongsheng, einen außergewöhnlich offenen Liveauftritt im Fernsehen in Shanghai, bei dem er ein Netzwerk von »alten Freunden« beschrieb, das die höchsten Ebenen der US-Regierung und der Wall Street penetriert habe.

Er nannte Hunter beim Namen, dessen Geschäfte von der Kommunistischen Partei Chinas forciert worden seien.

»In den vergangenen 30, 40 Jahren haben wir die innerste Macht der USA genutzt. ... Die Wall Street hat einen sehr großen Einfluss auf die Innen- und Außenpolitik der USA. So hatten wir einen zuverlässigen Kanal. ...«

»Warum konnten China und die USA zwischen 1992 und 2016 ihre Differenzen lösen? Egal welche Krisen auftraten, ... sie wurden schnell beigelegt, denn wir hatten unsere alten Freunde in den höchsten Kreisen der USA.«

Donald Trumps Wahl 2016 hatte diesem bequemen Verhältnis jedoch ein Ende gesetzt.

»Während des US-China-Handelskrieges hat die Wall Street versucht zu helfen, wie mir meine US-Freunde gesagt haben, aber sie konnten nichts gegen Trump ausrichten.«

Mit unverhohlener Schadenfreude strahlte Prof. Di dann: »Aber jetzt ist ja Joe Biden gewählt worden«, und das Publikum brach in Gelächter aus.

»Trump hat gesagt, dass Bidens Sohn eine Art internationale Stiftung hat. Haben Sie das mitbekommen?«

»Und wer hat ihm beim Aufbau dieser Stiftung geholfen? Verstehen Sie?«

»In solchen Zeiten drücken wir unseren guten Willen auf eine angemessene Weise aus. … Wenn wir diese Situation aus der Sicht der internationalen Wirtschaftspolitik verstehen, hat das einen taktischen und politischen Wert, wie ich glaube.«

Dengs offene Worte waren der Ausdruck einer zunehmenden Überheblichkeit seitens der chinesischen Elite gegenüber den USA.

Der in den vergangene 2 Jahrzehnten außer Kontrolle geratene Handelsüberschuss USA-China hatte eine massive Vermögensverschiebung von der amerikanischen Mittelschicht zu Chinas »Roten Familien« bedeutet und eine globale Einkaufstour der Chinesen finanziert, um deren nationale Interessen weltweit durchzusetzen.

Während des Jahrzehnts nach 2010, als Hunter im Namen seiner Familie Geschäfte mit der Kommunistischen Partei Chinas machte, wuchs das direkte chinesische Investment in die USA von weniger als 1 Milliarde Dollar auf fast 5 Milliarden 2010 und einem Höchststand von 45 Milliarden in 2016, wie die Rhodium Group feststellt.

Nach der Wahl Donald Trumps sank dieses Volumen auf 29 Milliarden 2017, kollabierte dann 2018 auf 5,4 Milliarden und stieg dann 2020 wieder auf 7,2 Milliarden Dollar. Zufälligerweise war der Heimatstaat der Bidens, Delaware, nach Kalifornien und Pennsylvania einer der größten Gewinner dieses chinesischen Investmentbooms.

Da chinesische Geschäftsleute im Ausland nicht denselben Anforderungen an Rendite oder Transparenz unterworfen waren wie Privatfirmen, konnten sie mit versteckten Krediten und Finanzierungen der chinesischen Regierung in die USA investieren. »Damit können die Chinesen Investments tätigen, von denen US-Politiker, ihre Familien und Freunde profitieren, in der Erwartung, dass eine Hand die andere wäscht, was die US-Chinapolitik angeht«, so der Cyber-Sicherheitsexperte Jeff Johnson zur US-China Wirtschafts- und Sicherheits-Prüfungskommission 2017.

Die Investments der chinesischen Regierung in die USA waren »die Opiumkriege des 21. Jahrhunderts«, warnte Johnson.

• • • •

Der »Super-Vorsitzende« Che wurde seit seiner Verhaftung in Peking im Juni 2015 nicht mehr gesehen.

Die Hongkonger Tageszeitung *Oriental Daily* berichtete, Che sei der Geldwäsche und des illegalen Devisentransfers ins Ausland schuldig gesprochen worden. Außerdem wurde ihm vorgeworfen, chinesische Staatsgeheimnisse an westliche Nachrichtendienste verkauft zu haben, worauf die Todesstrafe steht.

Bei seinem ersten bekannten Treffen mit Hunter im April 2011 war Che der Herr seines Universums. Den luxuriösen Empfang für den Sohn des Vizepräsidenten hielt er in seinem Privatclub Courtyard in the Air auf dem markanten Wolkenkratzer Pangu Plaza ab, der wie ein Drachenkopf geformt ist, wie Hunters Kalender verrät. Das 1 Milliarde Dollar teure Hochhaus gehörte

Ches gelegentlichem Partner Miles Guo, von dem es nach seiner Flucht nach New York beschlagnahmt wurde.

Che besaß »Luxusclubs in Peking und Hongkong, in dem schöne Frauen hohe Beamte und Vermögende aller Art bedienten«, schrieb die *Epoch Times*, eine chinesische Oppositionszeitung, die der verfolgten religiösen Bewegung Falun Gong nahesteht. Hunter und seine amerikanischen Partner schienen sich dort amüsiert zu haben. »Danke für den tollen Aufenthalt mit dir und dem Super-Vorsitzenden Che in Peking letzte Woche – hat echt Spaß gemacht!«, schrieb Jimmy Bulger an Jonathan Li, als er am 28. April 2011 in die USA zurückkehrte.

Am nächsten Tag schrieb auch Hunter: »Du bist der Beste, Jonathan. Es hat mich sehr gefreut, dass es dir gut geht. Ich sehe das genauso wie Jim – zwischen unseren Firmen sollten wir einen tollen Deal machen können. Gib mir einfach meine Marschbefehle.«

Michael Lin von Thornton schrieb an alle: »Che freut sich, uns alle an Bord zu haben. Jonathan wird bald den Entwurf für den Deal schicken und uns mitteilen, wie die Zusammenarbeit funktionieren soll.«

»Gut gemacht, du wildes Tier!«, schrieb Bulger zurück. »Wir stehen Gewehr bei Fuß und warten auf Befehle!«

Che hatte bereits vor 15 Monaten begonnen, Hunter über Li zu umgarnen, dessen erste Erwähnung auf dem Laptop eine schmeichelhafte Kondolenz-E-Mail voller Vertraulichkeiten der Biden Familie ist.

»Ich möchte mein tief empfundenes Beileid für den Verlust der geliebten Großmutter Fr. Jean Biden ausdrücken«, schrieb Li am 22. Januar 2010 nach dem Tod von Joes Mutter im Alter von 92. »Ich weiß, wie viel sie dir und deiner Familie bedeutet hat … so viele Menschen trauern mit euch und eurer Familie … in dieser traurigen Zeit sind wir mit den Gedanken bei euch.«

Innerhalb von wenigen Wochen hatte Li Hunters erste Reise nach Peking organisiert, inklusive Secret-Service-Leibwache. Archer, Bulger und Lin fuhren für 3 Tage voller Meetings mit den mächtigsten staatlichen Finanzinstitutionen Chinas mit – die zusammen über fast 2 Billionen Dollar verfügen und von der KPCh kontrolliert werden. Einige davon sollten später in BHR investieren.

Hunters Kalender erwähnt für den 7. April 2010 ein Meeting in Peking mit Ji Guoqiang, dem Investmentdirektor beim Nationalrat der Sozialversicherung, einer staatseigenen Versicherung mit einem Vermögen von 120 Milliarden Dollar. In den nächsten Tagen hatte er Meetings mit Lei Zhang, dem Begründer von Hillhouse Capital, einer privaten Investmentfirma mit einem Anlagevolumen von 50 Milliarden Dollar; Manager des 1 Billion Dollar schweren Staatsfonds CIC und dem größten Investmentfonds China Life Asset Management mit einem Anlagevolumen von 400 Milliarden Dollar; Manager der chinesischen Postsparkasse; und ein Mittagessen mit Xin Wie, dem Vorsitzenden der Gründergruppe der Universität von Peking, einem staatseigenen Technologiekonzern mit Verbindungen zu hohen KP-Kadern.

Es war ein außergewöhnlicher Zugang zum Allerheiligsten der chinesischen Finanzelite für ein junges Unternehmen, das von einem Neuling ohne jegliche Kenntnis des Landes geleitet wurde.

Jahre später sollte Devon Archer behaupten, der BHR-Deal sei das Ergebnis eines Treffens zwischen ihm und Jonathan Li in einer Zigarrenbar in Manhattan 2012 gewesen. Aber der Laptop zeigt, dass Lis Verbindung mit Hunter schon 2 Jahre zuvor bestand.

Die Bedeutung, die Hunters Familienbeziehungen dabei zukam, wurde aus einer Pressemitteilung auf der Thornton-Webseite deutlich, die seine Reise im April 2010 hypte und betonte, dass er der »zweitgeborene Sohn des US-Vizepräsidenten Joe Biden« sei.

In einem späteren Meeting, mit dem Chef von Fubon Financial aus Taiwan, bot Hunter an, »ein handsigniertes Joe-Biden-Buch« zu schicken, wie die E-Mails zeigen. (Hunter und seine Partner verschenken gerne Joes Bücher, als Zeichen ihrer engen Verbindung zum zweiten Mann im Staat.)

Nach seinem ersten erfolgreichen Besuch in Peking flog Hunter wieder nach Washington, während der chinesische Präsident Hu Jintao zum Nuklearen Sicherheitsgipfel 2010 eintraf. Joe traf Hu, aber es gibt kein Anzeichen, dass Hunter dabei war.

Seinem Kalender zufolge war er am 11. April 8 Kilometer entfernt, auf der anderen Seite der Stadt, bei einem Sonntagsbrunch in der Villa der Charity-Millionärin Adrienne Arsht, die Joe und Jill gerne ihr mediterranes Pallazo am Biscayne Bay in Miami, Florida, zur Verfügung stellte. Die Villa Serena aus dem Jahr 1913 war einmal das Winterheim des dreifachen Präsidentschaftskandidaten William Jennings Bryant. Vielleicht hat Joe seine Inspiration für seine drei Anläufe von Bryant bekommen.

In September des folgenden Jahres schrieb Hunter Archer in einer E-Mail. »Wir müssen wegen Super-Chairman-Fonds reden. Die Dinge entwickeln sich viel schneller und er bietet einen viel höheren Anteil, als ich dachte.«

Archer antwortet: »Das könnte eine einmalige Gelegenheit sein. Nicht nur aus wirtschaftlichen Gründen, sondern auch wegen des Zugangs zu den großen Mitspielern hier im Westen, die alle China brauchen, von Tiger zu Blackstone und Carlyle und anderen«

Im Oktober, 6 Monate nach seinem ersten Treffen mit dem Super-Vorsitzenden in Peking, flog Hunter mit seiner Secret-Service-Leibgarde nach Hongkong, um sich wieder mit Che zu treffen.

Höhepunkt von Hunters zweitägigem Aufenthalt in Hongkong war eine weitere Dinnerparty, die Che am Donnerstag, den

20. Oktober 2011 in seinem Privatclub auf dem Citicorp Centre an der Causeway Bay mit Blick über den Hafen von Victoria gab.

Die folgende Woche schrieb Hunter an Jonathan Li und bedankte sich für das »Arrangieren des Meetings in Hongkong letzte Woche. Ich weiß, ich spreche auch für Jimmy und Michael, wenn ich sage, wie dankbar wir sind, dass du uns bei diesem aufregenden Unternehmen mit an Bord nimmst. Wir setzen uns zu 100 Prozent dafür ein, daraus einen Erfolg zu machen, mit dir an der Spitze.«

Nach all dieser Zeit hatte Archer immer noch keine Ahnung, wer der »Super-Vorsitzende« wirklich war. »Wie heißt der Super-Vorsitzende in echt?«, schrieb er in einer E-Mail an Hunter. »Mr. Che«, schrieb Hunter.

Nach dieser Reise verschwindet der Super-Vorsitzende Che vom Laptop, genauso plötzlich und rätselhaft, wie er aufgetaucht ist. Es gibt keine Hinweise darauf, dass seine Beziehung zu Hunter weiterging. Aber Jonathan Li arbeitete weiterhin mit Rosemont Seneca Thornton an dem Fonds, aus dem BHR entstehen sollte.

Er sorgte dafür, dass für die US-chinesische Partnerschaft von seinem Boss Yue Yi, der damals Executive Vice President der Bank of China war, »grünes Licht« gegeben wurde.

Wenige Wochen nach Hunters Rückkehr von seinem letzten Treffen mit Che in Hongkong waren die US-Medien plötzlich voll von Geschichten über Joes neuer Rolle bei der Umsetzung der »neuen Phase der Chinapolitik« der Regierung Obama.

Die Schlagzeile in der *New York Times* lautete: »Größere Rolle für Biden in Außenpolitik der zweiten Obama-Amtszeit: Vizepräsident gewinnt Gewicht mit Abgang anderer außenpolitischer Schwergewichte.«

Hunter schickte die Story an Archer mit dem Kommentar: »Wenn wir das nicht hinbekommen, sollte man uns erschießen.«

14

Folge dem Geld

»Mein Sohn hat kein Geld in China verdient.«

Joe Biden bei der letzten Präsidentschaftsdebatte,

Oktober 2020, Nashville

Es war nicht wirklich schwer, es »hinzubekommen«. China bot sich dem Sohn des Vizepräsidenten auf einem Silbertablett an. Er deichselte es sogar so, dass er für seinen Anteil von 10 Prozent an BHR keine Eigenbeteiligung aufbringen musste.

Der BHR-Chef Jonathan Li versprach ihm, »das mit einem Darlehen oder Ähnlichem zu regeln«, so Hunter an Devon Archer am 7. Mai 2014. »Ich habe ihm unmissverständlich klargemacht, dass wir nicht die Kapazitäten haben, ohne Ertragsgarantien unmittelbar Bargeld aufzubringen. OK?«

In der Tat wurden 3 Jahre später, am 3. Dezember 2017, mit dem Verwendungszweck »Grundkapitalbeteiligung« 158 000 Dollar von BHR an Hunter Biden überwiesen. In einer E-Mail erinnert ihn sein Geschäftspartner bei Rosemont Seneca, Eric Schwerin, daran: »Dieses Geld ist ein Darlehen von Jonathan an die US-Partner, damit sie ihre Anteile abzahlen können. Dieses Darlehen können sie dann mit den Gewinnausschüttungen verrechnen. Ich glaube, das war sogar dein Vorschlag an Jonathan vor einer Weile, um keine Kapitalbeteiligung von US-Investoren aufbringen zu müssen.«

Was genau seine chinesischen Geschäftspartner für ihr Geld erwarteten, gibt der Laptop nicht her. Die Leichtigkeit, mit der die chinesischen Beteiligungen in den USA genehmigt wurden, wirft jedoch Fragen zum regulatorischen Umfeld auf, in einer Zeit rekordverdächtiger chinesischer Ankäufe in den USA.

Die Medien interessierten sich kaum für seine Chinageschäfte, als Hunter 2013 an Bord der Air Force 2 mit seinem Vater nach Peking flog. Doch im Juli 2014 begann das *Wall Street Journal*, sich für BHR zu interessieren.

Das löste eine Reihe panischer E-Mails von Devon Archer aus. Am 7. Juli 2014 schrieb der Chef von Harvest Global Investments Ltd. in Hongkong, Lindsay Wright, an Hunter, Archer und Bulger eine »Vorwarnung« zum *WSJ*-Artikel. Wright sagte der Zeitung, BHR sei ein Gemeinschaftsunternehmen der »Bohai, Harvest Group sowie Rosemont Seneca, Thornton und Team, mit einem Fokus auf Firmenakquisitionen und -zusammenschlüsse in hochwertiger Verarbeitung, Konsumgütern, Finanzen und Energie (hauptsächlich Erdgas).«

Archer ist mit dieser Beschreibung nicht glücklich.

»Wenn das *WSJ* zurückruft«, schreibt er an Wright, »stelle bitte klar, dass das Gemeinschaftsunternehmen BHR mit mir und Hunter aus Einzelpersonen besteht. Das haben uns die Anwälte geraten, das muss klargestellt werden. Es ist wahrscheinlich nichts Großes, aber ich wollte sichergehen, dass es auch so dargestellt wird: ›Hunter und Devon, denen die Firma Rosemont Seneca gehört, aber das Gemeinschaftsunternehmen ist mit uns als Einzelpersonen.‹ Danke.«

Später wird klar, warum ihnen dieses vermeintlich kleine Detail so wichtig ist.

Am nächsten Tag funkt Archer Wright wieder an: »So ein Reporter ruft alle Kollegen und Partner von Hunter und mir an. … Alles, was in die Schlagzeilen kommt, wird immer mit falschen Spekulationen aufgebauscht.«

Wright antwortet, dass der Reporter »ziemliche Allerweltsfragen« stelle: »Es ist wohl ein rein faktenbasierter Artikel, so wie ich das sehe, nicht mehr.«

Archer: »Super. Da bin ich ja beruhigt.«

Es war nicht offensichtlich, warum Hunter und Archer bei dem Gemeinschaftsunternehmen als Privatpersonen eingetragen werden wollten, aber Jonathan Li stellte in einer E-Mail klar, dass das nicht möglich sein wird.

»Ich glaube nicht, dass das funktionieren wird, es als euer Privatinvestment zu führen. Der BHR-Eintrag bei der Freihandelszone Shanghai lautet im Namen von Rosemont Seneca. Reporter können dieses Dokument aufrufen.«

Am 9. Juli schreibt Wright per E-Mail aus Hongkong: »Heute morgen *WSJ*-Fragen fertig beantwortet. … Wie durch Jonathan ausgeführt, HABE ICH NICHT gesagt, dass ihr als Privatpersonen beteiligt seid, statt mit Rosemont Seneca und Thornton Group. Ich habe nur gesagt, dass das eine US-Gruppe ist, die GEMEINSAM 30 Prozent hält. Sie haben auch gefragt, ob unser Fokus auf Energie mit Hunters Vorstandstätigkeit bei der Erdgasfirma in der Ukraine zu tun hat. Ich habe gesagt, es gebe KEINE VERBINDUNG.«

Am nächsten Tag schreibt Li per E-Mail an die Gruppe: »Sehr guter Artikel.« Kein Grund zur Panik.

Zur selben Zeit begannen Hunter, Archer und Bulger auf Anraten ihrer Anwälte ihren 30-prozentigen Anteil aufzuteilen, der von Rosemont Seneca Thornton LLC gehalten wurde. Die Firma wurde am 28. Mai 2013 als Konsortium aus Hunter und Archers Rosemont Seneca Partners und Bulgers Thornton Gruppe gegründet, um ihr Joint Venture mit den Chinesen zu erleichtern. Zuerst entnahm Bulger seine 10 Prozent von BHR. Dann platzierten Hunter und Archer ihre 20 Prozent von BHR in eine neue Firma, Rosemont Seneca Bohai LLC, die am 18. September 2014 mit Archer als Geschäftsführer in Delaware eingetragen wurde. (Rosemont Seneca Bohai LLC war auch der Empfänger für die monatlichen Vorstandsgehälter für Hunter und Archer, in Höhe von 166 666 Dollar pro Monat bis zum 12. Februar 2016. Danach gingen Hunters Zahlungen an seine Firma Owasco.)

In einer E-Mail vom 2. Oktober 2014 schrieb Felix Yu von BHR an den Vorstand, dass die Änderungen der Gesellschafterstruktur »zum Zweck der Steueroptimierung« erfolgt seien und beschreibt den Prozess als »Eintragsänderung« bei der chinesischen Aufsichtsbehörde.

»Wie vom Rechtsbeistand empfohlen, sollte BHR-Anteilseigner Rosemont Seneca Thornton LLC seinen Anteil von 20 Prozent an Rosemont Seneca Bohai LLC übertragen, und 10 Prozent an die Thornton Group.« Die Übertragung sollte erst am 25. Juni 2015 vollzogen werden.

Diese ganzen Winkelzüge sollten 2020 größere Bedeutung gewinnen, als der Grassley-Johnson-Untersuchungsbericht im Senat feststellte, dass Hunter 2014 3,5 Millionen Dollar von Elena Baturina erhalten hatte, der Frau des korrupten ehemaligen Moskauer Bürgermeisters. Dieser Vorwurf basierte auf einer Überweisung an Rosemont Seneca Thornton LLC am 14. Februar 2014, die eine »Meldung über verdächtige Aktivitäten« der Bank an das Finanzministerium zur Folge hatte.

Hunters Anwalt George Mesires dementiert, dass Hunter von dieser Überweisung profitierte. Gegenüber CNN sagte er: »Hunter Biden hatte keine Beteiligung an Rosemont Seneca Thornton und war kein Mitbegründer der Firma. Die Behauptung, er habe 3,5 Millionen Dollar erhalten, ist also falsch.«

Zu der Zeit, als Elena Baturina die 3,5 Millionen an Rosemont Seneca Thornton überwies, hielt die Firma auch Hunter und Archers 20 Prozent an BHR. Das würde Mesires also Lügen strafen. Ihre Anteile an BHR sollten sie erst 8 Monate später anderweitig übertragen.

Es ist nie geklärt worden, wer die 3,5 Millionen aus Russland erhalten hat.

Hunter Biden hatte jedoch unbestritten irgendeine Art Beziehung zu Elena Baturina, schließlich trafen sich Hunter und Archer mit ihr am 4. April 2014 in der Villa D'Este am Comer See, 7 Wochen nach der Millionenüberweisung.

Außerdem wurde Baturina im selben Monat in E-Mails erwähnt, die zwischen Hunter und Archer über einen möglichen Immobiliendeal in Chelsea, New York, ausgetauscht wurden, und bezüglich einer Kakaofirma in Lateinamerika.

Ein Jahr später standen Baturina und ihr Mann auf der Einladungsliste für das Treffen im Cafe Milano in Washington mit Joe Biden und Vadym Pozharskyi von Burisma.

Da Rosemont Seneca Thornton im »businessfreundlichen« Bundesstaat Delaware eingetragen ist, ist die Eigentümerstruktur intransparent. Die Eintragung erfolgte durch VCorp Services, die Firmeneigentümern Anonymität bietet.

Nach dem Firmenregister in Delaware wurde die Zulassung von Rosemont Seneca Thornton am 1. Juni 2017 aufgehoben, aufgrund von »Steuerausständen« in Höhe von 1770 Dollar.

Lange vor diesem Malheur begannen Hunter und Archer im Dezember 2014 den komplizierten Prozess, ihre gemeinsamen 20 Prozent an BHR aufzuteilen.

Die Hälfte ging an Archers Firma Ulysses, die andere Hälfte an Hunters Firma Skaneateles.

»Es ist wichtig, dass RSB (Rosemont Seneca Bohai) und Skaneateles ihr beiderseitiges Einvernehmen dokumentieren, dass dabei kein Bargeld fließen wird«, schreibt Hunters Anwalt Cloris Mao, der für Mesires Kanzlei Faegre Drinker Biddle & Reath arbeitet, an »Gilbert« Xiaochuan Han von BHR am 9. Dezember 2014.

Gilbert schreibt zurück, dass jede Vereinbarung zwischen Hunter und Archer als »Nebenvereinbarung zwischen den Partnern« stattfinden sollte, »an den Regulierungsbehörden vorbei«.

Mao antwortet: »Ich habe die Vereinbarung mit der Auszahlung von 3 Millionen Renminbi (460 000 Dollar) in eine Nebenvereinbarung ausgelagert.«

18 Monate später gibt es noch mehr Chaos, als Devon Archer verhaftet und wegen Wertpapierbetrugs angeklagt wird und vom BHR-Vorstand zurücktreten muss.

Hunter wird in diesem Fall mit hineingezogen, da sein Anwalt Mesires eine Reihe von Fragen von der US-Bundesstaatanwaltschaft bezüglich seiner Rolle bei Burnham Asset Management beantworten muss.

Mesires schreibt am 8. Juni 2016 an Archers Anwalt und will die Gelegenheit nutzen, um »Hunters 10 Prozent herauszulösen, die meines Wissens vollständig (oder fast) bezahlt worden sind und aus Rosemont Seneca Bohais Anteilen stammen.«

Am 10. August 2016 erklärt Mesires, wie er Hunters Rolle sieht.

»Wir sehen RSB als Hunters Holding für Gelder, wie die diversen Zahlungen von Dritten (zum Beispiel Burisma) an Hunter. Um die Anteile zu übertragen, sollte RSB seine 10 Prozent an Skaneateles transferieren.«

Am 10. März 2017, 7 Monate nachdem Joe Biden das Weiße Haus verlassen hat, schreibt Eric Schwerin an Hunter und Mesires: »Unterlagen für den Transfer von 10 Prozent von RSB an Skaneateles. Außerdem wird Devon seine Anteile an seine Frau Krista übertragen.«

Hunter bleibt aber durch die Präsidentschaftskandidatur und Amtszeit seines Vaters mit der Kommunistischen Partei Chinas im Geschäft. Er scheint seine Anteile an BHR so lange behalten zu wollen, bis die Ausschüttung erfolgt. Diese Ausschüttung scheint ihm offenbar lukrativ genug, Joe Bidens Präsidentschaft in Gefahr zu bringen.

Werfen wir also einen Blick auf die BHR. Das offizielle Firmenziel war, in neue Technologien, künstliche Intelligenz und Robotik zu investieren. Aber die meisten Investments waren eher typische Anlageobjekte der »Neuen Seidenstraße«, so wie Bergwerke und Farmen.

Es passte perfekt zum 5-Jahresplan von 2011, der Investments in Nahrungsmittelfirmen, Landwirtschaft, Samen und Agrarchemie vorschrieb. In weniger als einem Jahrzehnt wuchsen die chinesischen Investments in die Landwirtschaft um das Zehnfache. 2013 kaufte ein chinesischer Konzern die amerikanische Firma Smithfield Foods, den größten Schweinefleischproduzenten der Welt.

BHRs Kauf 2015 von Henniges Automotive, einem Autozulieferer aus Michigan, der Anti-Vibrationstechnik mit militärischen Anwendungen herstellt, wurde einer der umstrittensten Käufe.

Der Kauf von Henniges für 600 Millionen Dollar durch BHR und dem staatseigenen Flugzeughersteller Aviation Industry Corporation of China war einer der größten Übernahmen eines Automobilzulieferers der US-Geschichte.

Da die Technik von Henniges potenziell Auswirkungen auf die nationale Sicherheit hatte, brauchte die Übernahme eine

Sondergenehmigung vom Committee of Foreign Investment in den USA (Ausschuss für ausländische Anlagen – CFIUS), zu dem Archers ehemaliger Chef, Senator John Kerry, gehörte.

In seinen Kontakten auf dem Laptop hatte Hunter eine direkte Durchwahl für das »Büro CFIUS« im US-Handelsministerium. Da wir die Person nicht erreichen konnten, lassen wir hier dessen Identität weg. Die Kritik an der intransparenten Genehmigungsprozedur am CFIUS, in einer Zeit von nie dagewesenem chinesischem Investment in die USA, führt 2018 zu einer Modernisierung des Prozesses und zur Verabschiedung des Foreign Investment Risk Review Modernization Acts.

Potenzielle Interessenskonflikte bei der Übernahme von Henniges riefen die republikanische Senatoren Grassley und Johnson auf den Plan.

Deren Untersuchungsausschuss zu Hunter Bidens Laptop begann 2019 mit Grassleys Brief im August 2019 an das Finanzministerium, in dem er Unterlagen zur CFIUS-Genehmigung des Kaufs von Henniges sowie »der potenziellen Koordination mit der Regierung Obama-Biden« anforderte.

Die Senatoren beklagten sich später, dass ihr Zugang zu wichtigen Unterlagen und Zeugen »durchweg durch Kriminaluntersuchungen, Amtsenthebungsverfahren, Covid-19 und etlichen Vorfällen von amtlicher Behinderung« sabotiert wurde. Die Demokraten im Kongress nannten die Untersuchung »russische Desinformation«.

Der Henniges-Deal war der erste BHR-Kauf in den USA, den die Firma im Weihnachtsrundbrief 2015 als »historischen Meilenstein« feierte.

In vertraulichen BHR-Vorstandsunterlagen auf dem Laptop vom 17. Januar 2019 erfahren wir, dass Henniges in den ersten drei Quartalen 2018 seinen Umsatz um 11,4 Prozent auf 760 Millionen Dollar erhöht hatte, wogegen der Gewinn geschrumpft war.

2014 kaufte BHR 1,7 Prozent des chinesischen Ölkonzerns Sinopec, der staatliche Raffinerien und eine Kette von 60 000 Tankstellen betreibt.

2017 investierte BHR 30 Millionen Dollar in Face++, einer Gesichtserkennungsfirma, deren Technik mit der Massenüberwachung der Uiguren in China in Verbindung gebracht wird. Laut Vorstandsbericht 2019 soll Face++ »gegenwärtig 4 Milliarden Dollar wert« sein. BHR hielt einen Anteil von 1,88 Prozent. Ihr Investment hatte also den Wert mehr als verdoppelt.

Außerdem hielt BHR 25 Millionen Dollar an Firmenanleihen an Australiens Watagan Bergwerk, das zu Yancoal gehört und den Verkauf der Molkerei Brownes in West-Australien an eine chinesische Investmentfirma arrangiert hatte.

Laut den Unterlagen hatte der Fonds im Januar 2019 ein Anlagevolumen von 16,4 Milliarden Renminbi (2,5 Milliarden Dollar) und 14 Briefkastenfirmen in dem Steuerparadies der Kaimaninseln.

Der Gewinn 2017 war jedoch enttäuschend: circa 300 000 Dollar bei einem Umsatz von 14,2 Millionen.

Der Amtsantritt der Regierung Trump war schlecht fürs Geschäft. »2018 war ein schwieriges Jahr«, so die Vorstandsunterlagen. »Der Handelskonflikt zwischen China und den USA hatte dazu geführt, dass die USA und Europa größere Hindernisse für chinesische Investments und Firmenkäufe in fortschrittliche Hightechhersteller installierten.«

Die Vorhersage für 2019 bleibe »ernüchternd«, warnte der Bericht. Der erwartete Gewinn sollte jedoch auf 4 Millionen Dollar steigen.

Heinz hatte seine Partner Hunter und Archer – die er für »naiv« hielt – gewarnt, keine schnellen Gewinne von ihren Firmenbeteiligungen zu erwarten. Ihre E-Mails zeigen jedoch, dass sie genau das erwarteten und von BHR zunehmend enttäuscht waren.

»Wir wollen alle Barausschüttungen von BHR«, schrieb Mike Leonard, der geschäftsführende Vizepräsident bei Thornton, in einer E-Mail an Hunter und Bulger am 25. August 2016.

»Das war das ultimative Ziel, als wir dieses Unterfangen begannen. Aber nichtsdestotrotz braucht es Zeit, Firmen aufzubauen, Deals zu machen, und erfolgreich auszusteigen. Vor Kurzem hat Jonathan Li klargemacht, dass wir in den nächsten 2 Jahren keine Ausschüttungen erwarten können. ...«

»Wird Henniges einen Gewinn von 10 Millionen Dollar machen oder von 100 Millionen? Wir müssen mehr darüber reden, wie die Partner ihr Geld zurückbekommen.«

Schwerin versuchte sich im März 2019 aus dem Schlamassel von Rosemont Seneca zu befreien. Er erinnerte Hunter und seinen Anwalt George Mesires an ihr 158 000-Dollar-Darlehen von Jonathan Li: »Aller Wahrscheinlichkeit nach wird es 2019 eine Dividende (von BHR) geben, die dieses Darlehen abbezahlen und zusätzlich eine Ausschüttung an Skaneateles erlauben wird.«

Er erklärte auch, dass es von BHR lukrative »zukünftige Ausschüttungen« von den angekauften Firmen geben werde, darunter Henniges, Sinopec und Face++. »Alle diese Investments werden sich vermutlich für BHR auszahlen.«

Wenn Schwerin recht hat – und der explodierende Wert von Face++ scheint ihm recht zu geben – heißt das, dass Hunter am Ende der Laufzeit des Fonds irgendwann nach 2022 einen signifikanten Gewinn machen könnte. Um politischen Kontroversen vorzubeugen, würde er vermutlich warten, bis sein Vater aus dem Amt scheidet, um diese Gewinne zu realisieren.

Als seine BHR-Anteile im März 2017 an seine Privatfirma transferiert wurden, hatte sich Hunter schon von Kathleen scheiden lassen und die Affäre mit seiner Schwägerin Hallie sorgte bereits für Schlagzeilen.

Zusätzlich hatte er sich schon auf einen noch lukrativeren chinesischen Deal eingelassen, diesmal mit der Energiefirma CEFC, dem kapitalistischen Arm von Präsident Xis »Neuer Seidenstraße«. Dieses Mal ist Onkel Jim an seiner Seite, um dafür zu sorgen, dass er das nötige Geld bekommt.

15

The Big Guy

*»Ich habe gehört, wie Vizepräsident Biden sagt,
er habe nie mit Hunter über seine Geschäfte geredet.
Aber ich weiß aus erster Hand, dass das nicht wahr ist.«*
Tony Bobulinski, 22. Oktober 2020

Hunter und sein Onkel Jim warteten schon auf Tony Bobulinksi, als dieser um 22:00 Uhr am 2. Mai 2017 in der
Hotelbar des Beverly Hilton eintraf.

Die Bidens hatten eine diskrete Couch hinter einer Mar-
morsäule ausgesucht, von der aus sie alle sehen konnten, die
zur Tür hereinkamen. Joe Biden flog nach Los Angeles, um
auf der Weltkonferenz des renommieren Milken Institute zu
sprechen.

Tony Bobulinski (48) war Navy-Veteran wie sein Vater und Großvater und spendete an die Demokraten. Für Bobulinski sollte es das erste Treffen mit dem kürzlich ausgeschiedenen Vizepräsidenten sein. Er wusste, dass er für eine führende Rolle bei dem Joint Venture der Familie Biden mit der chinesischen Energie-Firma CEFC vorsprach.

»Dad ist erst um 23 Uhr da«, schrieb Hunter per WhatsApp. »Treffen wir uns mit Jim um 22 Uhr beim Beverly Hilton, wo er wohnt.«

Jim Biden war kräftiger und 7 Jahre jünger als sein Bruder Joe, aber optisch trotzdem sein Doppelgänger. Als Bobulinski an der Bar eintraf, begrüßte ihn Jim wie einen alten Freund, obwohl sie sich gerade erst kennengelernt hatten.

Die einzigen anderen Gäste in der Bar zu dieser Uhrzeit waren der berühmte Casinobetreiber Steve Wynn aus Las Vegas und eine Dame. Beide saßen auf der anderen Seite des Raumes.

Hunter und Bobulinski tranken Wasser. Jim bestellte sich ein Clubsandwich mit Pommes und erklärte, dass das Treffen mit Joe Biden nur »zum Kennenlernen« sei.

»Wir werden keine geschäftlichen Details besprechen«, so Hunter. »Ich will nur, dass mein Vater sich mit dir wohlfühlt.«

Um 22:38 Uhr trat Joe Biden mit seiner Secret-Service-Leibwache durch den Haupteingang des Hotels ein. Hunter sprang auf, um ihn abzufangen. 5 Minuten später führte er seinen Vater an ihren Tisch.

Bobulinski stand auf, um Joe die Hand zu schütteln. »Das ist Tony, Dad«, sagte Hunter. »Er hilft uns bei den Geschäften mit den Chinesen, wie ich dir gesagt habe.«

Joe erzählte von der Familiengeschichte Biden, von ihren Tragödien und seiner politischen Karriere. Bobulinski berichtete, wie er als Ringer ein Stipendium für die Penn State University erhalten habe und ging kurz auf seinen eindrucksvollen Lebenslauf als Atomingenieur und Ausbilder mit hochrangiger Sicherheitsstufe beim Eliteausbildungskommando für Kernenergie der US Navy ein.

»Danke für deinen Dienst«, sagte Joe. »Danke, dass du meinem Sohn hilfst.«

Jim und Hunter erzählten Joe, dass Bobulinksi »sehr fleißig« an dem Chinadeal gearbeitet hat. »Mein Sohn und mein Bruder vertrauen dir ausdrücklich, deshalb vertraue ich dir auch.«

Bobulinski hatte bestanden. Es war ein wichtiges Meeting, denn zum ersten Mal sollte ein Außenseiter sehen, in welchem Ausmaß Joe an Hunters und Jims Auslandsgeschäften beteiligt war. Joe war letztendlich derjenige, der die Entscheidungen traf. Nichts Wichtiges passierte ohne seinen Segen.

Nach 45 Minuten war das Meeting vorbei. Joe war müde. Er lud Bobulinksi ein, ihn um 8:30 Uhr am nächsten Morgen im Ballsaal bei der Milken-Konferenz zu treffen, wo er zu Managern, Wall-Street-Investoren und Fondsverwaltern sprechen würde.

Sobald er daheim war, schickte Bobulinski Jim Biden um 23:40 Uhr eine WhatsApp: »Schön, euch zu sehen und Zeit mit euch zu verbringen. Bitte bedanke dich bei Joe in meinem Namen, danke.«

Am nächsten Morgen, den 3. Mai 2017, war Bobulinski wieder im Beverly Hilton und saß ganz vorne, um Joe auf der Bühne mit dem Veranstalter, dem L.A.-Milliardär und berüchtigten Wall-Street-Spekulanten Michael Milken, sprechen zu hören.

Nach dem Auftritt fragte ihn Joe: »Wie fandest du meine Rede?« Sie gingen zu seinem Wagen hinaus, der auf ihn wartete, und gaben sich die Hand.

»Behalten Sie meinen Sohn und meinen Bruder im Auge und passen Sie auf meine Familie auf«, sagte ihm Joe.

Dann überquerte Bobulinski den Santa-Monica-Boulevard, ging ins Hotel Peninsula und traf sich dort mit Jim, der allein auf dem Dach in einem blauweißen Strandkorb saß und den sonnigen Tag genoss.

2 Stunden lang bekam er einen Vortrag über die Familiengeschichte der Bidens, beginnend bei Joes erster Senatswahl in Delaware 1972, als Jim sein Chef-Fundraiser wurde. Zuvor hatte sich Jim im Nachtklubbusiness versucht, nachdem er sein Studium an der University of Delaware geschmissen hatte. Jim berichtete ihm von seinen und Hunters Bemühungen bei CEFC in den vergangenen 2 Jahren, Joes Ruf und seine Beziehungen in den Dienst der »Neuen Seidenstraße« der KPCh zu stellen.

Während Jim sprach, wunderte sich Tony Bobulinski über das politische Risiko für Joes Karriere, falls die unverhohlene Einflussnahme seiner Familie während seiner Vizepräsidentschaft ans Licht käme.

»Wie schafft ihr es, damit durchzukommen?«, fragte er schließlich. »Hast du keine Angst, die Präsidentschaftskampagne deines Bruders 2020 zu gefährden? Wegen der Chinesen und allem, was ihr seit 2015, 2016 auf der ganzen Welt macht?«

Jim kicherte und sah Bobulinski wissend an. »Plausible Dementierbarkeit«, sagte er, ein Ausdruck, den die CIA während der Regierung Kennedy für die Praxis erfunden hatte, um den Präsidenten über illegale oder unrühmliche Aktivitäten in Unwissenheit zu lassen, damit er im Zweifelsfall dementieren kann, jemals davon gewusst zu haben.

Bobulinski verstand, dass Joe im Prinzip wusste, was seine Familie in seinem Namen so trieb, aber davor geschützt wurde, von den schmutzigen Details zu erfahren. Das war der Grund, weswegen Jim und Hunter ihm gesagt hatte, das Gespräch mit Joe sei nur »zum Kennenlernen«.

Gelegentlich kamen sie aus der Deckung, aber im Prinzip waren die Bidens »paranoid«, was die Vertuschung von Joe Bidens Rolle anging, wurde Tony Bobulinski mitgeteilt. Schon bald lernte er, die Euphemismen um Joe zu deuten, was ihn 3 Jahre später zu einem gefährlichen Whistleblower machte, als er die Schnauze so voll hatte, dass er den ganzen zwielichtigen Verein hochgehen ließ.

»Ich habe gehört, wie Vizepräsident Biden sagt, er habe nie mit Hunter über seine Geschäfte geredet«, sagte Bobulinski in einem explosiven Statement zu Michael Goodwin von der *New York Post* am 22. Oktober 2020. »Aber ich weiß aus erster Hand, dass das nicht wahr ist. Es waren nicht nur Hunters Geschäfte. Sie sagten selbst, dass sie den Namen der Familie Biden und dessen Erbe riskierten. ...«

»Ich habe keine politische Agenda; ich habe nur bei den Bidens hinter die Kulissen gesehen und war sehr beunruhigt von dem, was ich sah. Die Familie Biden hat aggressiv ihren Namen vermarktet, um Millionen Dollar von ausländischen Organisationen zu bekommen, von denen einige von der Kommunistischen Partei Chinas kontrolliert werden.«

Seine Enttäuschung kam erst später.

• • • •

Die Bidens begannen 2015 über den gemeinsamen Freund James Gilliar, ein drahtiger 56-jähriger ehemaliger britischer SAS-Fallschirmjäger aus der Tschechischen Republik, Bobulinski zu hofieren. Gilliar hatte ihn in der Tschechei Ye Jianming kennengelernt, den 40 Jahre alten, verschwenderischen Vorsitzenden von CEFC.

Yes Aufgabe bestand in dieser Zeit darin, so schnell wie möglich 1,5 Milliarden Dollar auszugeben, um sicherzustellen, dass die Tschechische Republik für Xis »Neue Seidentrasse« zum »Tor zur EU« wird.

Um das zu erreichen, kaufte Ye alles, von einer Fußballmannschaft über eine Brauerei bis zu einer Fluglinie, und schließlich wurde er der »Sonderwirtschaftsberater« des tschechischen Präsidenten Miloš Zeman.

Jetzt suchte er einen einflussreichen Partner, der ihm bei Projekten der »Neuen Seidenstraße«, die auf der ganzen Welt strategische Bedeutung für Chinas Expansion hatten, helfen konnte.

Bobulinski nannte Gilliar »MI5«, nach dem britischen Geheimdienst. Gilliars Kontakt zu Hunter und den Bidens war der ehemalige Clinton-Mitarbeiter Rob Walker. Seine Frau Betsy Massey Walker war Jill Bidens Privatsekretärin gewesen, als sie Second Lady und Joe Vizepräsident war.

Im Februar 2015 schrieb Gilliar an Walker und lobte Hunters Auftritt in Peking bei einer Vorstandssitzung des neuen Investmentfonds BHR.

»Hunter war toll«, schrieb Gilliar an Walker. »Ein echter Scheich aus Washington.«

Ein paar Wochen später schrieb er an Hunter: »Ich habe erfahren, dass CEFC ihre Geschäftsbeziehungen mit uns vertiefen wollen.«

Gilliar wusste, dass CEFC der kapitalistische Arm von Präsident Xis »Neuer Seidenstraße« war, der Chinas Einfluss – und die Schuldenfallen – auf der Welt erhöhen sollte. Keine chinesische Firma verfolgte dieses Ziel eifriger als CEFC und sein junger Vorsitzender, den die Presse den »Seidenstraßen-Milliardär« nannte.

Der Vorsitzende Ye hatte fast über Nacht seine provinzielle Energiefirma zu einem Global Player aufgebaut, eine Leistung, die die chinesische Nachrichtenagentur Caixin als »ein weiteres Rätsel in der wundersamen chinesischen Geschäftswelt«

beschrieb. Er hatte die Unterstützung von Präsident Xi und Verbindungen zur Volksbefreiungsarmee, bei der er stellvertretender Generalsekretär des Propagandaarms CAIFC (China Association for International Friendly Contacts) war.

In einem seiner seltenen Interviews mit Caixin, das im palastartigen Hauptquartier aus Marmor im luxuriösen Franzosenviertel von Shanghai geführt wurde, wird Ye als »Einsiedlerkönig auf einem goldenen Thron« dargestellt, der in einem Raum sitzt, »der an eine Miniaturausgabe der ›Großen Halle des Volkes‹ erinnert«.

Livrierte Angestellte mit Ohrsteckern gleiten vorbei, »die meisten sind junge Frauen in ›Smart Clothes‹ und mit freundlichen Gesichtern«. Yes Gesicht war »ausdruckslos wie das einer Steinstatue. In der vergoldeten Umgebung waren seine Leinenschuhe von auffallender Schlichtheit. ...«

»In seinen öffentlichen Auftritten als Privatunternehmer sieht man Ye Jianming immer an der Seite von bedeutenden internationalen Politikern. Er ist mit internationalen Staatsführern, wie dem israelischen Präsidenten Peres, dem türkischen Präsidenten Erdogan, dem Präsidenten des Tschad, Déby, und dem Präsidenten der Europäischen Kommission, Juncker, fotografiert worden. Er hat sich mit dem Kronprinzen von Abu Dhabi getroffen, und der bulgarische Premierminister hielt ihm zu Ehren ein Staatsbankett.«

• • • •

Im Winter 2015 flogen der Vorsitzende Ye und der CEFC-Geschäftsführer Jianjun Zang, auch bekannt als »Direktor Zang«, nach Washington. In Hunters Kalender steht am 7. Dezember 2015 ein Meeting mit Ye, in einer Woche, die voll war mit Weihnachtspartys, die Joe und Jill im Navy-Observatorium abhielten.

Ein ehemaliger Vertrauter, der anonym bleiben will, behauptet, dass Hunter den Vorsitzenden Ye zu einem dieser Empfänge mitbrachte, um ein Treffen mit Joe zu ermöglichen. Es gibt keine Beweise dafür auf dem Laptop, aber Hunter hat üblicherweise Geschäftspartner seinem Vater vorgestellt, wenn sie in Washington waren, und eine Weihnachtsparty wäre der perfekte Weg gewesen, seinen chinesischen Gast zu beeindrucken und ihn auf ungezwungene Weise mit seinem Vater bekanntzumachen.

Am Donnerstag, den 11. August 2016, war in Hunters Kalender ein »Dinner mit CEFC« im Cafe Milano in Georgetown angesetzt, dem Nobelitaliener, bei dem er gerne im Separee seine ausländischen Gäste bewirten ließ.

Nach dem frustrierenden Erlebnis als Minderheitseigner beim chinesischen Fonds BHR, der erst am Ende seiner Laufzeit ausschütten sollte, wollten Hunter und Jim mehr Kontrolle über die CEFC-Partnerschaft und einen zuverlässigen Geldfluss.

Da kam Tony Bobulinski ins Spiel. Der ehemalige Kernenergieexperte bei der US-Marine, der zum Wall-Street-Investor wurde, wurde von James Gilliar an Bord geholt, um unter dem Namen SinoHawk eine Investmentfirma von Weltrang aufzubauen.

Die beiden Männer einte eine lockere Kameradschaft, basierend auf ihrer gemeinsamen Vergangenheit beim Militär und der Tatsache, dass sich die Wege ihrer weltumspannenden Karrieren bereits 10 Jahre lang kreuzten.

Im Dezember 2015 sagt Gilliar Bobulinski, er brauche Hilfe beim Aufbau eines chinesischen Joint Ventures mit »einer der prominentesten Familien Amerikas«.

Der Plan ist, »eine Investmentfirma wie Goldman Sachs aufzubauen«, wie er in seiner SMS schreibt.

»Es geht um die Familie Biden«, verrät Gilliar bald. Joe hat angekündigt, 2016 nicht für das Weiße Haus zu kandidieren.

Er wird also aktiv an der Firma beteiligt sein, von der sich die Bidens einen Milliardenumsatz erwarten.

Im März 2016 verrät er Bobulinski das letzte Puzzlestück: Der chinesische Partner der Bidens ist CEFC, die »mehr Geld haben als der liebe Gott«, schreibt er. »Das ist der kapitalistische Arm der ›Neuen Seidenstraße‹.«

In dieser Zeit lernt Bobulinski Rob Walker kennen, der sich als »Mittelsmann von Hunter Biden, Jim Biden und der ganzen Familie Biden« vorstellt.

Im Februar 2017 schickt Gilliar Bobulinski eine Nachricht über WhatsApp, dass er ihn seinem »Partner« vorstellen will.

»Wer ist dein Partner?«, fragt Bobulinski.

»Hunter Biden«, antwortet Gilliar.

Bobulinski ist misstrauisch. »Ich weiß, ich soll die Dinge in den USA vorantreiben …, aber Hunter ist schon da.«

Gilliar: »Es gibt Geld, Talente … die Fähigkeiten fehlen. … Wir müssen hier die beste Deal-Plattform aller Zeiten schaffen, aber die haben keine Ahnung.«

Bobulinski stört sich daran, dass Hunter »wegen Kokainkonsum aus der Navy geflogen ist«.

»Aber er ist superschlau«, sagt Gilliar. »Sie sind nur von Untalentierten umgeben, die sich ihren Namen zunutze machen. Er hat ein paar persönliche Dämonen, aber das kennst du ja, oder?«

Bobulinski fragte: »Hat er das Sagen oder die Chinesen?«

Gilliar: »Neue Plattform. Wir sollten das persönlich diskutieren, aber ich fahre gerade.«

Später fragt Bobulinski: »OK, wer stellt die 10 Millionen Dollar?«

Gilliar: »Gemeinsame Sache – die Hälfte wir und dann gleichmäßig aufgeteilt, das Geld ist schon da. Mehr im direkten Gespräch.«

Am 5. März bringt *Page Six* die Story, dass Hunter und Hallie zusammen sind.

Als Hunter 3 Tage später ein Meeting in New York sausen lässt, sagt Gilliar zu Bobulinski: »Er ist im Moment kritisch fürs Image, aber für das ist er unerlässlich.«

Gilliar erklärt Bobulinski, dass die an CEFC beteiligten Chinesen »vom Nachrichtendienst« seien, daher »verstehen sie den Wert« des Namens Biden.

Hunters Skandalgeschichten machen Bobulinski weiterhin Sorgen. Gilliar, der sich mit dem Vorsitzenden Ye in Australien auf der Suche nach weiteren Investmentchancen aufhält, befürchtet, dass Bobulinski abspringen könnte. Deshalb arrangiert er ein Treffen mit ihm und Hunter im nächsten Monat im Chateau Marmont, in Bobulinskis Heimatstadt Los Angeles.

Sie treffen sich im April am Hotelpool und unterhalten sich 2 Stunden, während Hunter Kette raucht. Bobulinski findet ihn höflich und respektvoll. Hunter prahlt, dass ihm sein Vater Gehör schenkt, und zwar an seinen Beratern vorbei.

»Du musst Dad kennenlernen«, sagt Hunter.

Hunter erklärt Bobulinski, wie die Joint-Venture-Firma strukturiert werden soll, und warnt vor US-Gesetzen, wie dem Gesetz zur Auslandskorruption (Foreign Corrupt Practices Act FCPA), das die Bestechung ausländischer Beamter unter Strafe stellt. Er scheint das FCPA-Gesetz mit dem FARA-Gesetz, das gegen ausländische Agententätigkeit gerichtet ist, zu verwechseln.

»Wir müssen auf jeden Fall eine amerikanische Firma sein, um uns für die Regierungsförderung auf der Bundes- und Landesebene bewerben zu können.«

»Außerdem wollen wir uns nicht als ausländische Agenten gemäß dem FCPA anmelden müssen, weil das viel umfassender ist, als vielen, die es wissen sollten, bewusst ist.«

»Wie auch immer – wir sollten eine Firma namens CEFC USA einrichten, mit 50 Prozent für mich und 50 Prozent für die Chinesen. Dann teilen wir unsere 50 Prozent zwischen uns vier auf.«

Hunter scheint sehr bei der Sache zu sein, aber Bobulinski wundert sich über Onkel Jims häufige Einmischung in die Angelegenheiten um CEFC.

Zum Beispiel macht Jim seinen Einfluss geltend, um dafür zu sorgen, dass Direktor Zangs Tochter Rouqi auf dem kurzen Dienstweg ins Eliteinternat Horace Mann School in New York aufgenommen wird. Letztendlich ging sie woanders hin.

Jim schreibt auch im Namen von CEFC an den damaligen Gouverneur von New York, Andrew Cuomo, und bittet um einen Termin. »Wir wollen potenzielle Projekte und Investments in New York besprechen.« Die anderen Teilnehmer sind angeblich Hunter Biden, Vorsitzender Ye, Direktor Zang und ein ungenanntes »Mitglied des Großherzogtums von Luxemburg«.

»Was für eine Rolle spielt Jim? Er war nicht Teil der Gespräche, scheint aber jetzt tonangebend zu sein?«, fragt Bobulinski Gilliar.

»Er ist Berater, so wie ich das verstanden habe«, antwortete Gilliar. »Hunter hat ihn nur an Bord gebracht, um die Anteile der Familie Biden zu erhöhen, so viel ist klar.«

In einer weiteren WhatsApp schreibt Gilliar an Bobulinski: »Bei allen Dämonen, die Hunter plagen, könnte es gut sein, einen zweiten Zugang zu den Bidens zu haben. Jim unterstreicht unseren USP als Familienunternehmen Biden bei den Chinesen. Außerdem mag ich ihn.«

In Wahrheit bestand Jims Aufgabe hauptsächlich darin, dafür zu sorgen, dass sich Hunter nicht zu viel Ärger einhandelte, was im folgenden Jahr krachend scheitern sollte. Wie Hunter lebten Jim, seine Frau Sara und Tochter Caroline über ihre Verhältnisse. Ihr unersättliches Bedürfnis nach Bargeld wurde zuweilen zu einer unerträglichen Belastung für Hunter.

Etwas weniger als 2 Wochen nach seinem Meeting mit Hunter in Beverly Hills lässt Tony Bobulinski am 15. Mai 2017 die SinoHawk Holdings LLC ins Firmenregister eintragen. Er lehnt Hunters Vorschlag ab, es CEFC USA zu nennen. Es wird eine globale Investmentfirma mit 10 Millionen Dollar an chinesischem Startkapital. Laut Vertragsentwurf ist das Geschäftsziel, Projekte in den USA und der Welt aufzukaufen, die »in globaler und heimischer Infrastruktur, Energie, Finanzdienstleistungen und anderen strategische Sektoren« tätig sind.

Ye sollte 50 Prozent durch eine CEFC-Tochter, die in Delaware eingetragen wurde, an SinoHawk halten: Hudson West IV LLC. Die anderen 50 Prozent gehörten Oneida Holdings, eine weitere Holding in Delaware, die von Bobulinski eingerichtet wurde.

In einer E-Mail vom 13. Mai 2017 an die Gruppe beschrieb James Gilliar, wie die Oneida-Anteile aufgeteilt werden sollten. 10 Prozent gingen dabei an Joe Biden.

»Die Anteile werden folgendermaßen aufgeteilt«, schrieb Gilliar, und meinte damit Prozent.

»20 H (Hunter)«

»20 RW (Robert Walker)«

»20 JG (James Gilliar)«

»20 TB (Tony Bobulinski)«

»10 Jim (Biden)«

»10 von H für den ›Big Guy‹ gehalten«

3 Jahre später wird Tony Bobulinski unmissverständlich klarmachen, dass »The Big Guy« Joe Biden war. »Hunter Biden nannte seinen Vater so oder auch ›meinen Vorsitzenden‹, unter anderem, wenn es darum ging, seine Zustimmung oder seinen Rat zu diversen Deals einzuholen.«

In anderen E-Mails auf Hunters Laptop oder WhatsApp-Nachrichten wird Joe Biden ebenfalls »The Big Guy« genannt. Ein serbischer Geschäftspartner Hunters, Vuk Jeremić, ein ehemaliger Vorsitzender der UNO-Generalversammlung, der für

330 000 Dollar im Jahr als Berater für CEFC arbeitete, nannte Joe Biden »den großen Mann«.

In einer WhatsApp vom 20. Mai 2017 ermahnte Gilliar Bobulinski zur Diskretion, was Joes Rolle anging: »Joes Beteiligung nicht erwähnen. Nur unter vier Augen. Ich weiß, du weißt das, aber sie haben einen Verfolgungswahn.«

Bobulinski, der schon von Hunters Forderungen frustriert war, antwortet: »OK, sie sollen auch Verfolgungswahn haben.«

• • • •

3 Wochen nach dem Ende von Joes Amtszeit 2017 flog Hunter mit Gilliar und Walker nach Miami, um den Vorsitzenden Ye zu treffen, der für die Miami International Boat Show vor Ort war.

Sie checkten am Montag, den 13. Februar 2017, ins Nobu Hotel am Strand ein, für 700 Dollar die Nacht, und reservierten für Donnerstag einen Mittagstisch für zehn Personen in einem Separee des Bourbon Steak Restaurants, im luxuriösen JW Marriott Turnberry Resort & Spa, wo Ye mit seiner Entourage wohnte.

Aber Hunter flog bereits am Tag vor dem Mittagessen nach Hause. Er hatte sich am Dienstagabend schon privat mit dem CEFC-Vorsitzenden Ye getroffen, der ihm ein Angebot machte, das zu gut war, um abgelehnt zu werden: 10 Millionen Dollar im Jahr für mindestens 3 Jahre »nur für Kontaktvermittlung«, wie Hunter in einer hochmütigen E-Mail an die CEFC-Manager schreiben sollte. Ohne das Wissen von Bobulinski und Gilliar war SinoHawk tot.

Ye besiegelte den Deal mit einem besonderen Geschenk: einen Brillanten von 3,16 Karat. Hunter hat Fotos des spektakulären Steins auf seinem Laptop, mit dem Bericht eines Juweliers, der den Stein als »runden Brillanten« der Farbe F, Reinheit »VS2« und »Schliff exzellent« beschreibt.

Das Geschenk hätte zu keinem besseren Zeitpunkt kommen können. Hunter war mit der unschönen Scheidung von Kathleen beschäftigt. Seine Büroleiterin Joan Peugh hatte ihm gerade eine Steuerrechnung von Washington, D.C., über 47 226,78 Dollar geschickt.

Hunter sagte Adam Entous vom *New Yorker*, er sei aus rein karitativen Gründen nach Miami geflogen, um den Vorsitzenden Ye zu treffen und um eine Spende für das Welternährungsprogramm WFP USA zu bitten. Es war die übliche Ausrede, die er benutzte, um seine ausländische Lobbytätigkeit zu tarnen.

Laut Hunter war es ein reiner Zufall, dass aus dieser gemeinnützigen Tätigkeit ein Businessdeal erwuchs. Er sei überrascht gewesen, von Ye den Diamanten zu erhalten. Den glücklichen Umstand, dass seine Geschäftspartner mit ihm im selben Hotel in Miami wohnten, um Geschäften mit CEFC nachzugehen, erwähnte er nicht.

Er erwähnt auch nicht, dass er neben dem Brillanten von Ye einen Deal für 30 Millionen Dollar abgeschlossen hatte.

Hunter erzählte Entous, er habe den Diamanten seinen Kollegen gegeben und »wisse nicht, was sie damit gemacht haben«. Es sei ihm nie in den Sinn gekommen, dass der Diamant ein Bestechungsversuch gewesen sein könnte. »Wofür sollten sie mich bestechen wollen? Mein Vater war gar nicht im Amt.«

Der Brilli war jedoch nur ein Vorgeschmack.

9 Tage nach Hunters Treffen mit Ye wurden, so die Grassley-Johnson-Untersuchung, 3 Millionen Dollar von der State Energy HK Ltd. aus Shanghai, die zu CEFC gehört, an Rob Walkers Firma Robinson Walker LLC überwiesen.

Am 1. März wurden von derselben Firma wieder 3 Millionen an Robinson Walker überwiesen. Beide Überweisungen lösten beim US-Finanzministerium die Annahme »verdächtiger Aktivitäten« aus, wie das »Vertrauliche Dokument 16« des Senatsausschusses belegt.

Ausgehend von diesem Dokument stellt der Grassley-Johnson-Bericht am 18. November 2020 fest: »Zur Zeit der Überweisung gehörte State Energy HK Ltd. zu CEFC China Energy, unter dem Vorsitz von Ye Jianming. State Energy HK hat in der Vergangenheit Geld an eine Firma überwiesen, die Gongwen Dong gehört, einem Partner von Hunter Biden. ...«

»Diese Überweisungen sind eine direkte Verbindung zwischen Walker und der kommunistischen Regierung Chinas. Aufgrund von Walkers enger Verbindung zu Hunter Biden stellte es auch eine Verbindung zwischen Hunter und der KPCh dar.«

Eine weitere Verbindung zwischen Walker und den 6-Millionen-Dollar-Überweisungen von CEFC ist die WhatsApp, die er am 21. Mai 2017 Tony Bobulinski schickte und in der er bestätigte, dass er der Eigentümer von Robinson Walker LLC ist. »Ich habe eine LLC (Limited Liability Company; Unternehmen mit beschränkter Haftung – in Deutschland nicht eindeutig definiert): die Robinson Walker LLC.«

Der Senatsbericht schreibt: »Es ist unklar, was der wahre Zweck hinter diesen Transaktionen (6 Millionen Dollar von CEFC) ist und wer der letztendliche Nutznießer ist.«

Laut den Unterlagen auf dem Laptop erhielt Hunter von Robinson Walker regelmäßige Zahlungen, zwischen Juni und Dezember 2017 erhielt Rosemont Seneca Advisors von Robinson Walker 56 603,74 Dollar.

Einer E-Mail von Hunters Steuerbuchhalter Bill Morgan zufolge zahlte Rob Walker 2017 mindestens 511 000 Dollar an Hunters Firma Owasco.

In einer E-Mail von Eric Schwerin an Hunters Anwalt Mancinelli vom 16. Februar 2017 mit dem Betreff »Steuerunterlagen 2016« werden ebenfalls Zahlungen von Robinson Walker an Hunter Biden erwähnt: »Hunter Biden erhält keine (Steuerunterlagen) von Burisma oder Robinson Walker, aber diese Zahlen fließen in die Einnahmenüberschussrechnung von (Hunters Rechtsfirma) Owasco ein.«

Walker erklärt Bobulinski, seine Rolle bei CEFC bestehe darin, »Stellvertreter für H oder Jim zu sein, um Investmentchancen zu untersuchen, wie zum Beispiel Hochgeschwindigkeitszüge mit meinen republikanischen Freunden in Texas, … oder neue Länder und Kontakte im Ausland zu erschließen, wo die Dinge lauwarm sind, aber nicht heiß genug, H zu involvieren, oder zu schräg …«

»Ich mache das schon eine Weile mit Jim, und es scheint zu funktionieren. Orte in Afrika, wie Angola, wo James und ich seit einer Weile hinfahren wollen, um die Forst- und Holzwirtschaft anzuschauen … wäre eine gute Idee, mit Jim hinzufahren und ein amerikanisches Gesicht zu zeigen, mit dem politischen Gewicht, aber das wäre für H keine gute Zeitinvestition.«

Die Wälder von Angola, einem der ärmsten und korruptesten Länder der Welt, werden gnadenlos illegal von chinesischen Firmen abgeholzt.

2015 und 2016 benutzten Hunter und seine Kollegen den Namen der Bidens, um auf der ganzen Welt für CEFC Türen zu öffnen – in Kasachstan, Georgien, Oman, der Ukraine, Rumänien und anderen Ländern.

Jetzt, da Joes Amtszeit vorbei war, war Zahltag.

In einer E-Mail vom 18. April 2017 vom CEFC-Projektleiter Cui »Cäsar« Can an James Gilliar drückten die Chinesen ihre Dankbarkeit an die Bidens (»Familie B«) aus und schlugen ein Treffen mit dem Vorsitzenden Ye vor.

»Bitte richten Sie meine Grüße an Familie B aus. Ihre Unterstützung ist die Grundlage für die weitere Entwicklung von CEFC.«

»Direktor Zang und der Vorsitzende Ye werden im Mai die USA besuchen. Sie würden sich gerne mit Ihnen und H treffen.

Dann können wir auch andere Möglichkeiten in den USA/Naher Osten/Europa besprechen.«

Das Treffen in New York wird explosiv sein.

16

Der Kalkstein-Jesus

»Ich bin der einzige, der ein ganzes
Familienerbe riskieren muss.«

Hunter Biden, WhatsApp an Tony Bobulinski, 18. Mai 2017

Hunter blickte wütend und schlug mit der Faust auf den Tisch. »Ihr schuldet meiner Familie 20 Millionen Dollar!«, brüllte er den CEFC-Chef Zang Jianjun an, der ihm gegenüber saß, und der zu den hochrangigen Kadern der KPCh gehört.

»Wir habe in den vergangenen Jahren auf der ganzen Welt für euch gearbeitet. Warum sind wir nicht dafür bezahlt worden?«

Von einer ganzen Riege aus Leibwächtern und Dolmetschern umgeben, starrte Zang Hunter Biden an, bis er sich abgeregt hatte, und lenkte dann das Gespräch taktvoll wieder auf den Joint-

Venture-Vertrag, den sie unterschreiben wollten – das Ergebnis einer 2-jährigen Übereinkunft mit der Familie Biden.

In wenigen Monaten wird sich Zang mit dem russischen Präsidenten Wladimir Putin treffen und für den chinesischen Präsidenten Xi das größte chinesische Investment in Russland aushandeln. CEFC wird sich in der Mitte einer plattentektonischen Bewegung der chinesisch-russischen Beziehungen, mit grundlegender Bedeutung für die USA, wiederfinden.

Aber im Moment, am Sonntag, den 7. Mai 2017, in einem Restaurant in Midtown-Manhattan, musste er erst mal Hunters Wutausbruch über sich ergehen lassen.

Neben ihm wanden sich Hunters amerikanische Partner.

»Wenn H wieder so eine Show abzieht wie am Sonntag, wird es schwierig«, schreibt James Gilliar am nächsten Tag an Bobulinski.

Seitdem er mit seinem Onkel Jim nach New York gekommen war, war Hunter angespannt gewesen. Sie waren da, um den Deal mit der chinesischen Energiefirma CEFC zu unterschreiben, der seit 2 Jahren in der Mache war und der sie hoffentlich alle sehr reich machen würde.

Ihr Gemeinschaftsunternehmen SinoHawk gab ihnen eine gleichwertige Partnerschaft mit einer Firma, die mit einem Jahresumsatz von 30 Milliarden Dollar laut *Fortune Magazine* unter den Top 500 der Welt war: CEFC war der kapitalistische Arm der imperialistischen »Neuen Seidenstraße« von Präsident Xi Jinping, die den Einfluss Chinas auf der ganzen Welt ausdehnen wollte.

Aber zu Hunters Verärgerung hatte Ye Jianming, der 40-jährige CEFC-Vorsitzende, der ihn seit 2 Jahren umworben hatte, im letzten Moment abgesagt. An seiner Stelle hatte Ye den dicken, gemütlichen Zang (42) geschickt, Geschäftsführer von CEFC. Als KPCh-Mitglied hatte Zang außerdem auf den Vorsitzenden aufzupassen, dessen ausschweifender Lebensstil und westlicher Geschmack manchen Kadern ein Dorn im Auge war.

Hunter fühlte sich vor den Kopf gestoßen und war verzweifelt. Seitdem die Amtszeit seines Vaters als Vizepräsident 4 Monate zuvor zu Ende gegangen war, war sein Einkommen eingebrochen. Seine monatlichen Schecks aus Rumänien waren ausgeblieben, und seine monatlichen Zahlungen aus der Ukraine von 83 333 Dollar waren halbiert worden. Sein erster Deal mit China, ein Anteil von 10 Prozent an der Investmentfirma BHR, brachte ihm noch kein dringend benötigtes Bargeld ein, das er brauchte, um seinen aufwendigen Lebensstil und seinen Familienverpflichtungen nachzukommen.

Seine Scheidung von Kathleen kostete ihn 37 000 Dollar im Monat an Unterhaltszahlungen. Seine Drogensucht machte ihm zu schaffen, und seine turbulente Beziehung zu seiner Schwägerin und Liebhaberin Hallie fiel bald in dasselbe Muster wie seine gescheiterte Ehe.

Alles hing von seinem Joint Venture mit Ye Jianming ab, und der Typ taucht nicht mal auf.

Es regnet aus Kübeln, als Bobulinski, Gilliar und Walker 2 Tage zuvor im Refinery Hotel am Bryant Park eincheckten, einer schicken ehemaligen Hutfabrik, mit der besten Dachterrassenbar Manhattans. Die Vertragsunterschrift mit CEFC war für Sonntag angesetzt, aber Hunter und Onkel Jim waren nirgends zu sehen.

»Funk mal H an, damit er sich involviert fühlt«, so Gilliar an Bobulinski in einer WhatsApp. »Er ist ein zartes Pflänzchen.«

»Herrje«, so Bobulinski. »Ich bin doch nicht sein Babysitter.«

Zu diesem Zeitpunkt glaubten beide Männer, dass Hunters Vater – seit Kurzem von den Beschränkungen seines hohen Amtes befreit und doch so elementar für ihre Bemühungen mit den Chinesen – dazustoßen würde.

»Joe kommt vielleicht am Sonntag mit. Hoffentlich«, schrieb Gilliar per WhatsApp an Bobulinski.

»Klar, das hab ich Jim auch gesagt«, so Bobulinski. »Wenn er es schaffen kann, sollte er vor Ort sein.«

Sie hatten auch einen Plan B, falls Joe nicht kann.

»Jim versucht (den New Yorker Bürgermeister) Bill de Blasio oder (den Milliardär und Ex-Bürgermeister) Michael Bloomberg zu kriegen«, so Gilliar.

Von ihrem Hotel zum Four Seasons, wo Ye mit seiner Frau und seinem Gefolge wohnte, waren es 20 Minuten die Madison Avenue hinauf. Sie waren aus Shanghai an Bord seiner Gulfstream G550 im Wert von 35 Millionen Dollar eingeflogen.

Aber die Bidens waren für Ye an diesem Wochenende nicht oberste Priorität. Er traf sich mit Managern des New Yorker Börsenhandelshauses Cowen Inc., um für 100 Millionen Dollar 19,9 Prozent an ihrer Firma zu kaufen. Der Deal sollte später am Widerstand des Ausschusses für Auslandsinvestment CFIUS scheitern.

Aber in dieser Phase prahlte Ye vor der chinesischen Nachrichtenagentur Caixin: »Dieser Kauf steht nur dem von Morgan Stanley nach.«

Es war der Geburtstag seiner Frau, und Ye hatte für die Feier den Ballsaal des Four Seasons gemietet.

Außerdem musste er sein neues Penthouse im 40. Stock der 15 Central Park West besichtigen, ein Gebäude, das den Spitzname »Kalkstein-Jesus« trug. Der Autor Michael Gross nannte es in seinem Buch *House of Outrageous Fortune* die »mächtigste Adresse der Welt«.

Ye bezahlte 50 Millionen Dollar in bar für die 500-Quadratmeter-Wohnung des ehemaligen Barclay-Chefs Bob Diamond. Der Panoramablick über den Central Park und den Hudson River machte das Gebäude zur ersten Adresse bei Oligarchen, für die Geld kein Thema war.

In der großen Küche dieses Penthouses sollte Ye später im Sommer für Hunter persönlich kochen.

Immer auf der Suche nach dem schnellen Geld profilierte sich Jim Biden jetzt als Immobilienmakler und zeigte Direktor Zang diverse Luxusobjekte an der Upper East Side, in der Hoffnung, eine satte Provision kassieren zu können.

Im April schloss Jim einen Deal mit einem Immobilienmakler, um den Erlös, aus dem Verkauf der letzten bestehenden Gründerzeitvilla Manhattans, zu teilen und seiner Tochter Caroline zufließen zu lassen. Das sechsstöckige Wohnhaus an der Fifth Avenue 854 gehörte einmal der Enkeltochter des Eisenbahnbarons Cornelius Vanderbilt und stand nun für 50 Millionen Dollar zum Verkauf.

»Ich teile mit dir die Courtage für den Verkauf an deinen reichen chinesischen Klienten, der zurzeit in Shanghai wohnt«, schrieb der Makler Ryan Serhant, der Star seiner eigenen Immobilien-Reality-Serie *Million Dollar Listing New York*, an Jim.

Weiter steht in der E-Mail an Jim vom 12. April: »Die Provision geht an (Agentur) Nest Seekers, und ich bekomme davon 70 Prozent ... also bekommt Caroline 50 Prozent dieser 70 Prozent.«

Leider kam der Deal nicht zustande.

Direktor Zang wird bald Visaprobleme bekommen und ihm und seiner Familie wird die Einreise verweigert werden – ein Menetekel kommender Schwierigkeiten.

Im Juni gab Ye noch mal 33 Millionen Dollar in bar für eine 375-Quadratmeter-Wohnung im 68. Stock von 432 Park Avenue aus.

Ye war nicht der einzige Milliardär, der Spitzenpreise für Immobilien im Ausland bezahlte. Ein umgekehrter Goldrausch fand gerade statt – reiche chinesische Kader versuchten ihr Geld vor der nächsten Säuberung ins Ausland zu bringen.

Als er in den USA scheinbar aus dem Nichts auftauchte, bekam Ye über Nacht Zugang zu den höchsten Kreisen der New Yorker Elite, ein Privileg, dass man mit Geld allein nicht kaufen kann.

Jede Menge ausländischer Oligarchen haben ohne Erfolg versucht, in die obersten Sphären der Gesellschaft von Manhattan vorzudringen. Yes Türöffner in New York war die rätselhafte Societydame Angela Chen, die Vorsitzende der China Arts Foundation, die von der Tochter des Obersten Führers Deng Xiaoping, Deng Rong, gegründet wurde. Laut dem US Senate Committee for Homeland Security (US-Senatsausschuss für Innere Sicherheit) hat Chen Verbindungen zum chinesischen Militärgeheimdienst.

Als Aufsichtsratsmitglied der New Yorker Philharmonischen Gesellschaft, und als Co-Vorsitzende des Internationalen Rats der Philharmonie und Mitglied des Leonhard-Bernstein-Kreises war die Mittvierzigerin in den 2010er-Jahren Stammgast im Lincoln Center.

In ihrem eleganten roten ärmellosen Zang-Toi-Abendkleid, mit applizierten musikalischen Motiven, glitt sie bei der Gala zum Chinesischen Neujahr durch die Avery-Fischer-Halle. Bei Premierenabenden des New Yorker Balletts strahlte sie im roten Armani-Paillettenkleid an der Seite von Henry Kissinger.

Sie musste in ihren Louboutins einen ganzen Block vom Four Seasons, wo die Party der Amerikanischen Freunde des Louvres mit I. M. Pei stattfand, zu ihrer Wohnung am Upper East Side zurücklegen. Die Wohnung im Trump-Park-Avenue-Hochhaus, die davor Ivanka Trump und Jared Kushner gehörte, hatte sie 2017 für 16 Millionen Dollar gekauft.

Chen wurde auch zu den Dinnerpartys der High Society in Ghislaine Maxwells kitschig dekorierter Stadtvilla eingeladen, die 15 Millionen Dollar gekostet hatte. Für ihre eigenen Abendessen flog sie ihren eigenen Koch aus China ein, um Deng Rongs Lieblingsgerichte für Ehrengäste, wie den Trump-Handelsminister Wilbur Ross zu zaubern.

Chen führte Ye in ihren elitären Zirkel ein. Bald flanierte auch er durchs Lincoln Center und tauchte in den Klatschspalten mit

Henry Kissinger und Alan Greenspan, dem langjährigen Chef der Federal Reserve Bank, auf.

Ye verinnerlichte schnell die Gepflogenheiten seines neuen Kreises und gründete zu den Themen Klimawandel und Wirtschaftsethik einen gemeinnützigen Thinktank namens China Energy Fund Committee. Er ernannte den leutseligen Augenchirurgen und ehemaligen Hongkonger Innensekretär Patrick Ho zum Vorsitzenden, und sie verteilten großzügig Finanzierungen für »Inspiration und Innovation in den erneuerbaren Energien«.

CEFC ernannte sich selbst 4 Jahre hintereinander zu einem der »Top Ten der gemeinnützigen chinesischen Unternehmen«. 2011 erhielt das China Energy Fund Committee (CEFC) den Sonderbeobachterstatus bei den Vereinten Nationen, eine Ehre, die letztendlich zu Yes Sturz führen sollte.

Bis 2017 hatte Ye seine Frau, Wu Liqiong, seine Tochter, Yiken Ye, seine Mutter, Rongyu Qiu, und das Kindermädchen, Lizhen Yao, auf einem B1/B2-Besuchervisum. Sein Sohn Junkun Ye befand sich bereits mit einem F1-Studentenvisum an der exklusiven Columbia-Privatschule an der Upper West Side, zusammen mit Barron Trump, dem 10-jährigen Sohn von Donald und Melania Trump. Yes Schwiegermutter und Koch blieben in Shanghai.

Mit Hunters Hilfe beantragte Ye im September Visa für den Rest seiner Familie, um ein neues Leben in den USA anzufangen, wo er sich mit der Familie Biden und der US-Niederlassung von CEFC etablieren wollte.

Zu diesem Zweck richtete es Hunter ein, dass »sein Partner« Ye mit ihm und seinem Onkel Jim ein Büro in Washington teilen sollte. Er bestellte für das Eckbüro im House of Sweden am Ufer in Georgetown für 17 000 Dollar gemeinsame Schlüssel und ein Namensschild. Das futuristische Ahorn- und Glas-Bürogebäude war ein Vorzeigestück der skandinavischen Architektur, in dem die Botschaften Schwedens und Islands untergebracht waren. Es hatte einen Panoramablick über den Potomac River und das Watergate Hotel und befand sich praktischerweise weniger als einen Kilometer vom Biden-Stammlokal Cafe Milano entfernt. Die gemeinnützige Biden Foundation wurde 2017 von Joe Biden gegründet.

Die Firma Hudson West III wurde im April 2016 in Delaware von CEFC angemeldet, die Hunter und Jim ab August für ihre Chinadeals, ohne Wissen von Bobulinski und ihren anderen Partnern, nutzte, die immer noch davon ausgingen, dass Sino-Hawk 10 Millionen Dollar von CEFC erhalten sollte.

Hunter und Onkel Jim hatten andere Vorstellungen. Im März 2018 wurden E-Mails zwischen Yan und Hunters Anwalt George Mesires zufolge das Eigentum von Hudson West III (HW3) rechtlich an Hunters Firma Owasco und Coldharbour Capital übertragen, der Firma des Vorsitzenden Ye und seinem Assistenten Mervyn Yan. Obwohl Yan Miteigentümer von Coldharbour Capital ist, ist die mit der Firma verbundene Geschäftsadresse die gleiche wie die angegebene Wohnadresse seines Kollegen Gongwen »Kevin« Dong in Great Neck, New York.

An dieser Adresse in einem ländlichen Teil von Long Island an der Manhasset Bucht befindet sich ein Haus mit sechs Schlafzimmern, Pool und Tennisplatz. Das Haus ist im Stil eines französischen Chateaus gebaut, mit griechischen Säulen und barocken Lüstern. Laut Zillow wurde es 2014 für 6,7 Millionen Dollar verkauft und stand im Januar 2021 für 6,2 Millionen wieder zum Verkauf.

Hudson West III befand sich zwar im Besitz von Hunters Firma Owasco und Yes Coldharbour, aber das Startkapital von 5 Millionen Dollar kam nur von den Chinesen. Laut dem Vertrag vom 5. August 2017 zwischen Hunter und Ye investierte Owasco nichts.

Im Vertrag steht auch ein Monatsgehalt von 100 000 Dollar für Hunter, plus 50 000 Dollar Unkostenpauschale im Monat. Jim erhält 65 000 Dollar. (Im November 2018 wurde Hudson West III laut den Unterlagen des Bundesstaates Delaware aufgelöst.) »Bitte lassen Sie Schlüssel für die neuen Büroteilnehmer Joe Biden, Jill Biden, Jim Biden, Gongwen Dong, Vertreter des CEFC Vorsitzenden Ye anfertigen«, schrieb Hunter am 21. September 2017 an die Geschäftsführerin des House of Sweden, Cecilia Browning.

»Auf dem Firmenschild sollte stehen:
The Biden Foundation
Hudson West (CEFC USA)«
»Der Mietvertrag läuft auf den Namen meiner Firma Rosemont Seneca.«
»Wenn Sie mehr Infos zu den erwähnten Personen brauchen, bitte *Wikipedia* konsultieren.«
»Mein Partner, der Vorsitzende Ye: Ye Jiaming (Chinese, geboren am 5. Juni 1977 in Pucheng, Fujian) ist Vorsitzender und Geschäftsführer von China Energy Company Ltd., einer der 500 größten Firmen der Welt, laut *Fortune Magazine*. Er ist auch Vorsitzender des China Energy Funds Committee, einem Thinktank aus Hongkong mit Sonderbeobachterstatus, Vorsitzender der Chinesischen Kulturakademie, Direktor des Shanghai Energiesicherheitsforschungszentrums, Vorsitzender des Gemeinnützigen CEFC-Fonds Shanghai, Wirtschaftsberater des tschechischen Präsidenten und politischer Berater der Neuen Volkspartei Hongkongs.«

In der E-Mail verlinkte Hunter auch die New Yorker Immobilienzeitung *The Real Deal*, um Dongs Bonität als Mieter zu belegen.

»Warum nur eine Luxuswohnung und nicht zwei?«, so die Überschrift.

»Der Hongkonger Finanzmanager Gongwen Dong hat gerade 33 Millionen Dollar für eine Eigentumswohnung in der 432 Park Avenue auf den Tisch gelegt – 3 Monate, nachdem er 50 Millionen Dollar für eine Penthouse-Wohnung an der 15 Central Park West bezahlt hatte.«

Tatsächlich hat Dong zwar die Kaufverträge unterschrieben, aber der Käufer war eigentlich der Vorsitzende Ye.

Im Dezember 2017 unterschrieb Ye einen rekordverdächtigen Kaufvertrag über 80 Millionen Dollar für eine 1860 Quadratmeter große Stadtvilla an der 12 East 69. Street, mit eigenem Kino in roten Samt und Panikraum.

Der Deal platzte aber, zusammen mit der Partnerschaft der Bidens mit der CEFC, als Ye im Februar 2018 in Shanghai verschwand. Nach der Meldung der *South China Morning Post* wurde er auf Befehl des Präsidenten Xi Jinping verhaftet.

Aber diese unangenehme Geschichte lag noch in der Zukunft.

• • • •

Als Hunter schließlich am Vorabend der Vertragsunterzeichnung mit Direktor Zang von CEFC in New York eintrifft, ist er reichlich aufgewühlt. Er und Onkel Jim finden Bobulinski und Walker in der Dachterrassenbar des Refinery Hotels.

Gilliar ist im Four Seasons, um Zang die Verträge zu zeigen.

»Kommst du bald wieder?«, so Bobulinski per WhatsApp am 6. Mai 2017 an Gilliar, »H ist wegen irgendwas aufgebracht. … Rob Jim und ich sind auf dem Dach … wissen wir, wo das Meeting morgen stattfindet?«

Gilliar antwortet mit der guten Nachricht, dass Zang »nichts geändert hat, außer der Formulierung zum 5-Millionen-Darlehen und den 10 Millionen.«

»Klar, aber das ist ein LLC, also dient das nur dazu, Geld aus China rauszubewegen und wir sind von der Haftung ausgenommen«, so Bobulinski.

Die »Rahmenvereinbarung für ein Joint Venture mit CEFC«, die Bobulinski für das Sonntagsmeeting entworfen hat, besteht zwischen CEFC und der Biden-Firma Oneida. CEFC stellt das gesamte Startkapital.

»Die ausgegebenen Aktienanteile des Gemeinschaftsunternehmens belaufen sich auf 10 000 000 Dollar, in 1000 Anteilen gestückelt, wobei jeder Vertragspartner 50 Prozent der Anteile erhält«, so der Vertrag.

»Partei A (CEFC) stellt Partei B (Oneida) ein Darlehen von 5 000 000 Dollar, um die Kapitalbeteiligung von Partei B zu decken, gemäß einer beiderseitigen Darlehensvereinbarung.«

»Haupttätigkeitsfeld des Gemeinschaftsunternehmens wird die Beratertätigkeit für Partei A und deren diverse Töchterunternehmen in Bezug auf globale Infrastruktur, Energie und andere strategische Sektoren sein.«

Hunter wird Exekutiv-Vizevorsitzender des SinoHawk-Vorstandes und Bobulinski CEO (Geschäftsführer). Die anderen beiden Vorstandsposten, der des Vorsitzenden und der des Finanzvorstands (CFO), gehen an die Chinesen.

Ein begleitendes Dokument preist die prestigeträchtigen Verbindungen des Biden-Teams in Länder wie Kolumbien, Luxemburg, Oman und Rumänien. Außerdem hätten sie Kontakte in Argentinien, Belgien, Frankreich, Mexiko und die Vereinigten Arabischen Emirate.

Der Beitrag von Hunter und seinem Team ist »eine starke und leicht definierbare Beziehung zwischen unseren US-Schlüsselfiguren und Verbindungen in die Zielländer zu folgenden Figuren: a) führenden Politikern; b) Adel oder Königshaus, falls vorhanden; c) führende Handels- und Wirtschaftsvertretern und/ oder Oligarchen.« »Diese Verbindungen erlaubten »schnellen Marktzugang« und Investitionsangebote.

Ein weiteres Dokument mit dem Titel »Inländische Schlüsselkontakte für Zielkontakte – Phase Eins« listet Führungsfiguren der Demokratischen Partei der USA wie den ehemaligen New Yorker Gouverneur Andrew Cuomo und die Senatoren Chuck Schumer und Kirsten Gillibrand. Die kalifornischen Senatorinnen Dianne Feinstein und die jetzige Vizepräsidentin Kamala Harris werden aufgeführt, wie auch der jetzige kalifornische Gouverneur Gavin Newsom, der damals Bürgermeister von San Francisco war und der als »Hunters Freund« beschrieben wird.

Zusätzlich werden »ausländische Freunde« aufgeführt, die bei dem chinesischen Expansionsprojekt »Neue Seidenstraße« behilflich sein könnten, darunter der damalige kolumbianische Präsident Juan Manuel Santos, der damalige argentinische Präsident Maurico Macri, der ehemalige irische Premier Enda Kenny und der reichste Mann Indiens, Mukesh Ambani.

Der mexikanische Milliardär Carlos Slim wird als »sehr freundlich« bezeichnet.

Trotz der Szene, die Hunter im Restaurant mit Direktor Zang machte, unterzeichnen beide Männer den SinoHawk-Vertrag, wie Bobulinski am Nachmittag in einer E-Mail an das CEFC-Hauptquartier in Shanghai erklärte.

Hunter feiert den Vertragsabschluss am Abend in einem Stripclub. Seine Platinkarte von American Express zeigt eine Rechnung von 3530 Dollar vom Vivid Cabaret, einen Block vom Refinery Hotel entfernt.

Hallie wartet daheim auf ihn. »Wo steckst du?«, schreibt sie ihm. »Im Zug? Ruf mich bitte an. Aber nicht brüllen.«

Hunter schreibt zurück: »Mach dich nicht lächerlich. Nix mehr von wegen ›Hallie darf so selbstsüchtig und verzogen sein‹, wie sie will, während alle sich nach ihr richten müssen.‹ Krieg dich ein, verdammt. Ich versuche hier mein Berufsleben zu retten und sollte so lange hierbleiben, wie die Chinesen da sind. Stattdessen mach ich mir Vorwürfe, weil ich den 7. Zug verpasst habe.«

Hallie: »Bist du im Zug? Wahrscheinlich nicht. Bleib einfach so lange, wie du musst und fahr dann nach Washington, um deine Kinder zu sehen. Ich will nicht, dass du hierherkommst und mir ein schlechtes Gewissen machst. Ich liebe dich, aber ich will dich nicht davon abhalten, zu tun, was du willst.«

Hunter: »Gute Idee, Hallie. Ich mache einfach, was ich will. Bitte Schatz, ich weiß, du bist krank, aber das ist nicht meine Schuld, genauso wenig, dass ich arbeiten muss.«

Hunter steht von allen Seiten unter Druck. Gegen seinen Partner Devon Archer laufen Bundesermittlungen wegen Betrugs an einem der ärmsten Indianerstämme der USA, den Oglala Sioux, in Höhe von 60 Millionen Dollar.

Der Bundesstaatsanwalt hat die Beschlagnahmung von Devon Archers Rosemont Seneca E-Mails beantragt, die Hunter unweigerlich tangieren werden.

»Devon und die Bundesregierung streiten wegen der E-Mails, vor allem in Bezug auf vertrauliche Anwaltskommunikation«, schreibt ihm Hunters Anwalt George Mesires am 17. Mai 2017.

»Wie besprochen, hat Devon deinen Namen als einen der Suchbegriffe für anwaltliche Vertraulichkeit angegeben. Devon behauptet, weil du ein Jurist bist, könnte seine Kommunikation mit dir vom Anwaltsgeheimnis geschützt sein.«

Archer tut alles, um seinen Freund zu schützen.

Als hätte Hunter nicht schon genug Ärger, nervt ihn auch noch seine Ex-Frau Kathleen wegen offener Rechnungen.

»Du bist ja zum TOTLACHEN«, schreibt ihm Kathleen am 21. Mai, einen Monat nach ihrer Scheidung. »Unser Kreditrahmen ist deinetwegen eine Katastrophe. Ich versuche hier, die Rechnungen geregelt zu bekommen – was nicht einfach ist, weil du mir nicht hilfst. Viele dieser Konten laufen auf deinem Namen, ich habe da keinen Zugriff. Du hast nicht nur deine Kreditwürdigkeit ruiniert, sondern auch meine. DU.«

»Hast du jemals vor, deine Rechnungen zu bezahlen? Meine Eltern das Geld zurückzuzahlen? Den Anwalt? Den Buchhalter? … Du bist eine Lachnummer. Du redest mit deinen Mädchen die ganze Zeit über Geld – wie du pleite bist, weil du mir dein ganzes Geld geben musstest. Lächerlich. Du bist pleite, aber du und deine Freundin sucht euch ein Haus in Washington?«

»Dein Drama macht mich fertig – deine Lügen, deine Drogensucht, deine kaputte Beziehung. … Jede Nachricht, die du mir schickst, ist ein Witz. Du kannst mir nicht mehr wehtun, denn ich habe keine Gefühle mehr für dich, außer Erschöpfung und Mitleid. Du bist kränker als alle, die ich kenne. Von dem Mann, den ich vor 22 Jahren geheiratet habe, ist nichts mehr übrig.«

Aber trotz Hunters persönlicher Dramen nimmt das Gemeinschaftsunternehmen SinoHawk Fahrt auf.

Am 13. Mai 2017 schreibt Gilliar eine E-Mail an Hunter, Bobulinski und Walker mit dem Betreff »Erwartungen«, mit Details zu »Entlohnungspaketen« für die sechs Partner.

Hunter erhält 850 000 Dollar im Jahr plus »Büropauschale«.

Bobulinski erhält ebenfalls 850 000 Dollar im Jahr, Gilliar 500 000 Dollar plus 15 000 Dollar Reisekosten im Monat, und Walker 500 000 Dollar.

Jim Bidens Gehalt wird als »unbekannt« angegeben.

Gilliar wird weiterhin für SinoHawk »internationale Geschäftsentwicklung« im Oman, Frankreich, Belgien, Luxemburg, Aserbaidschan, und Kolumbien betreiben, außerdem »haben wir eine Bank in den VAE (Vereinigten Arabischen Emiraten) gefunden, die sie kaufen wollen.«

Hunter ist jedoch nicht zufrieden. 850 000 Dollar im Jahr sind bei weitem nicht genug, beklagt er sich.

Am 16. Mai antwortete er Gilliar: »Ich brauche viel mehr als 850 T im Jahr, monatlich gesehen. Das ist mein privates Problem, ich weiß, aber ich sorge dafür, dass es auch deins ist (Haha). 2 Millionen Dollar bedeuten für mich 1 Million Dollar (vor Steuern), weil Kathleen die Hälfte bekommt. 850 T bedeuten 100 T für mich, weil sie mindestens 750 T bekommt. Dazu kommen die Schulden, die ich aufgenommen habe, und keinen Cent für die Mädchen (zweimal US-Eliteuniversitäten und die teuerste private Highschool in Washington).«

Bobulinski antwortet: »H – wir müssen ein ganzes Team bezahlen, die 100 Wochenstunden arbeiten, um so viel Gewinn zu machen, dass wir mehrere 10 Millionen Dollar an die Anteilseigner ausschütten.«

Tags darauf antwortet Hunter Bobulinski schnippisch: »TONY, das ist, was Zang von uns will – sie wollen MEIN Partner sein, mit den Bidens. Er sagte mir, ›Nummer eins‹ hätte das klargemacht.«

Die Empfänger dieser Botschaft wussten, dass »Nummer eins« Präsident Xi war. Es war Hunters Codename für den chinesischen Präsidenten.

Mit anderen Worten ist Hunter davon überzeugt, dass Präsident Xi persönlich die CEFC-Partnerschaft mit der Familie Biden vorantreibt.

Mit dieser explosiven Behauptung versucht Hunter noch mehr Geld herauszuschlagen.

»Komm schon, Mann«, textet Hunter an Bobulinski. »Wir wollen beide dasselbe. Nur hält einer von uns zufällig die Trumpfkarte, und das bin ich. Das ist vielleicht nicht fair, aber das ist die Realität. Ich bin nämlich der Einzige, der den Ruf seiner ganzen Familie aufs Spiel setzt. Wenn du damit kein Problem hast, dass ich die Schlüssel einem Menschen aushändige, den ich seit weniger als 12 Stunden kenne, beunruhigt mich das. Deshalb bitte ich dich, tu uns allen einen Gefallen und finde einen anderen Weg, deine Bedenken zu zerstreuen.«

Bobulinski schreibt privat an Gilliar und drückt seinen Frust über Hunters Forderungen aus:»Wir müssen irgendwie mit Hunter umgehen. Jede Diskussion mit ihm gibt mir das Gefühl, dass er das alles als seine persönliche Portokasse begreift. ...«

»Ich will keinen Anruf von Hunter bekommen, in dem er monatliche, wöchentliche, tägliche Auszahlungen verlangt, weil er sein Leben nicht im Griff hat. Das ist sein Problem. Ich will keinen Buchhaltungsalbtraum. Und das Gemeinschaftsunternehmen schüttet jährlich aus, Punkt.«

Gilliar antwortet:»Tony, ich bin ja nicht doof. Ich weiß, warum Ye diesen Deal will und was ihn so groß macht. Es geht um den Familiennamen. Sie hätten auch 51 Prozent verlangen können. Du wärst vielleicht nicht interessiert gewesen, aber viele US-Mogule schon.«

Bobulinksi:»Mann, ich verstehe das. Aber wir brauchen eine gute Erklärung. ... Du musst H fragen, ob er derjenige sein will, der den Wahlkampf seines Vaters zum Scheitern bringt. Wir müssen das richtig machen und sehr genau aufpassen.«

»Mann, du hast recht – wir müssen die Firma gründen, H die hohen Risiken klarmachen und Joe mit an Bord holen«, so Gilliar.

Bobulinksi schreibt Gilliar später:»Ich habe mit H gesprochen, die Anwälte gucken sich neutrale Treuhandfonds oder andere Maßnahmen für ihn an.«

Als CEO von SinoHawk und Prokurist von Oneida hatte Bobulinksi eine gesetzliche Treuepflicht, für eine korrekte Firmengeschäftsführung zu sorgen.

Da hat er noch keine Ahnung, dass Hunter cracksüchtig ist. Aber nach dessen Anfall vor Direktor Zang in New York beschließt Bobulinski, dafür zu sorgen, dass er drei von sieben Vorstandsstimmen bekommt, und Hunter, Onkel Jim, Walker und Gilliar je eine. Damit stellte Bobulinski sicher, dass der »Biden-Block« – Hunter, Jim und Familienfreund Walker – nicht das alleinige Sagen hatte.

Hunter hasst den Vorschlag.

Am 19. Mai berichtet er Bobulinski in einem WhatsApp-Gruppenchat, dass »Mein Vorsitzender«, Joe Biden, die Firmenstruktur abgelehnt hat.

»Hey TONY, ich habe eine Idee«, schreibt Hunter »In Anbetracht der Tatsache, dass wir uns in einer Art Sackgasse befinden und sowohl James' (Gilliars) Anwälte als auch mein Vorsitzender (Joe) mit Nachdruck NEIN gesagt haben. «

(Tatsächlich hat Gilliars Anwalt nur gesagt, die vorgeschlagene ungleiche Firmenstruktur sei »schwer zu kommentieren«, wie eine Mail auf dem Laptop zeigt.)

Hunter weiter: »Wir sollten uns alle nächste Woche Dienstag in Rumänien treffen. Zang wird dort sein, mit dem vollständigen Vertrag. Wir wollen alle, dass du bei dieser Partnerschaft mit an Bord bist. … Die Tatsache, dass du überhaupt mit unserer vorsichtigen Schizophrenie klarkommst – einen Moment treten wir gegen Goldman Sachs an und den nächsten diskutieren wir stundenlang, warum ich nicht zu einem Abendessen eingeladen wurde – das muss einen zum Wahnsinn treiben. Ganz offenbar siehst du das nicht nur als deinen Weg zu Reichtum, sondern zu einem generationsübergreifenden Vermögen. Sonst würdest du dir wahrscheinlich nicht solche Kopfschmerzen antun.«

Bobulinski antwortet: »H – bei allem Respekt, ich glaube du übertreibst, was James' Anwalt angeht. Es ist enttäuschend, dass du das machen würdest. Ich weiß nicht genau, welchen Vorsitzenden du meinst, aber sie verstehen offenbar nicht, was in der Vereinbarung steht. Weiß nicht genau, warum du dich damit beschäftigst, aber vielleicht hast du dich nicht mit allen möglichen Szenarien des Vorstandes auseinandergesetzt. James nimmt sich gerne aus dem Stimmrecht aus, um Befürchtungen vorzubeugen, er würde mit mir stimmen. Falls es eine Situation gibt, wo du, Jim und Rob auf der einen Seite und ich auf der anderen Seite stehen, müsstest du schauen, wie wir das geregelt kriegen.«

Bobulinski scherzt darüber, wie man einen möglichen Konflikt lösen könne.

»Wir können ja Armdrücken machen, Bingo spielen, deinen Vorsitzenden fragen oder etwas anderes machen, das für beide Seiten fair und neutral ist.«

Hunter ist nicht amüsiert: »Tja, Tony, vielleicht ist es so spät, oder (du hast) einen zu viel getrunken, aber das finde ich nicht witzig, und das tun wohl die meisten nicht, die nicht an Asperger leiden. Ich sag's noch einmal. Ist mir egal, wie viel Geld oder seelenlose Oligarchen du als Freunde hast.«

»Geld interessiert mich nicht, Sieg ist flüchtig und ungreifbar, und ich habe kein Interesse, meine Tage auf einer Superjacht bei einem Schwanzvergleich mit den Leuten auf der Superjacht neben mir zu verbringen. Mir ist nur eine Sache wichtig: meine Familie. Deine Forderungen empfinde ich als unangemessen, und deine Beleidigungen erinnern mich an den Mannschaftkapitän in der Highschool, der über meinen Vater abgelästert hat, bevor ich ihm den verdammten Kiefer gebrochen habe.«

Der kräftige ehemalige Ringer Bobulinski ist nicht eingeschüchtert: »Weiter so H! Genau darum geht es. Ich und alle Partner wollen dich und deine Familie beschützen! Mehr als du… verstehst. Bitte, komm nach Monaco, da kriegst du drei Versuche, meinen Kiefer zu brechen, bevor ich antworte.«

Da interveniert der Biden-Familienfreund Rob Walker. »Bitte hört auf.«

Im nächsten Gruppenchat versucht Bobulinski, Hunter zu be-schwichtigen: »Wenn du dir so viele Sorgen wegen deiner Fa-milie machst, würdest du das alles nicht machen, denn wie du gesagt hast, würden alle Anwälte deines Vaters, im Grunde jeder Anwalt, dir und Jim raten, einen Riesenbogen um diese ganze Sache zu machen. Wenn du bereit bist, dieses Risiko zu tragen, bitte sehr. Ich trage gerne das Risiko an deiner Seite mit, aber es muss den Grundsätzen der Unternehmensführung folgen, was die Ausgewogenheit des Vorstandes angeht.«

In einer Nachricht an Bobulinski versucht Walker, Hunters Aggressivität zu entschuldigen: »Als er von ›seinem Vorsitzen-den‹ sprach, meinte er seinen Vater. Er war vielleicht ein biss-chen verschnupft, weil du das so abgetan hast, aber du hast wahrscheinlich einfach nicht gewusst, wen er meint. Lassen wir das einfach bis morgen, wenn das geht.«

Bobulinski antwortet: »Klar, aber wenn sein Vater die Verein-barung gelesen hätte, würde er sie sofort unterstützen. Genau das ist mein Punkt.«

Folgende Woche wird Bobulinski nach Rumänien fliegen, um Direktor Zang zu treffen, aber ohne Hunter. Stattdessen treffen sie sich danach in Monte Carlo, wo Hunter an einer Burisma-Vorstandssitzung mit dem ukrainischen Oligarchen Mykola Slotschewskyj teilnehmen soll.

Mit Xi und Putin im Bett

»Nichts daran war unethisch.«

Joe Biden über Hunters Geschäfte, Oktober 2020

Am 2. Juni 2017 fliegt Hunter für eine Sitzung des Burisma-Vorstands nach Monaco. Die korrupte ukrainische Erdgasfirma hat 2 Monate nach dem Ende der Amtszeit seines Vaters sein Monatsgehalt von 83 333 Dollar halbiert.

Eigentlich sollte Hallie mitfliegen, aber sie haben sich gerade getrennt, nachdem Hunter ihr vorgeworfen hat, ihn mit einem Freund seines Bruders zu betrügen.

»Ich fass es nicht, dass du per WhatsApp mit mir Schluss machen willst«, schreibt Hallie an Hunter, der auf dem Weg zum Flughafen Dulles und nach Europa ist.

»Ich weiß nicht, warum du David mir vorziehst, und das tut am meisten weh«, antwortet Hunter. »Zu wissen, dass ich nicht so viel Respekt bekomme oder verdiene wie mein Bruder.«

Um 7:30 Uhr holt ihn eine Burisma-Limousine samt Leibwächter an diesem sonnigen Freitagmorgen am Flughafen Nizza ab.

»Willkommen in Monaco!«, schreibt ihm der Burisma-Manager Vadym Pozharsky. »Freu mich, dass du da bist. Der Fahrer und der Leibwächter bringen dich zum Hermitage, wo du dich umziehen und dein Gepäck lassen kannst. Er wartet auf dich und bringt dich dann zu uns in den Jachtklub.«

Das Hôtel Hermitage, ein Belle-Époque-Schmuckstück mit Blick über den Hafen und das Mittelmeer, liegt 5 Minuten bergauf zu Fuß vom Jachtklub Monaco, wo Burisma ihr zweites »Forum Energiesicherheit« abhält, eine Veranstaltung zur Imagepflege mit so viel internationaler Prominenz und ehemaligen Regierungschefs, wie der schicke, weltläufige Pozharsky auftreiben kann.

Die Veranstaltung wird von Stargast Prinz Albert II. eröffnet, Familienoberhaupt der Grimaldis und Sohn des verstorbenen Prinz Rainier III. und Grace Kelly.

Hunters Gönner, der ukrainische Oligarch und Burisma-Eigentümer Mykola Slotschewskyj, wartet im Jachtklub auf ihn, seine bullige Gestalt im seidenen, burgunderfarbenen Blazer gehüllt, einem aufgeknöpften weißen Hemd, frisch rasiertem Bart und Kopf, von der Sonne der Riviera geküsst, ein riesiger saphir- und brillantbesetzter Ring an seiner linken Hand.

Er kümmert sich um Hunter, obwohl er kaum Englisch spricht, nur Russisch und Ukrainisch, und einen Knopf im Ohr tragen muss, um an dem Tag die Vorträge zu verstehen.

Hunter will Slotschewskyjs Cocktailempfang schwänzen und sich stattdessen mit Tony Bobulinski treffen, der zum Grand Prix in Monte Carlo weilt.

Hunter verabredet sich mit seinem Partner auf der Terrasse des Hermitage und scherzt, er werde aus dem Fenster klettern, um seinem Burisma-Aufpasser zu entkommen. (Hunter erklärt nicht, warum er seinen ukrainischen Leibwächtern entkommen zu müssen glaubt. Aber er beklagte sich einmal bei einem Freund, sein Vater benutze die Secret-Service-Leibwächter, um ihn zu kontrollieren, »Typen, deren Töchtern er bei der Aufnahme in die Marineakademie geholfen hat, denen er seine Unterkunft in der Residenz des VP (Putin) auf Staatskosten geliehen hat, deren Krankenversicherung er anonym bezahlt hat. Diese Typen wussten alle, wo ich war, und dass sie ein Auge auf mich haben sollten.«)

Bobulinski ist zur verabredeten Zeit auf der Terrasse, aber Hunter taucht nicht auf und geht auch nicht ans Handy. Nach einer Stunde geht Bobulinski wieder, genervt. Er vermutet, dass Hunter eingeschlafen ist.

Fotos auf dem Laptop scheinen zu belegen, dass Hunter an dem Abend doch auf Slotschewskyjs Jacht in der Bucht von Monte Carlo war.

In privaten Textnachrichten an James Gilliar drückt Bobulinski seinen Frust über Hunters unberechenbares Verhalten aus. »Er ist eine komplette Knalltüte. Ich muss sagen, ich habe langsam keine Lust mehr auf ihn und seine Familie. Die werden immer durchgeknallter.«

3 Monate später ist Bobulinski immer noch sauer wegen des verpassten Meetings. Als er deswegen etwas sagt, explodiert Hunter förmlich.

»Fick dich Tony, ich habe nicht verpennt«, schreibt Hunter über WhatsApp. »Ich war auf Nikolays Jacht (eine alternative Schreibweise für Mykola Slotschewskyj) und stritt mit ihnen wegen des Deals mit den Kasachen, es ging rund. Jesus, du ziehst immer die gleiche Nummer ab. Welche Termine habe ich je verschlafen, Tony? Ich muss sagen, du bist mir menschlich unsympathisch. Du bist ein Schläger mit einem Minderwertigkeitskomplex. Ich habe um das einzige Einkommen gekämpft, das ich zurzeit habe, nämlich das von Burisma. Es war eine sehr hitzige, angespannte und leider unausweichliche Verhandlung.«

Nach Monte Carlo versöhnten sich Hunter und Hallie wieder und mieteten eine Villa am Strand in Annapolis, Maryland, die 5 Millionen Dollar wert war. Zwischen Kreppmyrten und Hortensien am Ufer des Severn River gelegen, hat das Haus einen Pool für Hallies Kinder und einen Privatsteg für Hunters 8 Meter lange Motorjacht von Grady-White.

Hunter ist immer noch beleidigt, dass der Vorsitzende Ye ihn in New York hat sitzen lassen. Gilliar setzt ihm also einen Brief an Ye auf.

»Ich war sehr enttäuscht, Sie bei Ihrem letzten Besuch in den USA verpasst zu haben. Ich möchte Ihnen die herzlichsten Grüße meiner Familie, sowie von mir und meinen Partnern bei SinoHawk ausrichten«, so der Brief in Hunters Namen. »Wir würden uns sehr freuen, Sie bald wieder hier in New York oder in Shanghai zu treffen.«

Nach 2 Jahren intensiver Arbeit wollen die Bidens und ihre Partner endlich Geld sehen. Das ist der Zweck des Briefs. Nach dem Ende von Joes Amtszeit ist jetzt Zahltag. »Ich hoffe, dass Sie mit dem Fortschritt im Oman zufrieden sind. … Gemäß unseren Vereinbarungen würden wir diese Geschäfte gerne zum Abschluss bringen.«

Zum Schluss erwähnt der Brief das »Topverhältnis«, das Hunter zur wirtschaftlichen und politischen Führungsriege in jenen Ländern hat, »in die Sie in kommenden Monaten und Jahren expandieren wollen«.

Zur selben Zeit hecken er und sein Onkel Jim einen Paralleldeal mit CEFC aus, um Flüssiggas von Monkey Island, Louisiana, nach China zu exportieren. Hunter nennt es »einen 4-Milliarden-Dollar-Deal, um das größte verdammte LNG-Terminal der Welt zu bauen«. Laut Jim ist das der Deal, der sie endgültig reich machen wird.

Der Vorsitzende Ye und Direktor Zang haben jedoch größere Geschäfte am Laufen.

Chinas bis dato größte Investition in Russland, der 9-Milliarden-Dollar-Kauf des russischen staatlichen Ölriesen Rosneft, stellt eine geopolitische Zeitenwende dar.

Das Verhältnis zwischen Moskau und dem Westen war nach der Annexion der Krim im März 2014, der Invasion der Ukraine und dem Abschuss des malaysischen Fluges MH17 über der Ostukraine, laut niederländischen Ermittlern von pro-russischen Rebellen mit einer Flugabwehrrakete abgeschossen, auf einem Tiefpunkt angelangt.

Die Sanktionen der USA und EU gegen Russland trieben Wladimir Putin in die Arme von Xi. Im Mai 2014 unterschrieben die beiden Regierungschefs einen 400 Milliarden Dollar schweren Deal für russische Erdgaslieferungen nach China.

Jetzt, im Jahr 2017, will China einen Anteil an der staatlichen russischen Ölfirma Rosneft kaufen, und CEFC ist mittendrin.

Das ist nicht nur ein weiterer Ankauf einer klassischen Erdölfirma im Rahmen der »Neuen Seidenstraße«, sondern eine Hochzeit eines russischen Staatsriesen mit der KPCh.

Der Deal ist ein persönlicher Triumph für Xi, der die Allianz China-Russland zementieren und ein geopolitischer Dorn im Auge der USA sein wird. Die Regierung Trump wird mit allen zu Verfügung stehenden Mitteln dagegen ankämpfen.

Für Hunters Partner ist es ein Vabanquespiel.

Gilliar sagt Bobulinksi, dass der Vorsitzende Ye sich mit Wladimir Putin treffen wird, um den Deal voranzubringen, aber er wartet noch aufs grüne Licht von Präsident Xi – den er »Nummer eins« nennt.

»Soweit ich weiß, wird sich Vorsitzender Ye mit WP (Wladimir Putin) treffen, wenn er den Segen von Nummer eins (Xi) bekommt«, so Gilliar in einer WhatsApp am 17. Mai 2017. »Sonst macht er das nicht. Er reist nicht viel. Wenn ihr wach seid, weiß ich mehr.«

Am 14. Juni fliegt der Vorsitzende Ye tatsächlich nach Moskau und trifft sich mit dem Vorstandsvorsitzenden von Rosneft, dem Oligarchen Igor Setschin. Wenn Putin der Imperator aus *Star Wars* ist, ist Setschin sein *Darth Vader*.

Am 4. Juli 2017 trifft sich Präsident Xi in Moskau mit Putin, wo sie ein Investment von 10 Milliarden Dollar in Projekte der »Neuen Seidenstraße« ankündigen. Putin besiegelt den Deal, indem er Xi die höchste Auszeichnung der russischen Regierung verleiht, den Orden des Heiligen Apostels Andreas.

Von 4. bis 7. Juli weilt Direktor Zang auch in Moskau. Nach wenigen Wochen wird *Reuters* berichten, dass die CEFC 14 Prozent von Rosneft kaufen wird.

Am 28. August ist Zang bei den Judo-Weltmeisterschaften in Budapest auf einem Foto mit Putin zu sehen. Mit roten Krawatten und einem kleinen Lächeln stehen sie Seite an Seite, Zang einen Kopf größer als der kleine Russe.

Da Putin selten Selfies mit Krethi und Plethi macht, ist es ein Zeichen für die Bedeutung von CEFC. Das Foto verschwindet bald wieder von der chinesischen Webseite, wo es am 29. August veröffentlich wurde.

Aber Hunters Verbündete haben Screenshots gespeichert – Beweise, dass die Partner von Hunter Biden, Jim Biden und des jetzigen Präsidenten Joe Biden nicht nur Geschäfte mit Xi Jinping machten, sondern auch mit Wladimir Putin.

18

Der ganze Ärger dieser Welt

»Die Bidens verstehen es am besten,
das meiste für den Vorsitzenden aus dieser
Partnerschaft herauszuholen.«
Hunter zu seinem chinesischen Partner Gongwen Dong, August 2017

Am 8. September 2017, dem Tag, als CEFC offiziell den 9 Milliarden Dollar schweren Rosneft-Deal bekanntgab, geht Hunter Biden erst mal shoppen.

Gongwen Dong von CEFC hat im Namen von Hudson West III einen Kreditrahmen von 100 000 Dollar für Hunter, Onkel Jim und Tante Sara eingerichtet, die »genehmigte Nutzer der mit dem Konto verbundenen Kreditkarten« sind.

Sie fangen sofort an, Flugtickets und Hotels zu buchen sowie technische Geräte zu kaufen. Laut Senatsbericht werden alle diese Ausgaben als »möglicherweise kriminelle Finanztransaktionen« gekennzeichnet.

Hunter schreibt eine E-Mail an einen Immobilienmakler bezüglich eines Ufergrundstücks und Hauses in Annapolis, Maryland, im Wert von 4 Millionen Dollar, unweit des gemieteten Hauses, das er mit Hallie bewohnt.

Später im Monat geht er in New York shoppen. Bei Riflessi in der »Milliardärsgasse«, der 57. Straße in Manhattan, gibt er mit seiner Platin-American-Express-Karte 14 115 Dollar für Luxusmännermode aus. Bei Caruso Männermode gibt er 7694,90 Dollar aus, und 537,34 Dollar bei Brooks Brothers.

Er braucht Abendgarderobe für ein Dinner des National Committee on American Foreign Policy NCAFP am 26. September 2017 im Metropolitan Club, das 1891 vom Gründerzeit-Krösus John Pierpont Morgan für seine reichen Freunde wie die Vanderbilts und die Whitneys im luxuriösesten Marmor-Tempel der Stadt, an der Ecke der Fifth Avenue und East 60. Straße, etabliert wurde.

In den nahe gelegenen Absteigen von Hell's Kitchen lässt Hunter 12 000 Dollar, im Hustler's Club des Pornokönigs Larry Flynt an der 12th Avenue, knapp 1,5 Kilometer vom Mandarin Oriental Hotel entfernt, wo ihm und seinem Onkel Jim der Firmenpreis von 2995 Dollar pro Nacht für eine Suite mit Blick auf den Central Park garantiert wird.

Yes Handlanger, Dong und Yan, haben ihm ein New Yorker Büro an der 40 West 57. Straße eingerichtet, im selben Gebäude wie Robert de Niros Fusion-Sushi-Restaurant Nobu 57, wo ein fettes Stück schwarzer Kabeljau mit Misoglasur in Vorspeisengröße 43 Dollar kostet.

Ganz in der Nähe liegt der Zahnchirurg Smile Design Manhattan, wo Hunter in den nächsten 2 Monaten 69 977 Dollar ausgeben wird, um nach jahrelangem Drogenmissbrauch seine verrotteten Zähne gerichtet zu bekommen.

Dunkle Sturmwolken ziehen jedoch am Horizont auf, da die neue Regierung Trump eine härtere Gangart gegenüber Bedrohungen der nationalen Sicherheit durch China verfolgt.

Plötzlich bekommt Direktor Zang Visaprobleme.

Am 11. September 2017 schreibt Onkel Jim eindringlich an Hunter: »Visum Direktor. Bitte melden.«

2 Wochen später schreibt Bobulinski an Hunters Partner Rob Walker: »Visa für Direktor Zang, Frau und Kinder abgelehnt. Können Hunter und Jim nicht erreichen. Zangs Tochter sollte hier zur Schule gehen, aber ist nicht aufgetaucht.«

Im darauffolgenden Monat schreibt Bobulinski an Hunter: »Visum des Direktors dreimal abgelehnt, ebenso das seiner Frau und Kinder.«

»Ich weiß«, schreibt Hunter. »Gemäß Anweisungen des Vorsitzenden, als ich ihn das letzte Mal gesehen habe, sind wir draußen.«

Die Privatschule Spence an der Upper East Side, wo Rouqi Zang eingeschrieben war, schreibt an Onkel Jim, um zu erfahren, was aus den Zangs geworden ist.

»Sie haben die Jahresgebühr bereits bezahlt«, so die Einschreibungsbeauftragte Susan Parker. »Während der Visa-Probleme sind sie mit uns in Kontakt geblieben. Seit einigen Wochen antworten sie jedoch nicht mehr. Der Kontakt ist abgebrochen.«

Während des Sommers lud der Vorsitzende Ye Hunter in sein Penthouse am Central Park West ein und drückte seine Sorge über die Ermittlungen der Bundesbehörden gegen ihn aus, erzählt Hunter dem *New Yorker*. Ye bietet Hunter 1 Million Dollar, um sein »Privatanwalt« zu sein.

Das Mandatsschreiben, das Yes Vertreter Dong am 10. September 2017 per E-Mail schickt, beschreibt seine Rolle als »Berater in Fragen des US-Rechts und als Berater bei der Einstellung und rechtlichen Analyse einer US-Kanzlei oder eines Anwalts«.

6 Monate später bekommt Hunter 1 Million Dollar von Hudson West III an Owasco überwiesen, aber nicht für den Vorsitzenden Ye, sondern für »Rechtsvertretung Dr. Patrick Ho Chi Ping«.

Patrick Ho, 69, ist der ehemalige Hongkonger Politiker, der Yes' PR-Stiftung leitete, das China Energy Fund Committee (CEFC) mit »Sonderbeobachterstatus« bei den Vereinten Nationen.

Am 18. November 2017, 2 Monate nach der Ankündigung des Rosneft-Deals, wird Ho am Flughafen John F. Kennedy in New York von Bundesagenten verhaftet. Ihm wird von der Bundesstaatsanwaltschaft des Distrikts New York Süd die Bestechung von afrikanischen Diktatoren vorgeworfen.

Die Bestechung war Routine bei CEFC, aber diesmal biss sich Ho die Zähne an einem nicht korrumpierbaren Politiker aus. Im Dezember 2014 flog Ho in den Tschad, mit 2 Millionen Dollar in acht Geschenkkisten, die er dem Präsidenten Idriss Déby überreichen wollte, um für CEFC Erdölrechte in dem armen afrikanischen Wüstenstaat zu sichern.

Doch Déby lehnte ab. Die Affäre sollte letztendlich zu Yes' Sturz führen, und zum Ende von Hunter und Onkel Jims größter Goldgrube. Vorher sollten die Bidens aber noch insgesamt 6 Millionen Dollar von CEFC abschöpfen.

Nach seiner Verhaftung ruft Patrick Ho vom Gefängnis in Manhattan als Allererstes Jim Biden an.

Im nächsten Jahr erzählt Jim Biden der New York Times, der Anruf habe ihn überrascht. Er dachte, er wäre eher für Hunter gewesen. Deshalb gab er Ho die Kontaktinfo von Hunter Biden.

»Ich habe sonst nichts dazu zu sagen«, soll Jim gesagt haben. »Ich will da nicht weiter hineingezogen werden.«

Die New York Times erwähnt die Tatsache nicht, dass Jim Biden sich zuvor mit Ho getroffen hat, wie er Hunters Anwalt George Mesires gegenüber sagte.

Nach Hos Verhaftung schreibt ihm Hunters Assistent bei CEFC, Jia Qi Bao (29), schockiert über die globale Reichweite der Staatsanwaltschaft des Distrikts New York Süd. »In Bezug auf Dr. Ho … verstehe ich nicht, warum die US-Behörden zuständig sind, für Ereignisse, die nicht in den USA stattgefunden haben und keine US-Firma betreffen. Wenn jemand klagen sollte, ist es doch Hongkong oder das afrikanische Land. Was hat das mit den USA zu tun?«

Die Antwort ist, dass die Regierung Trump Präsident Xis »Neue Seidenstraße« als »Wirtschaftskrieg«, der die amerikanische nationale Sicherheit bedroht, eingestuft hat.

Trumps erster Generalstaatsanwalt, Jeff Sessions, hat das Justizministerium angewiesen, die Untersuchungen und Anklagen chinesischer Firmen aufgrund Handels- und Wirtschaftsspionage zu verfolgen sowie Verstöße gegen das Gesetz zu ausländischer Korruption und das Gesetz über ausländische Agententätigkeit, ein Gesetz, das 1938 gegen den Einfluss der Nazis erlassen wurde.

Für CEFC kommt es noch dicker. 6 Tage nach Hos Verhaftung fällt Yes 100-Millionen-Dollar-Kaufangebot für einen Anteil der New Yorker Börsenmakler Cowen Inc. durch, nachdem der Ausschuss für ausländische Anlagen CFIUS hellhörig geworden ist.

Das ist alles nicht gut für den Vorsitzenden Ye und das Familiengeschäft der Bidens.

Ho wird keine Kaution genehmigt – ungewöhnlich für einen Bestechungsfall. Trotz seiner Anwaltsgebühr von 1 Million Dollar scheint Hunter in der Angelegenheit nicht wirklich juristisch tätig geworden zu sein.

An dem Tag von Hos Verhaftung engagiert er den Anwalt, der Ho vertreten wird, Edward Kim, von der Kanzlei Kim & Lewin in der Fifth Avenue.

Außerdem kontaktierte er laut einer E-Mail von Edward Kim das FBI in der Causa Patrick Ho: »Wenn Sie die Namen der

FBI-Agenten hätten, mit denen Sie gesprochen haben, wäre das sehr hilfreich.«

3 Tage später schickt Kim Kostenvoranschläge an Dong von CEFC, basierend auf vergleichbaren Fällen im Distrikt New York Süd. Als Beispiel nennt Kim den Fall Raj Rajaratnam, dem größten Hedgefonds-Insiderhandel in der Geschichte der USA. Hedgefonds-Manager Rajaratnam zahlte seinen Anwälten 70 Millionen Dollar und verbrachte trotzdem 11 Jahre im Gefängnis.

Während sich im Spätsommer 2017 die Schlinge um den Hals des Vorsitzenden Ye zuzieht, gerät Hunters Cracksucht außer Kontrolle.

Kurz vor Hos Verhaftung im November 2017 zahlt er 14 100 Dollar für die Luxusentzugsklinik Passages Malibu, aber ist wenige Wochen später wieder rückfällig.

In der Beziehung läuft es auch nicht besser: »Ich jage das alles zum Teufel«, schreibt er am 3. November an Hallie.

Hallie: »Hör auf! Lass mich in Ruhe!«

Hunter: »Ich verlasse dich. Tut mir leid, dass ich dein Leben zerstört habe, Hallie, aber du gewinnst das Spiel, dass du gespielt hast, als du gesagt hast, du liebst mich. Du hast mich endgültig gebrochen, verdammt.«

Hallie: »Du hörst auf NIEMANDEN in deinem Umfeld. Die Welt ist nicht gegen dich, lügt dich nicht an, verrät dich nicht. Deine Wut und deine Schuldzuweisungen sind das, was uns umbringt. Hör auf, dich wie ein Kind aufzuführen. Ich liebe dich, aber ich halte nicht aus, was du mir antust.«

Hunter streitet sich auch mit seinem Mädchen für alles, Eric Schwerin.

Im Dezember 2017 versucht sich Schwerin von Rosemont Seneca zu verabschieden. Hunter schreibt ihm: »Wir sind nicht nur als Geschäftspartner durch – du solltest dir überlegen, irgendwo nach Florida zu ziehen, wo ich nie hingehen werde. Naples, zum

Beispiel. Dann kannst du in der Timesharing-Wohnung deiner Eltern wohnen und dich mit ihnen darüber unterhalten, was für ein schrecklicher Mensch ich bin.«

Egal was für Probleme Hunter hat – sie sind nichts gegen die Probleme, die der Vorsitzende Ye bekommen sollte.

Ende Februar, 3 Monate nach Hos Verhaftung, wurde Ye in Shanghai aufgrund von »Wirtschaftsverbrechen« aufgegriffen und verschwand.

Einige Monate nach seinem Verschwinden fällt der Rosneft-Deal auseinander, eine Herzensangelegenheit von Präsident Xi. Die Chinesen müssen den Russen 20 Millionen Dollar Schadensersatz zahlen.

Vielleicht hatte Ye schon im Oktober 2017 eine Vorahnung, dass der Rosneft-Deal verhext war, als er zur Unterzeichnung eine ungewöhnlich nachdenkliche Nachricht auf dem WeChat-Account des Unternehmens schrieb.

Zuerst stellt er fest, wie »stolz« er auf den Deal ist, und beschwört seine Entschlossenheit, »die ›Neue Seidenstraße‹ unter allen Umständen umzusetzen.«

Doch dann schlägt er einen unheilvolleren Ton an: »Ich bin aber nicht hier, um meine Leistungen zu feiern, sondern um vor dem Versagen zu warnen. Wenn du im Mittelpunkt stehst, wird jedes Wort und jede Tat verstärkt, vor allem, wenn man unbewusst Menschen beleidigt hat. Wenn man den Gipfel erklommen hat, kann man nicht mehr weiter nach oben. Auf allen Seiten geht es nur noch steil abwärts. Ein einziger Fehler führt zu ewigem Hass. Wenn die Winterstürme den Gipfel erfassen, wirst du bald erfrieren und ein Symbol des Scheiterns werden.«

Man hört nie wieder von ihm.

Seine Frau, Kinder und Mutter sind in New York sicher. Aber Ye erleidet das Schicksal von so vielen, die bei Präsident Xi in Ungnade fallen.

• • • •

Ein paar Wochen nach Yes Verschwinden schreibt sein Assistent Mervyn Yan an Hunter, um ihm mitzuteilen, dass die neuen chinesischen Bosse CEFC übernommen haben. »Das Hauptquartier hat angerufen und ein Meeting einberufen, um über das Gemeinschaftsunternehmen zu reden. Alle anderen Gemeinschaftsunternehmen sind eingestellt worden und das Geld wieder ans Hauptquartier geflossen.«

»Wenn wir die Firma behalten wollen, müssen wir zeigen, dass sie funktioniert. Wir brauchen wöchentliche oder zweimal wöchentliche Zusammenfassungen von Meetings, was für Projekte diskutiert wurden etc. Sonst werden sie guten Grund haben, dieses Unternehmen dichtzumachen.«

Hunters hingebungsvolle Assistentin Jia Qi Bao, die ihm von der CEFC gestellt wurde, schreibt ihm am 31. März eine lange E-Mail, um ihn zu ermuntern, den maximalen Nutzen für sich aus der Situation zu schlagen.

»Ich zögere ein bisschen, dir das zu sagen, ich will ja nicht, dass du mich böses Mädchen missverstehst, aber wenn du meine Meinung wissen willst: Nimm so viel Geld wie möglich von Hudson West. … Egal ob es als ›zinsloses Darlehen‹ oder als ›Projektfinanzierung‹ deklariert wird …«

»Es ist egal, wie das Geld deklariert wird, Yes' Situation hat sich geändert. … Nimm so viel Geld, wie du kannst …, bevor die chinesischen Behörden einen Riegel vorschieben.«

Außerdem fragt sie ihn, wie sie sein »Hundekettchen« zurückgeben soll. … Sei kein Fremder. Ich schulde dir noch ein selbst gekochtes chinesisches Dinner.«

Hunter muss man jedoch nicht extra sagen, so viel Geld wie möglich abzuzweigen und sich aus dem Staub zu machen. Er und Onkel Jim sind schon eifrig dabei, sich die Taschen vollzustopfen, bevor CEFC untergeht.

Yan hinterfragt jetzt jedoch Hunters Unkosten.

»Vieles hat augenscheinlich nichts mit dem Geschäft zu tun. Kevin wird diese Unkosten nicht absegnen«, schreibt Yan in einer E-Mail am 14. März 2018. «Kann die Buchhaltung sich das morgen angucken? Wir brauchen die Quittungen.«

Hunter ist nicht gerade glücklich: »Wenn ein CEFC-Buchhalter meine Unkosten durchgeht, werde ich dich, Kevin, und den Buchhalter verklagen, wenn du ihnen meine Kostenaufstellung schickst ...«

»Ich bin Geschäftsführer von CEFC. Ich habe alleinige Kompetenz, wer eingestellt und entlassen wird. ...«

»Wenn du die Unkosten nicht absegnest, Kevin, werde ich dich vom Vorstand entfernen lassen. ... Ich werde beim Handelsgericht von Delaware klagen, wo ich das Privileg habe, jeden Richter zu kennen und mit jedem gearbeitet zu haben. ...«

»Wenn meine eingereichten Unkosten nicht heute auf das Owasco-Konto überwiesen werden, werde ich das gesamte Vermögen von Hudson West per einstweiliger Verfügung einfrieren lassen.«

Dong antwortet kühl: »Dir sind für Juli bis September 220 000 Dollar Unkosten erstattet worden. ... Egal, was für eine Vereinbarung du mit deinem Freund (dem Vorsitzenden) Ye ausgemacht hast ... ich muss diese Vereinbarung auf professionelle Weise ausführen. ...«

»Ich bitte um Nachbesserung der Unkostenabrechnung. Ich hoffe, du verstehst das. ... Du kannst uns nicht für ungerechtfertigte Ausgaben verklagen.«

Für Dong sind das schon sehr schroffe Töne. Es ist jedenfalls ein krasser Unterschied zu den unterwürfigen Tönen, die die Chinesen Hunter gegenüber aufboten, als sein Vater Vizepräsident war und Hunter von seiner persönlichen Beziehung zum Vorsitzenden Ye profitierte.

• • • •

Hunter hatte sowieso einige Monate nach der Unterzeichnung des SinoHawk-Gemeinschaftsunternehmens mit Direktor Zang im Mai 2017 Bobulinski ohne sein Wissen hintergangen.

Im August 2017 richteten er und sein Onkel Jim parallel ein weiteres Gemeinschaftsunternehmen mit CEFC ein, ein Deal, der »so viel interessanter für meine Familie« als SinoHawk war, wie Hunter den Chinesen schrieb.

Am 2. August 2017 schreibt er Yes' Vertreter Dong und Yan, dass das ursprüngliche Angebot des Vorsitzenden aus Miami war, seiner Familie «nur für Kontaktvermittlung« 30 Millionen Dollar zu bezahlen, aber dass das Angebot inzwischen noch attraktiver geworden sei.

»So wie ich das verstanden habe, war die ursprüngliche Vereinbarung mit dem Direktor über Beraterhonorare nur für Kontaktvermittlung über 10 Millionen Dollar jährlich, garantiert für 3 Jahre, also insgesamt 30 Millionen Dollar«, schreibt Hunter.

»Der Vorsitzende hat nach unserem letzten Treffen in Miami EIN NOCH VIEL LANGFRISTIGERES UND LUKRATIVES ANGEBOT gemacht, um eine Holding einzurichten, die zu 50 Prozent MIR und zu 50 Prozent ihm gehört. ...«

»Der Vorschlag des Vorstandsvorsitzenden war für mich und meine Familie deshalb so viel interessanter, weil wir Teilhaber an den Gewinnen und Anteilen des Gemeinschaftsunternehmens wären.«

Dong scheint über die neue Vereinbarung verwirrt zu sein. Am nächsten Tag schickt ihm Hunter eine genervte E-Mail: »Ich habe die Schnauze voll, Kevin. Ich kann bei jeder Kanzlei in den USA 5 Millionen Dollar im Jahr verdienen.«

»Wenn du denkst, hier geht es nur um Geld, liegst du falsch. Die Bidens verstehen es sehr wohl, das meiste für den Vorsitzenden aus dieser Partnerschaft herauszuholen. Bitte lassen Sie uns nicht über Peanuts streiten.«

2 Tage später beginnt das Geld auf Hunters Konto zu fließen. SinoHawk geht leer aus.

Die CEFC-Tochter CEFC Infrastructure Investment überweist am 4. August 2017 nach den Unterlagen der Grassley-Johnson-Senatsuntersuchung 100 000 Dollar an Hunters Kanzlei Owasco.

»Diese Transaktion löste eine Warnung wegen »potenzieller krimineller Aktivitäten« aus, so die Untersuchung des Senats unter Berufung auf Berichte, die die Banken beim Finanzministerium melden müssen.

Am 8. August überweist CEFC 5 Millionen Dollar an Hudson West III, ein Unternehmen, das die Chinesen im April in Delaware angemeldet haben, und welches Hunter und Jim für ihren heimlichen Deal benutzen, um die US-Partner auszubooten.

Tony Bobulinski wartet auf diese 5 Millionen Dollar, das Darlehen, dass Hunter und Direktor Zang im Mai abgesegnet haben, um die Beteiligung von 50 Prozent von Oneida an SinoHawk zu bezahlen.

Über ein Jahr lang überweist Hudson West III monatlich »Beraterhonorare« an Hunters Firma Owasco, insgesamt 4 790 375,25 Dollar. Hudson West III schickt außerdem über 76 000 Dollar an Onkel Jims Firma Lion Hall Group, Verwendungszweck »Erstattung Bürounkosten«.

Dieses viele Geld löst bei Hunters Bank einen Alarm aus. Am 13. Juni 2018 schickt ihm Hunters leidgeprüfter Finanzberater Edward Prewitt per E-Mail Fragen des Compliance-Teams bei der Wells Fargo Bank zum Thema »Zweck der eingehenden Überweisungen von Hudson West« an Owasco.

Hunter schreibt zurück, er sei »Vorsitzender und Partner« von Hudson West III. Die Überweisungen seien »mein monatliches Beraterhonorar und das von James Biden«.

Die Bank bemerkt zudem, dass Hunters Owasco-Konten »vorwiegend zur Finanzierung persönlicher Ausgaben« zu sein scheinen und hinterfragt den Geschäftszweck von Onkel Jim und Tante Saras Firma Lion Hall Group, da »der Eigentümer ein Verwandter und die Firmenadresse eine private Wohnadresse zu sein scheint. Woraus genau besteht die Geschäftstätigkeit?«

Hunter antwortet: »Lion Hall wird aus den Büroräumen an dieser Adresse betrieben und hat nur einen Angestellten: meinen Onkel James Biden, mit dem ich seit über 10 Jahren Geschäfte mache.«

Im folgenden Jahr überweist Owasco in zwanzig Tranchen 1,4 Millionen Dollar an seinen Onkel, zwischen dem 14. August 2017 und dem 3. August 2018.

Laut Senatsuntersuchung wurden diese Überweisungen als »potenziell kriminelle Aktivität« identifiziert: »Als die Bank Sara Biden in Bezug auf diese Transaktionen kontaktierte, sagte sie aus, … dass die Lion-Hall-Gruppe Owasco bei einem internationalen Kunden behilflich war. Der Vertrag ist seitdem gekündigt worden. … Sara Biden sagte der Bank, dass sie nicht vorhätte, weitergehende Unterlagen zur Verfügung zu stellen oder die Transaktionen weiter zu erklären. Daher veranlasste die Bank die Kontoschließung.«

• • • •

Seit über einem Jahr beschlich Tony Bobulinski der Verdacht, dass Hunter und Jim ihn mit den Chinesen ausbooten wollten.

Das Geld, das CEFC für SinoHawk versprochen hatte, war nie aufgetaucht. Wenn er nachfragte, vertrösteten ihn die Chinesen. Direktor Zang schob die Verzögerung bei der Überweisung auf »die Abteilung Risikomanagement bei CEFC«, so Bobulinski am 26. Juli 2017 in einer WhatsApp an James Gilliar.

»Der Vorsitzende Ye und Direktor Zang sagen, sie unterstützen aufgrund ihres Vertrauens in die Familie Biden immer noch die Struktur des Gemeinschaftsunternehmens.«

Aber Bobulinski wunderte sich über die Finanzierung: »5 Millionen Dollar gehen als Darlehen an die Familie Biden. … Wie werden diese 5 Millionen Dollar eingesetzt (oder die ganzen 10 Millionen Dollar)? Es ist ein zinsloses Darlehen an die Familie Biden über 5 Millionen. Was passiert, wenn die 5 Millionen aufgebraucht sind? Wird CEFC noch mehr Geld an die Familie Biden nachschießen?«

Hunter war seit Monaten abgetaucht. Kurz nach der Ankündigung des CEFC-Rosneft-Deals im Oktober 2017, erhielt Bobulinski aus dem Nichts eine WhatsApp von ihm.

»Wie sieht's mit den Deals aus, die du verhandelt hast? Das dauert ganz schön lange. Oman? Luxemburg? Russland? Ich habe mich aus dem Russlandchaos herausgehalten und bin davon ausgegangen, dass du weitermachst.«

Bobulinksi schreibt zurück: »Wann hast du zuletzt den Vorsitzenden gesehen? Zang hat mit diesem Rosneft-Deal echt einen Scherbenhaufen angerichtet. Bilder von ihm mit Putin überall.«

Hunter: »Das ist sogar gut für uns. Die Chinesen retten den unzuverlässigen Putin, Zang führt ihn mit diesen Fotos und den Fotos mit Präsident Xi vor. Sie sagen damit den Russen, ihr seid jetzt einfach noch ein Geschäftspartner – hier, das kannst du dir jetzt an die Wand deines Büros hängen.«

Bobulinksi: »Du hast also 1000-prozentig nicht mit dem Vorsitzenden Ye oder Direktor Zang Kontakt aufgenommen, um parallel dazwischenzufunken?«

Hunter: »Nein. Ich habe regelmäßig mit dem Vorsitzenden Kontakt gehabt. Ich war sein erster Gast in seiner neuen Wohnung. Er hat mir persönlich Mittagessen gekocht, wir haben in seiner Küche gegessen. Ich helfe ihm bei einigen seiner Personalgeschichten (Mitarbeitervisa und etliche sensiblere Dinge). ... Wir haben den Rosneft-Deal besprochen, er ist sauer, aber nur wegen der Ausnahmen, die Zang wohl ausgehandelt hat. Wie auch immer, er und ich sind uns einig. ... Wir haben einen wöchentlichen Telefontermin, denn ich bin sein persönlicher Rechtsberater in den USA (wir haben ein Mandat unterschrieben).«

Bobulinksi: »Die 10 Millionen Dollar hat er jedenfalls nicht bezahlt. ... Wann habt ihr eine US-Anwaltsvollmacht unterschrieben?«

Hunter: »Vollmacht??? Wieso? Ich bin sein Anwalt in den USA. Habe nie mit ihm über deine Deals gesprochen. Wie ich sagte, habe ich Zang seit Monaten nicht gesprochen. Ich rede nur persönlich mit dem Vorsitzenden. Ich dachte, du hast das Interesse verloren, du hast dich so lange nicht gemeldet.«

Bobulinksi: »Ich weiß nicht genau, was du mit ›meinen Deals‹ meinst, ich dachte, das wären unsere Deals. Ich habe keine Lust auf Spielchen, HB. ... Sie sollten 10 Millionen Dollar auf Sino-Hawk-Konten einzahlen, das weißt du! Das *Wall Street Journal* ist hinter den SinoHawk-Dokumenten her, um dich und deinen Vater mit dem Rosneft-Deal in Verbindung zu bringen.«

Am 4. Dezember 2018 zahlt CEFC Bobulinski 50 000 Dollar Vergütung.

Als im September 2020 der Grassley-Johnson-Bericht »Hunter Biden, Burisma und Korruption« veröffentlicht wird, wird

Bobulinskis Verdacht bestätigt. Der Bericht dokumentiert zwei Überweisungen von CEFC in Höhe von 6 Millionen Dollar an Rob Walker, den Freund der Familie Biden.

Bobulinski versteht sofort, dass dies das Geld war, das CEFC an SinoHawk zahlen sollte.

Er ist stinksauer und lässt Jim Biden es wissen. »Die Tatsache, dass du und HB (Hunter) Rob, James und mich angelogen habt, während ihr 5 Millionen Dollar von CEFC kassiert habt, ist sehr ärgerlich«, schreibt er an Onkel Jim. »Ach, und Glückwunsch zu Joes Nominierung.«

Kapitel
19

Der Spionagechef Chinas

»Der reichste Mann der Welt,
mein Partner, wird vermisst.«

Hunter an einen Freund, Sprachnotiz, 11. Mai 2018

Am 4. Dezember 2018 schreibt der *New-York-Times*-Reporter David Barboza an Hunters Anwalt George Mesires und bittet um einen Kommentar zu einem Artikel über Patrick Hos Bestechungsprozess, der in New York im Gange war.

Seit Monaten arbeiteten vier Reporter an einem Investigativbericht über Patrick Hos Chef, dem Vorsitzenden Ye, und seine Beziehungen zu Washington-Insidern wie Joe und Hunter Biden.

Dieses seltene Medieninteresse an ihren Privatgeschäften machte die Bidens seit Juli, als sie zum ersten Mal davon erfuhren, sichtlich nervös. Hunter hatte den ganzen Sommer lang

Vertraute bezichtigt, Spitzel für die *Times* zu sein, sogar den treuen Rob Walker. »Die Informationen, die dieser Reporter hat, müssen von dir oder James Gilliar stammen«, textet Hunter. »Ich hoffe, es ist nicht von dir. Das würde mir das Herz brechen.«

Als Mesires ihm am 4. Dezember 2018 zu der *Times*-Anfrage schreibt, befindet sich Hunter auf Entzug in Newburyport, Massachusetts, wo er sich einem ungewöhnlichen Therapieprogramm, bestehend aus täglichen intravenösen Infusionen des Pferdebetäubungsmittels Ketamin, unterzieht, während er nachts Crack raucht und Huren einlädt.

Mesires will ihn zu seinen Bemühungen auf dem Laufenden halten, Schadensbegrenzung bei der *Times*-Story zu praktizieren. »Laut Barboza geht es nur am Rande um Hunter, denn scheinbar hat CEFC mit vielen Leuten in Washington das Gespräch gesucht.«

Die andere gute Nachricht: »Es gibt keine ausdrückliche Erwähnung von Joe Biden in Bezug auf die Geschäfte von CEFC.«

Laut Barboza enthält der Artikel »drei Erwähnungen der Bidens: einmal zu Beginn der Story, als es heißt, dass das CEFC/ Ye … ›in Verhandlungen zu einem Businessdeal mit der Familie des Vizepräsidenten war‹«, so Mesires.

»Die zweite Erwähnung steht im Zusammenhang mit Patrick Hos Verhaftung«, so Mesires. »Die Reporter haben scheinbar aus der Berichterstattung über den Prozess erfahren, dass Hos ›erster Anruf‹ nach der Verhaftung an einen der Bidens ging, speziell zu Jim Biden. Die Story zitiert Jim Biden, der sagte, … der Anruf galt vermutlich Hunter, obwohl Jim zugibt, dass er Mr. Ho kennengelernt hat. …«

»Dritte Erwähnung: 2016 traf sich ein Assistent von Ye mit Hunter Biden in Washington, und im Mai 2017 traf sich der Vorsitzende selbst mit Hunter privat in einem Hotel in Miami, wo er einen Deal vorschlug, um in US-Energie- und Infrastruktur-Projekte zu investieren. … Soweit wir wissen, wurde der Deal nie geschlossen oder Transaktionen durchgeführt.«

Als die *Times*-Story am 12. Dezember 2018 veröffentlicht wurde, prangen die Bidens prominent in der Headline: »Chinesischer Milliardär suchte Macht und Einfluss … Ye Jianming hofierte die Familie Biden und netzwerkte mit ehemaligen US-Sicherheitsbeamten. Heute kollabiert sein Firmenimperium vor Gericht.«

Hunter ist in New York und trifft sich mit seinem Vater und dem CNN-Historiker Doug Brinkley, »ein Freund, der mir angeboten hat, die Bibliothek John F. Kennedy zu leiten«, schreibt er seinem Therapeuten.

Hunter schreibt Mesires eine Textnachricht zu dem *Times*-Artikel: »Warum stehe ich in der Schlagzeile? Arschlöcher.«

»Du machst es sexy«, antwortet Mesires. »Ich finde es ziemlich verwässert, wenn man sich die ganzen Namen ansieht, die CEFC kontaktiert hat.«

Hunter: »Es stinkt mir einfach, ohne Grund als Aufmacher missbraucht zu werden. … Ich werde wieder so hingestellt, als würde ich nur aus Eigennutz handeln, keine Moral haben, bestenfalls ein nützlicher Idiot und schlimmstenfalls eine Schande für meine Familie sein. Ich dramatisiere. … Tatsächlich hast du einen super Job gemacht, die Geschichte kleinzuhalten.«

Mesires: »Letztendlich sind die Leute abgebrüht und sagen, ›so ist die Welt nun mal.‹

Du bist ein Gewinn für den Ruf deiner Familie. Wenn du irgendwas brauchst, dann einen PR-Manager. Werde wieder bei einer gemeinnützigen Organisation im Vorstand tätig. Zeig allen, wie verdammt schlau und weitsichtig du bist, und kümmere dich nicht um die Schlagzeilen von gestern. Sie sind Huren. Ich bin ganz erstaunt, dass sie kein Foto von dir verwendet haben, um mehr Zeitungen zu verkaufen, du gut aussehender Bastard.«

Am nächsten Tag wird Patrick Ho im Daniel-Patrick-Moynihan-Gerichtsgebäude wegen Bestechung und Geldwäsche für schuldig befunden, ohne dass ein einziger Zeuge gehört wird. Die Bundesstaatsanwaltschaft hat Ho mit »besonderem Eifer« verfolgt, schreibt das *Wall Street Journal*, und richtet den Scheinwerfer auf Chinas Bestechungsversuche im Ausland, um Verträge für Präsident Xis »Neue Seidenstraße« abzuschließen.

Ho beklagt sich in einer E-Mail an einen Freund während des Prozesses, er sei »der erste Sündenbock« von Amerikas »neuer Feindseligkeit« China gegenüber.

»Der Sturm kommt erst noch, irgendwann wird eine Riesenkatastrophe daraus. Mach dich auf die dunkelste Stunde vor dem Morgengrauen gefasst.«

Hos Verteidigung während des Geschworenenprozesses beruht darauf, seine Zahlungen an Beamte im Tschad und in Uganda als gemeinnützige Spenden eines Mannes darzustellen, dessen patriotische Mission es ist, auf der Welt Goodwill für die »Neue Seidenstraße« zu wecken.

»Dr. Ho und seine Kollegen wollten nichts im Gegenzug«, so sein Anwalt zur Jury. »Sein Job war es zu netzwerken und Goodwill aufzubauen.«

Die Staatsanwaltschaft beschuldigte Ho, unfaire Geschäftsvereinbarungen für CEFC im Namen des Vorsitzenden Ye, der ausländische Beamte mit Bargeld und der Verheißung eines Anteils am zukünftigen Gewinn von CEFC für sie und ihre Familien zu ködern versuchte, aushandeln zu wollen.

»Die Korruption ist ein hinterlistiger Fluch … in allen Ländern, groß und klein, arm und reich«, so Richterin Loretta Preska bei der Verurteilung zu 3 Jahren Haft, gefolgt von der Abschiebung nach Hongkong.

Hunter hat den Großteil des Jahres auf einer ausgedehnten Drogenorgie in Los Angeles verbracht, wohin er im April nach dem Verschwinden des Vorsitzenden Ye in Shanghai und dem Kollaps von CEFC geflohen war.

In einer Sprachnachricht aus L.A. vom 11. Mai 2018 mit dem Titel »Der genialste Scheiß überhaupt« sinniert er über die bedrohliche Wende, die sein Leben genommen hat.

»Mein Vater ruft mich an, um mir zu sagen, dass die *New York Times* Fragen stellt«, so Hunter Biden zu einer befreundeten Stripperin, während *Harvest Moon* von Neil Young im Hintergrund zu Knutsch- und Rauchgeräuschen spielt.

»Ein anderer *New-York-Times*-Reporter ruft mich wegen meines Mandats für Patrick Ho an, der verdammte Spionagechef Chinas, der die Firma mitbegründet hat, die mein Partner (Vorsitzender Ye) begründet hat, der 323 Milliarden Dollar schwer ist und jetzt verschwunden ist. Der reichste Mann der Welt, mein Partner, ist verschwunden.

Seitdem ich ihn das letzte Mal in seiner Wohnung für 58 Millionen Dollar zum Bau des größten verdammten Flüssiggasterminals der Welt, im Wert von 4 Milliarden Dollar, gesprochen habe, ist er verschwunden. Jetzt ruft mich die Staatsanwaltschaft New York Süd an, der Bundesstaatsanwalt persönlich. Mein bester Geschäftsfreund Devon Archer hat mich ungefragt als Zeugen in seinem Kriminalfall benannt. …Ich spreche von einem verdammten Kriminalfall, in dem Devon mich als Zeugen benannt hat.«

Hunters Privatleben ist eine Katastrophe und wird in diesem Jahr in Los Angeles nur noch schlimmer, während seine Cracksucht außer Kontrolle gerät und Hunter nur knapp einem Konflikt mit dem Gesetz entkommt. Der dünnhäutige Hunter wird aufgrund echter oder eingebildeter Schmähungen von Wut und Ressentiments gegenüber seiner Familie zerrissen.

Er wird zu einer Gefahr für die Präsidentschaftshoffnungen seines Vaters, aber das ist ihm mittlerweile egal.

Onkel Jim, der einzige Mensch in seinem Leben, mit dem er sich nie zofft, versucht ihn zu beruhigen: »Alle lieben dich, aber wer in dieser kaputten Familie behandelt dich mit Respekt?«, so Onkel Jim in einer E-Mail.

»Du gibst und gibst, und alle fragen sich nur ›Wie geht's Hunter?‹ Was erwarten die Leute von dir, zum Teufel? Du hast dich aus dem Fenster gelehnt und versucht, unsere kaputte Familie zu retten. Das reicht jetzt. Hör auf dich zu quälen. Ich habe noch nie einen besseren Menschen als dich kennengelernt.«

Im September bekommt er eine Textnachricht von seiner Halbschwester Ashley (37).

»Ich zögere, dir zu schreiben, weil ich nicht weiß, wie du reagieren wirst, aber ich flehe dich an zu versuchen, wieder gesund zu werden. Unser Vater ist am Boden zerstört. Seine Persönlichkeit hat sich komplett gewandelt, ohne dich an seiner Seite. Er ist ständig deprimiert und traurig. Es ist schmerzhaft, ihn und unsere ganze Familie so zu sehen … wir hoffen, beten, bitten, dass du wieder zu uns kommst.«

Als Hunter schließlich Weihnachten zu seiner Familie an die Ostküste fährt, wird sie »intervenieren«, um ihn in den Entzug zu schicken.

»Ich stecke mitten in einer Intervention, Bri(anna)«, textet er an eine weibliche Bekannte, die im Hotel auf ihn wartet. »Die ganze Familie.«

Brianna: »Du wirst nüchtern? … Soll ich bleiben oder gehen?«

Hunter: »Tut mir leid, Brianna. Es sind meine Mädels, meine Schwester, meine Eltern, mein Onkel. Ich muss jetzt für 30 Tage auf Entzug.«

In seiner Biografie beschreibt er diese unschöne Szene. Als er Weihnachten nach Hause kommt, wartet seine ganze Familie mit zwei Drogentherapeuten auf ihn.

»Nie im Leben«, sagt er und will abhauen.

Joe holt seinen Sohn in der Einfahrt ein. »Er hat mich gepackt, umgedreht und in den Arm genommen. Er hielt mich im Dunkeln fest und weinte, sehr lange.«

Hunter willigt ein, sich in eine Entzugsklinik in Maryland einweisen zu lassen. Als sie ihn dort abliefern, ruft er sich einen Uber und fährt in ein Hotel am Flughafen von Baltimore.

»Ich saß im Hotelzimmer und rauchte erst mal das Crack, das ich in der Reisetasche versteckt hatte«, schreibt Hunter.

In 4 Monaten wird Joe Biden seine Präsidentschaftskandidatur für die Wahl 2020 bekanntgeben. Etwas muss wegen Hunter unternommen werden.

Kapitel

20

Der Kollaps

*»Es macht mich so traurig,
dass ich mit dieser ganzen Sache das Andenken
meines Bruders beschmutzt habe.«*

Hunter an Hallie Biden, 24. Mai 2017

2018 wohnte Hunter in einem wunderschönen Haus am Meer in Malibu, mit vier Schlafzimmern und einer Monatsmiete von 16 000 Dollar. Er verbringt seine Tage damit, Crack zu rauchen und Escortdamen zu empfangen.

Aus unbekanntem Grund fuhr er im Oktober heim nach Delaware und kaufte sich am 12. Oktober 2018 eine Waffe, einen 38er-Revolver von StarQuest Shooters & Survival in Wilmington, 10 Minuten vom Haus seines Vaters entfernt.

Auf dem Meldeformular stand die Frage: »Sind Sie drogensüchtig, oder nehmen Sie Marihuana, Beruhigungs- oder Aufputschmittel oder andere illegale Rauschmittel?« Hunter kreuzte »Nein« an.

Falsche Angaben auf dem Meldeformular des Waffenkaufs zu machen, ist eine Straftat, andere Menschen sind deshalb schon ins Gefängnis gegangen.

Hunter war ganz klar ein schwerer Drogenkonsument. In seiner Biografie gibt er zu, cracksüchtig gewesen zu sein. 8 Tage vorher wurde er in Malibu schlafend, mit einer gläsernen Crackpfeife im Mund, fotografiert.

In der Nacht, bevor er die Waffe kaufte, war Hunter bei Hallie, checkte ihr schnurloses Telefon und machte 49 Fotos der Anruferkennungen der letzten 17 Tage. Später versuchte er diese Nummern auf der Personensuche *spokeo.com* zu finden, und fand einen Mann namens Adam, der in der Nähe wohnte. Davon machte Hunter auch einen Screenshot.

Weniger als 2 Wochen später, am 23. November 2018, holte Hallie die Pistole aus dem Handschuhfach von Hunters Kombi und warf sie in einen offenen Mülleimer vor Janssen's Feinkostladen im Greenville-Einkaufszentrum von Wilmington, genau gegenüber einer Schule. Die potenziellen Gefahren waren offensichtlich.

In E-Mails an Hallies ältere Schwester Liz greift Hunter die Geschichte auf: »Sie hat meinen Revolver aus dem Safe in meinem Auto geklaut und ihn in einen vollen Mülleimer vor Janssen's geworfen. Dann sagte sie mir, das sei mein Problem. Als die Polizei, das FBI und der Secret Service involviert wurden, sagte sie, sie hatte Angst, ich würde mir etwas antun, wegen meiner Drogen- und Alkoholsucht, und unserer explosiven Beziehung. Sie hatte Angst um die Kinder.«

»Im Ernst. Der Beamte meinte, Hallie hätte Angst vor mir.«

Diese Geschichte erzählte er auch seinem Therapeuten, Keith Ablow: »Hab ich dir erzählt, was sie mit meiner 38er gemacht hat? … Ich bin ausgeflippt, als ich gesehen hab, dass sie weg war. Als Hallie sie dann wiederholen wollte, weil ich ihr Angst gemacht habe, war sie weg. Deshalb hat die Staatspolizei gegen mich ermittelt. Wahre Geschichte.«

Als die Staatspolizei von Delaware Hunter vor dem Janssen's befragte, sagte er laut Polizeibericht, den *Politico* im März 2021 veröffentlichte, er habe die Waffe für »Schießübungen« besessen.

Als die Beamten ihn fragten, ob die Waffe bei einem Verbrechen benutzt worden war, wurde Hunter »sehr nervös«, so der Polizeibericht.

Als sie ihn fragten, ob er Drogen genommen oder getrunken hatte, antwortete Hunter: »So ist das nicht. Ich glaube, sie (Hallie) hatte Angst, dass ich mir etwas antue.«

Ein Beamter fragte ihn, ob er deswegen seinen Vater angerufen habe. Hunter antwortete: »Ich habe meinen Vater noch nie wegen irgendwas angerufen.«

Um diese Zeit trafen zwei Secret-Service-Beamte bei Star-Quest Shooters ein, wo Hunter die Waffe erworben hatte.

»Die Beamten zeigten Ladenbesitzer Ron Palmeri ihre Ausweise und verlangten die Aushändigung des Meldeformulars, das Hunter Anfang des Monats beim Kauf der Waffe ausgefüllt hatte«, so *Politico*. »Palmeri verweigerte die Herausgabe des Formulars.«

In dieser Zeit genossen weder Hunter noch Joe Biden den Schutz des Secret Service, der eine Beteiligung dementiert.

Die fehlende Waffe wurde im Nationalen Verbrechensregister als gestohlen gemeldet und später angeblich von einem Mann abgegeben, der im Müll nach Verwertbarem gesucht hatte. Gegen Hunter oder Hallie wurde keine Anklage erhoben, der Vorfall wurde erst 3 Jahre später von *Politico* gemeldet. Die bizarre Episode bot jedoch einen Einblick in die Auflösungserscheinungen ihrer Beziehung.

Hunter und seine Schwägerin begannen ihre Affäre nach Beaus Krebstod am 30. Mai 2015. Hunter erzählte Freunden später, Hallie hätte ihn »verführt«. »Ich betrachtete Hallie bald als den einzigen Menschen in meinem Leben, der meinen Verlust verstand.«

In seinen Textnachrichten an Liz über seine Beziehung mit Hallie, während Beau im Sterben lag, kommt Hunters Unsicherheit in Bezug auf seinen Bruder zum Vorschein.

»Hallie hat mir vertraulich gesagt, dass sie sich im Krankenhaus an mich und nur an mich gewandt hat, als sie Hilfe bei einer wichtigen Entscheidung brauchte, weil sie wusste, Beau hätte gewollt, dass ich diese Entscheidungen für ihn treffe. Als ich das auf einer kleinen Party einer Gruppe von Leuten erzählte, um zu erklären, wie ich mich so Hals über Kopf in sie verlieben konnte, weil sie die Verbindung zwischen Beau und mir zur Kenntnis nahm, lachte sie und sagte, ›Nein, das habe ich nicht gedacht. Er hätte gewollt, dass dein Vater das macht, aber Joe war zu der Zeit so durch, ich war verwirrt und verheult, und du warst der einzige andere, der da war.‹ Das waren ihre genauen Worte.«

Hunters Schwester Ashley lehnte die Liaison von Anfang an ab. Am 11. November 2016, 2 Tage nach der Wahl Donald Trumps, schickte Ashley eine Gruppen-WhatsApp an Hallie, und auch an Joe und Jill.

»Du wirst dafür bezahlen, herumzusitzen und zuzuschauen, während mein anderer Bruder sich umbringt. … Alle reden darüber. Hunter macht in Restaurants Szenen. Alle machen sich Sorgen. DU bist das Problem. Das ist nicht Liebe. Das ist mein Bruder auf Drogen.«

Ashley schickte bald eine neue Gruppen-WhatsApp an Hallie: »Bist du verdammt noch mal verrückt geworden … so läuft das in meiner Familie nicht. Ich hoffe, du kommst bald zur Vernunft.«

Joe meldet sich zu Wort: »Lass gut sein.«

Kathleen reichte einen Monat später die Scheidung ein. Hunter stritt mit Hallie, ob sie ihre Beziehung weiterhin verstecken sollten.

»Du hast recht, ich sollte mich beruhigen, nicht so sensibel sein, wenn es dir peinlich ist, wenn du sagst ... dass es dir peinlich ist, wenn ich in der Öffentlichkeit mit dir zärtlich bin, weil du lieber hättest, dass nicht alle über uns Bescheid wissen«, schreibt er am 28. Dezember 2016 an Hallie.

2 Tage später textet er ihr: »Du respektierst mich nicht, du bist nicht stolz auf mich, und das verstehe ich. Ich verdiene nicht viel Respekt.«

Im März 2017 beschuldigt Hunter Hallie, ihn mit einem Freund, David, zu betrügen. Sie beschuldigt ihn, ein Doppelleben zu führen.

»Ich weiß, du liebst mich, und du weißt, dass ich dich wie verzweifelt liebe«, schreibt sie ihm. »Ich glaube, du willst mich UND deine Schattenwelt, wo du dich endlich frei fühlst. Ich will dich nicht daran hindern zu tun, was du willst. Du wirst nur lügen, mir Vorwürfe machen und deine geheime Welt behalten. Das ist weder für dich noch für mich gut. ... Du erfüllst mich vollständig, aber du hast andere Bedürfnisse. Das ist OK. Es ist weder falsch noch schlecht, aber ich fühle mich unwohl, wenn ich versuche, es zu akzeptieren.«

Hunters Beziehung zu Liz, der Schwester seiner Geliebten Hallie, die getrennt war, wurde ebenfalls intim. Er zahlte ihre Miete und kaufte ihr ›Unterwäsche‹: »Wir sollten zusammen per FaceTime duschen, wenn wir um 3:00 Uhr morgens wach sind – zur Entspannung – ich bringe dir bei, wie du dich selbst befriedigst«, schrieb er Liz.

Im Mai 2017 war er rasend eifersüchtig und durchsuchte Hallies Handy: »Mein Gott, das tut so weh, dass du ihn angerufen und ihm geschrieben hast ...«

»Es tut mir so leid, dass ich das Andenken meines Bruders mit dieser ganzen Sache beschmutzt habe.«

In einem gemieteten Haus auf einem Ufergrundstück in Annapolis, Maryland, versuchen sie einen Neustart. Aber die Drogensucht verfolgt sie.

Eine SMS von Ashley an Liz nach einem Besuch am 24. Februar 2018 bietet Einblick in ihr kaputtes Leben.

»Das gerät alles außer Kontrolle. … Ich habe mich gerade mit Polizeichefs getroffen. Die Dealer in der Gegend sind bekannt. Für die Witwe eines Bundesstaatsanwalts sieht das nicht so toll aus. Irgendwann ist genug. … Ich war bei ihnen im Strandhaus, und das war eine ungesunde Sache. Sie haben ihren ganzen Drogenmist rumliegen lassen. …«

»Sie ist die Witwe eines Bundesstaatsanwalts, er ist der Sohn eines Vizepräsidenten. Wenn du meinst, dass nicht alle schon wissen, dass sie auf Crack sind, bist du naiv. Wenn man mit Drogendealern Umgang hat, ist die Wahrscheinlichkeit sehr groß, dass deine Nummernschilder mal geprüft werden. Mein Vater wird vielleicht für die Präsidentschaft kandidieren, wie soll das geheim bleiben?!?! Das wird alles rauskommen. … Die ganze Stadt weiß Bescheid, viele andere auch. Sie sind nicht sehr diskret. Und die Menschen sind gemein. …«

»Und sie sind totale Messys! Sie haben ihren ganzen Drogenbedarf herumliegen lassen, damit meine Eltern es sehen. So schlimm ist das.«

Im Oktober 2017 zahlte Hunter 14 500 Dollar, damit Hallie sich in die Passages-Entzugsklinik in Malibu einchecken kann. Doch sie streiten sich weiter.

»Ist es hilfreich, wenn du sagst, ich muss Geld verdienen und mich nützlich fühlen, damit ich selbstbewusst sein kann?«, schreibt Hunter an Hallie. »1,6 Millionen Dollar waren nicht genug für Kathleen, ich schätze 3 Millionen Dollar in 9 Monaten ist nicht genug für dich. Du nanntest meinen Penis durchschnittlich. ... Du machst mich ständig vor meiner Familie, deiner Familie, deinen Freunden runter.«

Hallie: »Ich liebe dich. ... Ich will dich nicht runtermachen oder kleinmachen, dich dämonisieren oder isolieren. ... Ich will nicht über etwas streiten, das es nicht gibt. Bitte verschaffe dir ein wenig Klarheit.«

Nachdem seine chinesischen Partner verschwunden sind, flieht Hunter im April 2018 nach Los Angeles, aber streitet sich weiter per WhatsApp mit Hallie.

»Du bist krank, Hunter«, schreibt Hallie am 16. Februar 2018. »Du bist ausfallend und traurig. Ich vermisse dich. Nicht diesen bösen Menschen, der du jetzt gerade bist, aber den echten Hunter, der mich oder andere nie so behandeln würde. Du hast mich körperlich und psychisch misshandelt, Hunter. ... Ich erzähle es keinem, aber du kennst die Wahrheit. Es sei denn, du belügst dich selbst komplett in Bezug darauf, wer du geworden bist.«

• • • •

Im August 2018 bekommt eine Frau, die Hunter im vorangegangenen Jahr im Mpire Club in Washington unter dem Bühnennamen Dallas kennengelernt hatte, in Arkansas sein Baby.

Lunden Alexis Roberts, 28, reichte im folgenden Jahr eine Vaterschaftsklage ein. Nachdem ein Gentest bewies, dass er der Vater des Mädchens war, die in den Gerichtsakten »NJR« heißt, musste Hunter Unterhalt zahlen. Aber er hat sein Kind nie anerkannt.

»Hunter Biden hat ... drei Töchter und einen Sohn«, schreibt er im Klappentext seiner 2021 erschienenen Biografie, und lässt dabei sein viertes von fünf Kindern weg.

Von Roberts sagte er: »Ich kann mich an unsere Begegnung nicht erinnern.«

Der Laptop erzählt jedoch eine andere Geschichte.

Hunter kannte Roberts gut genug, um sie am 4. Juni 2017 in seine Kontakte aufzunehmen. 3 Monate später schmuggelte er sie spät in der Nacht durch die Hintertür in sein Büro in Washington – und zwar so oft, dass die Gebäudeverwalterin des House of Sweden monierte, er müsse seine Gäste beim Pförtner anmelden.

Hunter feuerte eine Tirade an die Gebäudeverwalterin Cecilia Browning zurück, die 1700 Worte lang war.

In dieser E-Mail vom 21. September 2017 beschrieb er Roberts als »die Basketballmentorin meiner jüngsten Tochter. Sie trainierte mit Maisy und Sasha Obama, als sie gemeinsam in der Freizeitliga spielten.«

Hunter fügte in der Anlage sogar eine »Teilbiografie« der Stripperin an, mit ihrer Basketballhistorie seit der High School.

»Lunden ist im letzten Semester ihres Studiums am Masterprogramm des Nationalen Strategieinstituts CSIS an der George Washington University, wo sie die Beste ihres Jahrgangs ist«, so Hunter.

Seine Beziehung mit Roberts war also keine flüchtige Angelegenheit. Er traf sich mindestens 5 Monate lang heimlich mit ihr, bevor sie von ihm schwanger wurde.

Als sie im 7. Monat war, schrieb sie ihm, der Geburtstermin sei der »8.9.2018. Alles gut.«

Im nächsten Monat schickte sie ihm viermal dieselbe Nachricht: »Hab versucht, dich zu erreichen – du willst wohl nicht erreicht werden. Muss mit dir reden.«

Im Oktober versuchte er es ein letztes Mal mit Hallie. Aber nach dem Vorfall mit dem Revolver warf sie ihn raus.

»Ich habe keine Lust mehr, deine Ausrede zu sein, dem echten Leben, der Verantwortung, der Wirklichkeit und Nüchternheit aus dem Weg zu gehen«, schrieb sie ihm am 4. November 2018.

»Du kannst nicht hier aus- und eingehen und dich beklagen, dass du nicht involviert oder respektierst wirst. So wird dich niemand respektieren.«

Nachdem er Weihnachten dem Interventionsversuch seiner Eltern entkommen war, floh er nach New York, wo er im Januar 2019 im Yale Club landete.

Ein ehemaliger Mitarbeiter im Club sagte, Hunter sei dafür berüchtigt gewesen, »eine Menge Dinge zu tun, die man nicht tun darf, aber er ist ein VIP, deshalb kommt er damit durch. ... Sie decken so vieles für ihn.«

Hunters Drogendealer tauchten ständig auf, sagte die Zeugin. »Er bekam seine Drogenlieferungen um 2:00 Uhr morgens am Lieferanteneingang des Clubs. Er war total zugedröhnt und erschien in seiner Unterhose. ... Sehr stilvoll«, sagte sie sarkastisch.

Am 2. Januar 2019 konnte Hunter jedoch seinen Dealer Frankie nicht überreden, ihm seine Drogen zu bringen. Frankie sagte ihm, er solle ihn im Marquee Nachtclub in Downtown treffen.«

»Ich stehe vorm Marquee«, schreibt Hunter um 0:38 Uhr.

Franke: »Frag nach Jimmy.«

Hunter: »Hab ich. Sie sagten fick dich. Dann haben sie mich rausgeschmissen. Er hat mich beim Kragen gepackt und zu Boden geworfen. Ich lasse den Typen umbringen. Ich meine das ernst, Frankie. Der Typ ist tot.«

Frankie: »Ich komme raus.«

Hunter: »Wenn du mich so in Verlegenheit bringst, werde ich nie wieder mit dir reden, verdammt.«

Ein paar Minuten später schreibt Hunter: »Ich stehe immer noch hier, Frankie. Wenn du nichts zu sagen hast, gib mir einfach den Namen des Kerls, bitte.«

Am Nachmittag schreibt Hunter, er habe sich den Halswirbel verletzt. »Sieht so aus, ... als müsste ich operiert werden, also danke für dein Mitgefühl, Frankie.«

Am 4. Januar schreibt ihm Frankie, dass er ihm den Namen des Türstehers besorgt, der ihn offenbar verprügelt hat. »Er arbeitet beim Marquee und im Avenue. Die Betreiber sind Noah Tepperberg und Marc Packer.«

Nach einem Jahr voller Drogenexzesse und Verwahrlosung ist Hunter völlig fertig. Er ist paranoid und wütend auf die Welt. Sein Leben dreht sich nur um Crack und Viagra-verstärkten Sex mit Nutten, wobei er sich oft filmt.

Wir wollen hier feststellen, dass sich trotz gegenteiliger Behauptungen nichts auf dem Laptop befindet, das darauf hindeutet, dass Hunter Beziehungen zu Minderjährigen hat.

Es gibt in Hunters Fotodatenbank ein Bild eines jungen Mädchens oben ohne. Es ist ein verschwommenes Bild von drei Teenagern im Spiegel einer Schultoilette. Eine trägt Make-up auf, eine andere macht das Foto. Die Dritte zieht sich im Hintergrund an, eine Brust ist zu sehen.

Das Foto wurde mit Tausenden anderen auf ein gemeinsames iCloud-Konto hochgeladen, darunter auch Aufnahmen von Dutzenden von Kindern, die Sport treiben und mit Freunden herumalbern.

Als er das Foto entdeckte, machte sich Rudy Giuliani so große Sorgen, dass er es dem ehemaligen New Yorker Polizeichef Bernie Keric zeigte, der ihn warnte, der Besitz des Bildes könnte ein Verstoß gegen New Yorker Gesetze zu Kinderpornografie sein.

Das war der Anlass für Giuliani und Keric, im Oktober 2020 nach Delaware zu fahren und eine Kopie der Festplatte des Laptops an die Polizei auszuhändigen.

Besorgniserregend sind außerdem Nachrichten auf dem Laptop, in denen Hunter schreibt, eine Frau beklage sich, er habe sich in der Nähe ihrer Tochter »sexuell unangemessen« verhalten und sei vor dem Kind »nackt herumgelaufen«, habe »Pornos geguckt, onaniert und Drogen genommen«.

Abgesehen von Hunters Gejammer gibt es keine Beweise, die diese Behauptungen untermauern.

»Meine Mama erzählt (Joe), dass ich mich gegenüber ... (geschwärzt) sexuell unangemessen verhalte. Wie bestürzend ist das, wie unglaublich beschämend und demoralisierend für mich.«

Onkel Jim erwähnt die Anschuldigungen auch in einer Textnachricht. »Dein Vater wird wie ich von einer gewissen Person bombardiert. ... Wir vertrauen dir und stimmen dir zu. ... Wir brauchen noch einmal deine Version dieser Geschichte, damit wir sie ihr in den verdammten Hals stopfen können!!!«

Schließlich kursiert im Internet ein Foto, das eine angeblich minderjährige Frau beim Sex mit Hunter zeigt. Das Bild ist jedoch eines aus einer Serie auf dem Laptop, aus der hervorgeht, dass die Frau – bei genauerer Betrachtung – erwachsen ist.

Kinderschändung und Pädophilie sind schwerwiegende Vorwürfe, die alles andere in den Schatten stellen. Deshalb muss mit einer solchen Anschuldigung sehr vorsichtig umgegangen werden, auch um nicht von den anderen sehr realen Skandalen, die der Laptop dokumentiert, abzulenken.

• • • •

2 Wochen nach seinem 49. Geburtstag erzählt Hunter seiner Familie, dass er wieder in Therapie sei. Tatsächlich bewohnt er eine Reihe von billigen Hotelzimmern in New Haven, Connecticut, in der Nähe der Yale University. Joe Biden wird in 2 Monaten seine Präsidentschaftskandidatur 2020 bekanntgeben, aber sein Sohn ist eine tickende Zeitbombe.

Am 24. Februar 2019 ist Hunter stinksauer, als Joe Bidens Lieblingsjournalistin Maureen Dowd in der *New York Times* eine Kolumne mit der Überschrift »Onkel Joes Familienbande« veröffentlicht. Das zentrale Thema sind Hunters Probleme.

»Guten Morgen, mein wunderschöner Sohn«, schreibt ihm Joe. »Ich liebe und vermisse dich. Dad.«

Hunter legt los: »Tja, Dad, du hattest wohl recht. Wenn ich nur nicht ... klargemacht hätte, dass ich erst ein Jahr nach Beaus Tod mit Hallie zusammengekommen bin ... dann würde alles einfach so vorbeigehen, wie das dieses Genie Kate und alle anderen gesagt haben. Nachdem du klargemacht hast, dass du nur aufgrund deiner Familienprobleme nicht kandidierst, kann ich mich nur bedanken, dass du mir eine verdammte Zielscheibe auf den Rücken gemalt hast.«

»Ach ja, ... guten Morgen ... aus dem verdammten Entzug.«

»Kate« ist vermutlich Kate Bedingfield, Joe Bidens stellvertretende Wahlkampfleiterin.

Hunter wütet weiter: »Laut Maureen Dowd bin ich der Grund, warum du höchstwahrscheinlich verlieren wirst?«

Er zitiert seinem Vater aus Dowds Kolumne: »Es ist mehr als verständlich, dass Joe Biden, nachdem er so viele enge Familienmitglieder verloren hat, den problembeladenen Hunter nahe an sich binden will. Und er war zweifellos verärgert über die Scheidung, die in aller Öffentlichkeit ausgetragen wurde.«

Hunter ist außer sich: »Der problembeladene Hunter. Das kommt nicht nur von (seiner Exfrau) Kathleen. Das kommt von deinem Team. Sie stellen mich als den außer Kontrolle geratenen, problembeladenen, steuerhinterziehenden, sex- und drogensüchtigen Menschen dar, dem du so sehr helfen wolltest, aber nicht konntest. Sie haben mich einfach total abgeschrieben.«

»Und wenn du etwas anderes behaupten willst, weiß ich nicht, wie du das rechtfertigen willst. ... Die Wahrheit ist, Dad, wie du und Hallie gesagt haben, dass ich ein kaputter Junkie bin, dem man nicht vertrauen und den man nicht verteidigen kann.«

4 Stunden später schreibt Hunter wieder seinem Vater: »Wenn du nicht kandidierst, werde ich mich niemals rehabilitieren können.«

Joe: »Ich werde kandidieren, aber ich brauche dich dabei. Hallie hat unrecht.«

Als Nächstes wütet Hunter an Hallie: »Du scheinst dich sauber aus dieser Beziehung gelöst zu haben. Die Maureen Dowds und *Vanity Fairs* dieser Welt wiederholen nur die Schmutzwäsche, die du ihnen wieder und wieder bietest. ... Ich werde dir nie vergeben, dass du gesagt hast, du weißt nicht, was für beschissene Deals und was für anderen Scheiß ich getrieben habe. ... Ich habe noch nie in meinem Leben einen unehrlichen Deal gemacht. Ich bin der anständigste Mensch, den du je kennenlernen wirst. Und du redest von ›dubiosen Geschäften‹?«

Hallie: »Gut, dann wird es keine solchen Artikel mehr geben.«

Hunter: »Ja, genau so läuft das, Hallie. Wenn es nicht wahr ist, würden sie es doch nicht schreiben, oder? Alles, was je über mich geschrieben wurde, ist wahr, sonst hätten sie es doch nicht geschrieben. Klar.«

Hallie: »Hör damit auf.«

Hunter: »Du glaubst also, dass ich zugelassen habe, dass in Donetsk Kinder bei lebendigem Leibe verbrannt werden.«

Hallie: »Deine Nachrichten machen keinen Sinn.«

Hunter: »Oder dass ich Menschen in Peking habe ermorden lassen.«

Hallie: »Ich habe keine Ahnung, wovon du sprichst.«

Hunter: »Sie schreiben ständig darüber ... ich würde ein Verbrechensimperium betreiben.«

Hallie: »Bleib einfach nüchtern.«

Hunter: »Dass ich milliardenschwer bin. Dass ich den demokratischen Parteiapparat finanziere. Dass ich Chef der größten Mafiaorganisation der Welt bin, dass ich ein Verräter bin?«

Hallie: »Versuch einfach, nüchtern zu bleiben.«

Hunter: »Glaubst du, ich muss mich bei ihnen entschuldigen für den Schaden, den ich mit meinen ›dubiosen Deals‹ angerichtet habe? Vielen Dank noch mal für die Unterstützung. An diesem Tag hat Maureen Dowd mich bloßgestellt und als denjenigen hingestellt, der daran Schuld hat, ob er gewinnt oder verliert.«

Hallie: »Du siehst das immer noch falsch.«

Hunter: »Fick dich, fick dich, fick dich für immer.«

Hallie: »Igitt.«

Am Ende des Monats wechselt Hunter zwischen Hotels in Connecticut hin und her. Er nimmt Drogen und ignoriert die Textnachrichten seines Vaters.

»Bitte lass mich wissen, wo du steckst«, schreibt Joe. »Ich muss mit dir reden, über die Ankündigung der Kandidatur 2020 und was du dazu denkst. Ich liebe dich.«

Joe schreibt Hunter ein paar Wochen später: »Bitte ruf mich an, Dad.«

Hunter: »Ist es ein Notfall?«

Joe: »Nein, aber wichtig.«

Im März wohnt Hunter in einem Comfort Inn Motel in Naugatuck.

»Es braut sich eine Menge zusammen mit meinem Vater und dem Shitstorm, der sich anbahnt«, schreibt er an einen Freund. »Präsidentschaftskandidaturen sind wirklich die Hölle.«

Am 12. April 2019 liefert Hunter seinen Laptop mit einem Wasserschaden in der Apple-Reparaturwerkstatt von John Paul Mac Isaac in Wilmington ab, nur 5 Kilometer von Joe Bidens Haus entfernt, und kehrt nie dorthin zurück. Der hat damit die Lunte gelegt, die die Karriere seines Vaters zerstören könnte.

2 Wochen später kündigt Joe Biden seine Kandidatur für das Amt des Präsidenten der Vereinigten Staaten an.

Kapitel
21

Der Laptop aus der Hölle

»Dem Präsidenten ist sehr daran gelegen sicherzustellen, dass wir die ethisch zuverlässigste Regierung aller Zeiten haben.«
Pressesprecherin des Weißen Hauses, Jen Psaki, 29. Januar 2021

Es war kurz vor Ladenschluss an einem nieseligen Freitagabend, dem 12. April 2019, als ein heruntergekommener Mann, der nach Alkohol und Zigaretten stank, John Paul Mac Isaacs Computerladen in Wilmington, Delaware, betrat. Er hatte drei Laptops mit Wasserschäden dabei, die er repariert haben wollte.

Mac Isaac, ein sehbehinderter Albino, betreibt »The Mac Shop« in einem kleinen Einkaufszentrum in der Nähe von Janssen's Feinkost. Er war sehr gut darin, Computerprobleme herauszufinden und hatte auf Google nur 5-Sterne-Bewertungen. Er hatte keine Ahnung, dass sein Leben sich an diesem Tag für immer verändern würde.

Einer der Laptops, die sein Kunde dabeihatte, war irreparabel beschädigt. Beim zweiten war nur die Tastatur hinüber, also durchstöberte er seine Theke und fand eine neue Tastatur.

Der dritte Laptop konnte mit etwas Mühe repariert werden. Er stellte eine Auftragsbestätigung mit der Nummer 7469 aus und fragte den Mann nach seinem Namen.

»Biden.«

»Vorname?«, fragte Mac Isaac.

»Hunter«, antwortete der Kunde leicht genervt.

Hunter Biden unterschrieb die Auftragsbestätigung mit seiner typischen ausschweifenden Signatur und schrieb Telefonnummer und E-Mail-Adresse dazu. Die Signatur passt zu anderen Unterschriften von Hunter Biden, wie später verifiziert wurde.

An diesem Abend begann Mac Isaac, 44 Jahre alt, die Daten auf dem Laptop wiederherzustellen. Am nächsten Tag rief er Hunter an und bat ihn, eine externe Festplatte mitzubringen.

Hunter brachte ihm am nächsten Tag eine Festplatte. Mac Isaac sagte ihm, er würde die Daten des Laptops extrahieren und ihn anrufen, sobald er fertig wäre.

Aber Hunter betrat den Laden nie wieder.

Mac Isaac hat mehrmals versucht, ihn zu kontaktieren, damit er seinen Laptop abholt und die Rechnung von 85 Dollar zu bezahlt. Keine Antwort.

90 Tage nach der Ablieferung galt der Laptop und dessen Inhalt gemäß Auftragsvereinbarung als »vergessen« und wurde das Eigentum von Mac Isaac.

Im August hörte Mac Isaac, der die Republikaner unterstützte, von einem Telefonanruf zwischen Präsident Trump und dem ukrainischen Präsidenten Wolodymyr Selenski. Trump habe

Selenski gebeten, Hunter und Joe Bidens Geschäfte mit Burisma in der Ukraine zu untersuchen. Dieser Anruf sollte später Gegenstand eines erfolglosen Amtsenthebungsverfahrens gegen Donald Trump sein.

Der Firmenname »Burisma« kam Mac Isaac bekannt vor, nachdem er stundenlang den Inhalt des Laptops extrahiert hatte. Die Hardware war so stark beschädigt, dass der Laptop ständig neu gestartet werden musste, deshalb hatte er den Datenstrom immer sehr genau im Auge behalten müssen.

Er suchte nach dem Wort »Burisma«. Volltreffer. Er begann die Dokumente und E-Mails zu lesen, die auftauchten.

Er fragte seinen Vater um Rat, Steve Mac Isaac, einem US-Luftwaffenoberst a. D. Sie beschlossen, dass sein Vater eine Kopie des Laufwerks bei einer FBI-Außenstelle in Albuquerque, Neumexiko, abgeben würde. Doch dort wurde er abgewiesen.

Mitte Oktober rief das FBI wegen des Laptops bei Oberst Mac Isaac an, dann besuchte ein FBI-Agent seinen Sohn, um die Bedenken, die er hatte, zu besprechen.

Am 9. Dezember 2019 betraten die FBI-Agenten Joshua Williams und Mike Dzielak den Computerladen mit einem Gerichtsbeschluss und nahmen den Laptop und die Festplatte an sich. Um sich zu schützen, behielt Mac Isaac eine Kopie der Festplatte.

Im Januar 2020 begann das Amtsenthebungsverfahren gegen Donald Trump im Senat, während sich ein unbekanntes neues Virus aus Wuhan, China, auszubreiten begann.

Je länger Mac Isaac diesem Amtsenthebungsverfahren zusah, desto mehr war er davon überzeugt, dass das Burisma-Material auf dem Laptop von Bedeutung war. Er wunderte sich, warum das FBI nichts damit zu machen schien. Im Februar begann er, Kontakt zu republikanischen US-Abgeordneten zu suchen, wie Senator Lindsey Graham und dem Abgeordneten Jim Jordan.

Im August sah er den ehemaligen New Yorker Bürgermeister und Trump-Anwalt Rudy Giuliani im Fernsehen über Burisma sprechen. Als letzte Hoffnung schrieb er an eine E-Mail-Adresse, die er im Internet gefunden hatte.

Er schrieb am 27. April 2020 unter dem Betreff »Hunter Biden«: »Ich bin der Besitzer und Betreiber des Computerladens in Wilmington, Delaware. Am 12. April 2019 kam Hunter in meinen Laden und beauftragte mich, Daten von seinem Mac-Book Pro wiederherzustellen.«

»Ich habe die Daten seines Macs auf dem Server meines Ladens wiederhergestellt, und er brachte mir eine externe Festplatte vorbei, um die Daten zu transferieren.«

»Er ist nie wiederaufgetaucht.«

»Ich habe mehrfach versucht, ihm sein Eigentum zurückzugeben und mein Geld zu bekommen. Als die 90-Tages-Frist zur Pfändung der Festplatte um war, durchsuchte ich sie, um zu sehen, was drauf war. …«

»Als ich mich immer weiter einlas, begann ich zu begreifen, was ich da in Händen hatte, wer involviert war und auf welcher Ebene. Da beschloss ich, das Sicherste sei, das FBI anzurufen und ihnen den Laptop und die Festplatte auszuhändigen, damit ich meine Hände in Unschuld waschen und mich schützen konnte, falls jemand es auf den Laptop abgesehen hätte und hinter mir her sein sollte, da ich wusste, was da drauf war.

Das FBI kam tatsächlich, und … bat mich in den folgenden Tagen um Hilfe beim Zugriff auf das Laufwerk und bei Fragen zum Kabel, weil ihr Techniker sich mit Macs nicht auskannte.«

»Das war ein Warnzeichen. …«

»Außerdem sagten sie mir, dass Menschen nichts passiert, die bei solchen Angelegenheiten den Mund halten.«

»Da habe ich mir natürlich Sorgen gemacht. … Auf dem Laufwerk gibt es ziemlich belastende Videos.«

»Ich lebe und arbeitete in Wilmington, Delaware. Mein Leben und mein Geschäft hier wären zerstört, falls man herausfinden würde, worin ich verwickelt war.«

»Ich habe versucht, alles unter dem Teppich zu halten, aber ich habe das Gefühl, dass die Zeit knapp wird.«

Giulianis Anwalt Bob Costello, der dafür zuständig war, die vielen E-Mails auszusieben, die auf dem Konto des ehemaligen New Yorker Bürgermeisters eintrafen, fand Mac Isaacs E-Mail interessant.

Costello war ein hemdsärmeliger Typ mit einem rasiermesserscharfen Intellekt, der im Sommer 1971 Giulianis erster Werksstudent als Bundesstaatsanwalt im Distrikt New York Süd wurde und es zum stellvertretenden Leiter der Kriminalstaatsanwaltschaft New York brachte.

Costello erkannte Wahrheit und Lüge auf Anhieb.

Innerhalb von 2 Tagen ließ er sich die Festplatte per FedEx zu sich nach Hause auf Long Island schicken, wo sein technisch versierter Sohn Bobby ihm half, die Daten einzusehen.

(In diesem Buch werden die Begriffe »Laptop« und »Festplatte« gleichbedeutend verwendet. Eine Festplatte ist ein Speichermedium, das zum Beispiel in einem Laptop digitale Daten speichert. Eine externe Festplatte ist ein tragbares Speichermedium, das von außen an einen Computer angeschlossen werden kann, als zusätzlicher Speicher oder, um Daten als Backup zu sichern. Mac Isaac hat eine exakte Kopie von Hunter Bidens Laptop angefertigt und auf eine externe Festplatte in der Größe einer Zigarettenpackung gespeichert. Es war ein komplettes Backup von Hunters Laptop – samt Betriebssystem, Boot-Informationen, Apps, versteckten Daten, Einstellungen und Präferenzen, Fotos, Videos, Musik, E-Mails, Kalender, Desktop, und so fort. Mit anderen Worten, wenn man diese Festplatte an einen Mac anschließt, hat man eine exakte Kopie von Hunter Bidens Laptop. Es ist wie eine Gehirntransplantation.)

Mehr als 3 Wochen lang unternahm Costello eine tiefgreifende Untersuchung der Daten auf der Festplatte und begann mit der Überprüfung des Materials. Dank ihres Hintergrunds als Ermittler konnten er und Rudy Giuliani mehrere mutmaßliche Straftaten erkennen.

Ende September kontaktierten sie Steve Bannon, Trumps Chefstrategen im Wahlkampf 2016, dessen Kenntnis der KPCh half, Hunters China-Connection zu analysieren.

• • • •

Es war Jom Kippur, der Tag der Buße, der 25. September 2020. An diesem Tag schreibt nach der jüdischen Tradition der Herrgott das Schicksal eines jeden Einzelnen für das kommende Jahr in das Buch des Lebens.

Emma-Jo Morris, die 27-jährige stellvertretende politische Redakteurin der *New York Post,* war ihres jüdischen Glaubens entsprechend zu Hause und fastete, als sie eine SMS von ihrem alten Freund Vish Burra erhielt, dem Produzenten von Steve Bannons einflussreichem Podcast *War Room.*

»Bannon meldet sich. Geh ran.«

Bannon ist ein etwas schlampig gekleideter, ehemaliger Marineoffizier, der zum Investmentbanker geworden war. Der 66-Jährige war der intellektuelle Taktgeber der populistischen, patriotischen Trump-Bewegung, der geholfen hatte, Donald Trump 2016 ins Weiße Haus zu katapultieren. Er war immer im Auge des politischen Sturms.

»Ich habe hier eine Story, die dein Leben verändern wird«, sagte ihr Bannon ein paar Minuten später am Telefon. »Ich habe Hunter Bidens Computer.«

Es war 5 Wochen vor der US-Präsidentenwahl, inmitten einer Pandemie, die Trumps Siegeschancen beeinträchtigt hatte.

In 2 Tagen fand die erste Präsidentschaftsdebatte statt. Bannon wollte, dass Morris ihm die Titelseite der *New York Post* versprach.

»Chill mal«, lachte sie. »Es gibt x Dinge, die wir machen müssen, bevor wir überhaupt daran denken, das zu drucken.«

In den nächsten Tagen wurde klar, dass Bannon den Laptop nicht selbst in seinem Besitz hatte.

Morris sagte ihrem Redakteur, dass sie dem Braten nicht traue. Warum sollte der Sohn eines Präsidentschaftskandidaten einen Laptop mit belastendem Material irgendwo vergessen?

»Wenn ihr mich verarschen wollt, bringe ich dich verdammt noch mal um«, sagte sie zu Vish Burra.

»Hör zu, es ist ganz einfach«, sagte er. »Du bist in einer schönen Gegend groß geworden. Ich bin mit lauter Cracksüchtigen in Queens aufgewachsen. Das ist genau das, was ein Cracksüchtiger macht. Er hat seinen Laptop vergessen, jetzt haben wir ihn. Guck ihn dir einfach an.«

Der Einzige, der zu diesem Zeitpunkt den Laptop hatte, war Costello, und der hielt sich bedeckt. Am 30. September fuhr Morris eine Stunde mit einem Uber nach Long Island, wo er ihr die belastenden E-Mails und Dokumente zeigte, die er in einem Monat forensischer Arbeit identifiziert hatte. Er gestattete ihr, einen Teil der Daten auf einen USB-Stick zu kopieren.

Dann begann die *New York Post* mit der aufwendigen Arbeit, die Daten vom Laptop unabhängig zu prüfen und Datumsangaben mit Hunters und Joe Bidens Kalendern abzugleichen.

Es war ohne Frage eine sensationelle Geschichte. Die Entscheidung, sie wenige Tage vor der Wahl zu veröffentlichen oder nicht, ging jetzt an die Anwälte.

Costello und Giuliani waren ungeduldig. Die zweite Präsidentschaftsdebatte war am 15. Oktober, und sie wollten, dass die Story vorher veröffentlicht wird.

Dann bekam Trump Corona und kam ins Krankenhaus. Die Zeit lief ihnen davon. Sie beschlossen, die Story einem zweiten Presseorgan anzubieten.

Doch vorher sagte Giuliani zu Costello: »Ruf Miranda an.« So erhielt ich Costellos Textnachricht am Freitagabend, den 9. Oktober.

Nach etlichen aufschlussreichen Telefonaten mit Giuliani und Costello zu ihren Beweisen für Korruption in der Familie Biden, schickte ich drei Bilder an den Redaktionsberater der *Post*, Col Allan, dem ehemaligen Chefredakteur, der mich vor einem Jahr an Bord geholt hatte.

»Riesenstory. Festplatte. 20 Tausend E-Mails und Fotos.«

»Ruf dich gleich an«, schrieb er zurück.

Der Australier Allan, der dienstälteste Redakteur des konservativen Verlegers Rupert Murdoch, ein Mann mit dem Herz eines Löwen, erkannte eine gute Geschichte.

Am nächsten Tag war die Post an Bord. Reporter telefonierten wie wild und klopften an Türen. Ein Fotograf wurde zum Computerladen nach Delaware entsandt, wo er den Gerichtsbeschluss des FBI und Hunters Unterschrift auf der Auftragsbestätigung abfotografierte.

Die Redakteure bestanden darauf, die komplette Festplatte in Händen zu haben, ehe die *New York Post* die Story drucken werde. Morris übermittelte Giuliani ihr Ultimatum: »Wenn Sie selektive Auszüge an die *Daily Mail* oder *Breitbart* geben wollen und eine halbseidene Geschichte machen wollen, bitte sehr. Aber wir machen das nur auf die seriöse Art.«

Morris saß an dem Nachmittag in Giulianis Wohnung am Upper East Side und wartete auf eine Kopie des Laptops. Eine junge

Dame führte sie in Giulianis Büro, wo er ihr einen Whiskey anbot. Ein paar Minuten später kam Bannon dazu. »Willkommen im siebten Kreis der Hölle«, sagte er und setzte sich.

Am Mittwoch, den 14. Oktober, veröffentlichte die *New York Post* den ersten einer Serie von exklusiven Berichten über die Inhalte des Laptops: eine E-Mail von Burisma-Manager Vadym Pozharskyi 2015, in der dieser sich bei Hunter bedankt, ihn seinem Vater vorgestellt zu haben. Diese E-Mail strafte Joe Bidens Behauptung Lügen, keine Kenntnis von den ausländischen Geschäften seines Sohnes gehabt zu haben.

»BIDENS GEHEIME E-MAILS – Enthüllt: Ukrainischer Manager bedankte sich bei Hunter Biden für Vorstellung bei Vizepräsident Biden«, so die Schlagzeile auf der Titelseite. Die Geschichte ging um 5:00 Uhr morgens New Yorker Zeit online und erschien den ganzen Morgen auf allen sozialen Medien.

6 Stunden später zog Facebook die Notbremse. Der Facebook-Kommunikationschef Andy Stone, ein ehemaliger Mitarbeiter der Demokratischen Partei, twitterte um 11:10 Uhr: »Während ich bewusst nicht zur *New York Post* verlinken werde, möchte ich betonen, dass diese Meldung noch von unseren unabhängigen Faktencheckern geprüft werden muss. Bis dahin beschränken wir die Sichtbarkeit auf unserer Plattform.«

Twitter zog bald nach und sperrte die Meldung auf der Plattform, unter dem Vorwand, es gebe Regeln gegen »gehacktes Material«. Das Twitter-Konto der *New York Post* blieb 2 Wochen lang gesperrt, bis kurz vor der Wahl.

Es war eine nie dagewesene, konzertierte Kampagne durch zwei der größten Internetriesen der Welt.

Nach der Wahl räumte der damalige Twitter-Chef Jack Dorsey ein, die Zensur sei »ein Fehler« gewesen und der Laptop sei kein »gehacktes Material« gewesen. Facebook hat sich nicht einmal die Mühe gemacht, die Ergebnisse ihres angeblichen Faktenchecks zu veröffentlichen.

Aber die Internetzensur hatte Erfolg. Die Unterdrückung der Laptop-Geschichte durch die sozialen Medien beeinflusste auch die klassischen Medien, die die Beweise als »entkräftet« oder »gehackt« abtaten oder einfach ignorierten.

Bei der CNN-Redaktionskonferenz an dem Tag, als die *Post* die Story brachte, wiesen der Chef Jeff Zucker und Politikchef David Chalian die Redakteure an, die Story zu diffamieren, wie von *Project Veritas* geleakte Aufzeichnungen enthüllten.

»Es versteht sich von selbst, dass wir die *New-York-Post*-Story über Hunter Biden nicht verfolgen«, so Chalian. »Unsere Linie ist, das ist vergleichbar mit Trumps Ukraine-Anschuldigungen, wegen derer er fast des Amtes enthoben wurde … der Senat hat das untersucht und fand nichts Falsches an Joe Bidens Geschäften in der Ukraine.«

Bei einer Redaktionskonferenz 2 Tage später nannte Zucker die Enthüllungen »die Hunter-Biden-Verschwörungsgeschichte von *Breitbart*, *New York Post* und *Fox News*.«

Der Todesstoß kam 5 Tage nach der ersten Veröffentlichung, von fünfzig hochrangigen ehemaligen Geheimdienstmitarbeitern unter der Führung des CIA-Chefs unter Obama, John Brennan, und Obamas Nationalen Geheimdienstleiter, James Clapper, einen offenen Brief unterzeichneten, der die *New-York-Post*-Geschichte als »russische Desinformation« brandmarkte.

Die Unterzeichner des Briefes, den Ex-Brennan-Mitarbeiter Nick Shapiro *Politico* überreichte, nutzten das institutionelle Gewicht ihrer früheren Funktionen, um zu behaupten, das enthüllte Material habe »alle klassischen Anzeichen« einer russischen nachrichtendienstlichen Operation« – obwohl keiner von ihnen das Material je gesehen hatte.

»Wir möchten betonen, dass wir nicht wissen, ob die E-Mails, die Präsident Trumps Anwalt Rudy Giuliani der *New York Post* zur Verfügung gestellt hat, echt sind oder nicht. Wir haben keine konkreten Beweise für eine russische Beteiligung«, so der Brief vom 19. Oktober. Aber »es gibt eine Reihe von Faktoren, die uns eine russische Beteiligung vermuten lassen.«

»Eine solche Operation würde sich mit russischen Zielen decken, wie kürzlich von den Nachrichtendiensten erläutert, politisches Chaos in den USA zu schaffen, politische Gräben zu weiten, der Kandidatur des ehemaligen Vizepräsidenten Biden zu schaden und die Kandidatur von Präsident Trump zu unterstützen. … Eine ›Operation Laptop‹ würde Sinn ergeben, denn die Veröffentlichung der E-Mails ist offenbar dazu gedacht, Biden zu diskreditieren.«

Der offene Brief bietet keinen einzigen Beweis für seine diffamierende Behauptung. Er kann damit selbst getrost als parteipolitischer Eingriff in den Wahlkampf gesehen werden, um die journalistische Arbeit der *New York Post* zu diskreditieren und andere Medien davon abzuhalten, der Sache nachzugehen.

Es war eine bemerkenswerte Intervention, vor allem, da die beteiligten Nachrichtendienstler von Hunter Bidens internationalen Abenteuern gewusst haben müssen, aber dieses Wissen eine große Motivation dargestellt haben muss, die Reportage der *Post* zu unterdrücken.

Auf seinen ersten Reisen in die ganze Welt wurde Hunter Biden stets vom Secret Service begleitet. Er verfügte über einen Zugang zu den innersten Zirkeln der Macht in China und Russland, für den jeder Spion töten würde.

Für Hunter gab es keine Grenzen. Keine Ausschweifung war zu dekadent, keine Perversion tabu, kein Risiko zu groß, es gab keine Regel, die er nicht ungestraft brechen konnte. Er verewigte jeden abgeschmackten, banalen Augenblick seines Lebens, als ob er Angst hätte, sonst nicht zu existieren.

Hunter schien jedoch einen Schutzengel zu haben, der ihn bei allen Exzessen immer vor dem totalen Absturz bewahrte, auch als er nach 2014 auf den Schutz des Secret Service verzichtete. Die US-Nachrichtendienste hatten den drogensüchtigen, weltbummelnden Sohn des Vizepräsidenten mit Sicherheit auf mannigfaltige, unbekannte Weise auf dem Schirm, und sei es nur deswegen, um ihn vor sich selbst zu schützen.

Der Brennan-Brief war jedenfalls 3 Tage vor der letzten Präsidentschaftsdebatte am 22. Oktober 2020 gegen einen aufgeheizten Donald Trump ein Rettungsanker für Joe Biden.

»Wenn diese ganzen Vorwürfe wegen Russland, Ukraine, China zutreffen ..., ist er ein korrupter Politiker«, grollte Trump. »Sie sagen, du bist ein korrupter Politiker, Joe. Guckt dir mal den ›Laptop aus der Hölle‹ an.«

Joe stützte sich ausschließlich auf den Brennan-Brief, um Trumps Angriff abzuwehren.

»Es gibt fünfzig ehemalige Geheimdienstler, die sagen, was er mir vorwirft, sei ein Plan der Russen. Vier, fünf ehemalige CIA-Chefs beider Parteien sagen, dass das totaler Unsinn ist. Niemand glaubt daran, bis auf ihn und seinen guten Kumpel Rudy Giuliani.«

Trump schoss zurück: »Ach, das ist jetzt seine Ausrede. Der Laptop ist eine russische Verschwörung? Das gibt's ja nicht. Jetzt geht es wieder los mit Russland.«

»Ihr wisst, wer er ist«, sagte Joe dem Publikum. »Ihr kennt seinen Charakter. Ihr kennt meinen Charakter. Ihr kennt meinen Ruf, ein Ehrenmann zu sein, der die Wahrheit sagt. ...«

»Der Charakter unseres Landes steht zur Wahl.«

In den Händen der Biden-Wahlkämpfer wurde der Brennan-Brief zu einer tödlichen Waffe gegen die Enthüllungen der *New*

York Post. Sie konnten damit das skandalöse Material auf dem Laptop ohne Beweise als Kreml-Propaganda abtun, ohne sich jemals inhaltlich damit auseinandersetzen zu müssen.

Bis zum Wahltag starteten sie damit eine vernichtende Medienkampagne, um die Wahrheit über den Laptop als Lüge zu diffamieren.

Der Vorsitzende der Demokraten im Repräsentantenhaus, Adam Schiff, nannte die Berichterstattung der *Post* Propaganda »aus dem Kreml«.

Brennan sprach mit dem Lieblingsjournalisten der anonymen CIA-Quellen, David Ignatius von der *Washington Post*: »Es gibt viele Fragen bezüglich dieser Geschichte in der *New York Post*, die angeblich aus E-Mails von Hunter Biden zitiert. Wie ich und viele andere meiner früheren Kollegen bemerkt haben, trägt die Geschichte alle Anzeichen einer russischen Desinformationskampagne.«

James Clapper nannte die Story gegenüber CNN ein »sowjetisches Kompromat wie aus dem Lehrbuch«.

Mit seinem unantastbaren Nimbus der Autorität war der Brennan-Brief der ultimative Freifahrtschein für die Bidens in ihrer Stunde der größten Not.

Hunter berief sich auch Monate später noch darauf, als er sein Buch auf einem Podcast des *Daily Beast* vorstellte.

Die Moderatorin Molly Jong-Fast stellte ihm die schwierigsten Fragen seiner Buchtour und zitierte dabei belastende E-Mails von dem Laptop.

Zu seiner Verteidigung benutzte er den Brennan-Brief. »Ich habe mich nicht zu sehr damit auseinandergesetzt, aber es gibt einen Geheimdienstbericht von all unseren Nachrichtendiensten, der zu dem Schluss gekommen ist, dass das von Anfang an eine russische Operation war.«

Die übrigen Medien nutzen den Brennan-Brief als Ausrede, nicht über den Laptop berichten zu müssen.

»Wir verschwenden unsere Zeit nicht mit Nachrichten, die keine wirklichen Nachrichten sind«, so der Chef vom Dienst bei National Public Radio, Terence Samuel. »Wir wollen die Leser und Zuhörer nicht mit Meldungen irritieren, die pure Ablenkung sind.«

Nach der *Post*-Enthüllung war Joe Biden erst einmal 3 Tage lang abgemeldet. Er flog für eine private Wahlkampfveranstaltung nach Detroit, und beantwortete am Abend kurz Reporterfragen am Flughafen.

»Mr. Biden, was sagen Sie zu der Geschichte über Ihren Sohn in der *New York Post*?«, fragte der CBS-Reporter Bo Erickson.

»Ich wusste, dass Sie das fragen. Ich habe keine Antwort. Das ist nur eine weitere Diffamierungskampagne. Genau Ihr Ding«, knurrte Biden.

Die Biden-Kampagne hat nie die Echtheit der E-Mails bestritten. Inoffiziell ließen sie die Reporter wissen, dass kein »offizielles Treffen« mit Burisma-Managern in Joe Bidens Kalender aufgeführt wurde.

In den Tagen nach der *Post*-Enthüllung nahmen die Google-Treffer für »Meine Stimme ändern« schlagartig zu, da viele Menschen in der Pandemie vorab per Briefwahl abgestimmt hatten. Doch sobald eine Stimme abgegeben wurde, kann man sie nicht mehr ändern.

Umfragen zeigen, dass die Wahl womöglich anders ausgegangen wäre, wenn die Wähler alle Details über die ausländischen Einflussvermittlungsgeschäfte der Familie Biden erfahren hätten.

Fast 50 Prozent der Biden-Wähler wussten nichts über den Inhalt von Hunter Bidens Laptop, wie Umfragen des Media Research Center zeigten. Fast 10 Prozent sagten, sie hätten Joe Biden nicht gewählt, wenn sie es gewusst hätten.

In den »Swing States« Arizona, Georgia, Michigan, North Carolina, Nevada, Pennsylvania und Wisconsin hätte diese Differenz womöglich für ein anderes Ergebnis ausgereicht.

Bei einem Vorsprung von nur 45 000 Stimmen in drei wahlentscheidenden Bundesstaaten kann man durchaus sagen, dass die Zensur der Hunter-Biden-Meldung in der *Post* eine Form von Wahlmanipulation darstellt.

• • • •

Nachdem er gesehen hatte, was auf dem Laptop war, fürchtete Mac Isaac um sein Leben, sagte er Bob Costello. Er machte sich Sorgen, dass er wegen seiner Sehbehinderung leichter auf dem Heimweg angegriffen werden könnte.

Wilmington war eine Biden-Stadt, und Mac Isaac wusste, dass es nur eine Frage der Zeit war, bis die Leute herausfinden würden, was er getan hatte.

Es brauchte enormen Mut, um mit solchen Beweisen von Korruption an höchster Stelle der USA an die Öffentlichkeit zu gehen, wie er es getan hatte, und es stellte sein Leben auf den Kopf.

Gewaltdrohungen zwangen ihn, seinen Laden zu schließen und den Bundesstaat zu verlassen. Er verklagte Twitter wegen übler Nachrede, da die Internetfirma mit seiner Zensurbegründung der Welt suggeriert hatte, er habe den Laptop gehackt oder sei ein Hacker.

Das Leben von Hunters ehemaligem Therapeuten Keith Ablow geriet ebenfalls in Aufruhr, als die Drogenbehörde DEA (Drug Enforcement Administration) im Februar 2020 seine Praxis in Newburyport, Massachusetts, durchsuchte.

Ablow wurde nie angeklagt, aber die Agenten beschlagnahmten einen zweiten Laptop, der Hunter gehörte, aus einem Safe in Ablows Keller.

Hunter hatte den Laptop vor einem Jahr bei Ablow hinterlassen, und wie in Delaware wiederholte Bitten ignoriert, den Laptop abzuholen.

• • • •

Ein dritter Laptop, der Hunter Biden gehörte, verschwand während eines 2-wöchigen Absturzes im August 2018, in Las Vegas, in der Zeit, als er sein Geld aus China mit beiden Händen unter die Leute brachte.

Hunter Biden behauptete, sein Laptop sei von russischen Drogendealern gestohlen worden, die ihn damit erpressen wollten. Zu der Zeit bewohnte er eine Penthousesuite im Palms Casino Resort für 10 000 Dollar die Nacht, mit einem Pool, der über den Rand des Gebäudes hinausragte. Hunter erwischte beim Feiern mit den Russen eine Überdosis und wäre fast ertrunken.

Das erzählte er zumindest 6 Monate später einer anderen russischen Prostituierten nach einer Sexsession, die er in einem Hotelzimmer auf einem anderen MacBook gefilmt hatte.

»Ich habe in Las Vegas wie verrückt Geld ausgegeben«, sagte er ihr.

»Nachdem ich 18 Tage lang in vier unterschiedlichen Hotels von Penthousesuite zu Penthousesuite gezogen bin und Tausende Dollars ausgegeben habe, wusste ich gar nicht, dass (der Russe) meine Kreditkarte hatte. Er sagte, wir bekommen auf die Suite 50 Prozent Rabatt. Toll, sagte ich. Dann erfuhr ich, dass es 10 000 Dollar die Nacht waren. Ich hab gesagt, wie bitte?«

Hunter vermutete, er sei unter Drogen gesetzt worden und bewusstlos geworden – was selten vorkam –, deshalb sei er bewusstlos im gläsernen Penthousepool hoch über den Dächern von Las Vegas gelandet. Es ist nur ein Beispiel, wie Hunter sich immer wieder in Gefahr brachte.

»Ich bin alleine zur Hot Tub rausgegangen, die über den Rand des verdammten Dachgeschosses hängt, mit Glas, es ist verdammt noch mal verrückt. Ich saß da und bin auf einmal bewusstlos geworden, was mir sonst nie passiert.«

»Als ich aufgewacht bin, war nur noch dieser Miguel da, der panisch herumgelaufen ist und Dinge aufgesammelt hat, und sein Kumpel Pierce …«

»Sie hatten alle rausgeschmissen und die ganze Suite aufgeräumt, und wollten gerade gehen, als ich wieder zu mir kam.«

»Da war so eine 35-jährige russische Brünette, sehr nett … Sie wollte nicht gehen … Sie wollten keinen Krankenwagen rufen, aber sie wussten zuerst auch nicht, ob ich tot oder am Leben war. Ich lag mit dem Gesicht nach unten im Wasser, hab nicht geatmet. Sie wussten nicht wie lang …«

»Also, mein Computer war weg, das war echt verrückt, jemand hat ihn mitgehen lassen. Und sie taten so, als ob sie danach suchten und so. Ich glaube, er war das – der Dealer und seine beiden Kumpels. Ich habe sie überallhin mitgenommen. Verdammt verrückte Dinge. Sie haben Videos von mir bei verrücktem Sex.«

Die Prostituierte versicherte ihm, wenn sie die Videos veröffentlichen wollten, hätten sie es schon gemacht.

Aber Hunter sagt: »Nein, nein, nein, mein Vater kandidiert für das Amt des Präsidenten. Das tut er. Ich rede ständig darüber … Die Russen wissen auch, dass ich ein Vermögen verdiene.«

Sie fragt: »Du meinst, sie wollen dich erpressen?«

Hunter: »Ja, irgendwie.«

Er war am Tag zuvor in seinem Porsche von Los Angeles nach Las Vegas gefahren. Ein Foto des Armaturenbretts zeigt, dass er um 00:19 Uhr in der Nacht bei Jean, Nevada, mit 280 km/h auf der Las Vegas Freeway fuhr.

Um 14:00 Uhr war er im Palms eingecheckt und bestellte eine Riesenmahlzeit aufs Zimmer, mit Waffeln, Suppe und Pizza. Er legte seinen Penis darauf und machte Fotos davon.

Am selben Tag schickte er eine E-Mail an seinen Kundenbetreuer bei der Wells Fargo Bank und wies ihn an, seinem Onkel Jim 96 000 Dollar zu überweisen.

In der Nacht textete er mit einer Prostituierten, die als »Cheryl Vegas« in seinem Adressbuch steht.

»Ganz ehrlich, Süßer, das Problem ist, du hast zu viele Mädchen dort. Ich verstehe ja, dass du gerne viel Mädchen um dich rumhast, aber mach eine nach der anderen. Maximal zwei, aber bestelle die zweite nur für 1 Stunde oder so. Ich will dir nicht vorschreiben, was du tun sollst, aber ich mag dich, und ich will nicht, dass du ausgenutzt wirst.«

Er antwortete: »Ich will, dass du kommst, aber ich spiele keine Spielchen, wer geht und wer bleibt. Wir sind hier nicht im Dschungelcamp.«

• • • •

Nicht lange, nachdem er seinen Laptop in Mac Isaacs Reparaturladen abgeliefert hatte, flog Hunter wieder nach Los Angeles und checkte im Petit Eremitage ein, einer kleinen, feinen Edelabsteige in West Hollywood. Dort setzte er seinen Absturz fort, bis er ein Blind Date mit der schönen südafrikanischen Filmemacherin Melissa Cohen hatte.

Es war Liebe auf den ersten Blick. Sie nahm ihn mit nach Hause, warf seine Drogen weg, konfiszierte seinen Laptop und »pflegte mich wieder ins Leben zurück«, wie er in seiner Autobiografie schrieb. 7 Tage später heirateten sie.

Sie bekamen im März 2020 einen Jungen, Beau Jr. und mieteten ein Haus in Malibu, für 20 000 Dollar im Monat, mit Atelier, wo Hunter eine neue Masche erfand, um von reichen Spendern Geld zu bekommen: Er wurde Künstler. Hunter blies Öl- und Acrylfarben auf Leinwand und verkaufte sie über eine New Yorker Galerie an anonyme Kunden für bis zu 500 000 Dollar.

Hinter den Kulissen wurden die Bundesbehörden langsam aktiv. Im Zuge des Prozesses gegen Devon Archer begann die Wertpapierbetrugsabteilung der Bundesstaatsanwaltschaft New York Süd 2019 gegen Hunter Biden zu ermitteln, wie *Politico* berichtete.

Auch in Delaware und Washington begannen Ermittlungen wegen Steuerhinterziehung und Geldwäsche sowie wegen Hunters problematischen Beziehungen zu ausländischen Geschäftsleuten. Im Distrikt Pennsylvania West begann eine Bundesermittlung gegen Onkel Jim.

Aber niemand erwartete schnelle Ergebnisse.

Hunter war extrem erleichtert, als sein Vater 2020 zum Präsidenten gewählt wurde.

»Ein Sieg Donald Trumps erschien mir nicht nur eine Bedrohung der Demokratie, sondern auch meiner persönlichen Freiheit«, schrieb er in seiner Biografie. »Wenn mein Vater nicht gewonnen hätte, hätte mich Trump sicher weiterverfolgt.«

Hunter war »100 Prozent sicher«, dass die Ermittlungen des Justizministeriums keine Ergebnisse zeitigen würden. Und wenn doch, konnte sein Vater ihn immer noch begnadigen.

4 Tage nach der Wahl spazierte Hunter mit Joe auf eine Bühne in Wilmington, bei einer Siegesfeier, während die Anwesenden in ihren Autos saßen, um die »Abstandsregeln« einzuhalten. Er umarmte seinen Vater stolz und blickte siegessicher über das Publikum, als ob er sich seiner Unbesiegbarkeit versichern wollte.

Er war wieder im Schoß seiner Familie, bald wieder ein Prinzling im Weißen Haus, der engste Berater des Präsidenten, der an

Bord von Air Force One um die Welt jettete, die Welt zu seinen Füßen.

Wie früher. Nur besser.

Hauptakteure

Joe Biden,	geb. 1942, 46. Präsident der Vereinigten Staaten von Amerika, ehemaliger Vizepräsident und Senator.
Hunter Biden,	geb. 1970, Sohn des amtierenden Präsidenten.
Kathleen Biden,	geb. 1970, Hunters Ex-Frau.
Naomi Biden,	geb. 1994, Tochter von Hunter und Kathleen.
Finnegan Biden,	geb. 2000, Tochter von Hunter und Kathleen.
Maisy Biden,	geb. 2001, Tochter von Hunter und Kathleen.
Beau Biden,	geb. 1969, Bruder von Hunter, Generalstaatsanwalt von Delaware, gest. 2015.

Hallie Biden, geb. 1974, Witwe von Beau, Hunters Geliebte.

Natalie Biden, geb. 2004, Tochter von Beau und Hallie.

Hunter Biden II, geb. 2006, Sohn von Beau und Hallie.

Jill Biden, geb. 1951, First Lady, Joes zweite Frau seit 1977.

Ashley Biden, geb. 1981, Tochter von Joe und Jill, Hunters Halbschwester.

Melissa Cohen, geb. 1982, Hunters zweite Frau.

Beau Biden, geb. 2020, Sohn von Hunter und Melissa.

James »Jim« Biden, geb. 1949, Joes Bruder.

Valerie Owens, geb. 1945, Joes Schwester, die Hunter und Beau aufgezogen hat.

Frank Biden, geb. 1953, Joes Bruder.

Sara Biden, geb. 1959, Jims Frau.

Caroline Biden, geb. 1987, Jims Tochter, Hunters Cousine.

Missy Owens, geb. 1976, Vals Tochter, Hunters Cousine.

Casey Owens, geb. 1981, Vals Sohn, Hunters Cousin.

Jean Finnegan Biden,	geb. 1917, Joes Mutter, »Mom-Mom« genannt, gest. 2010.
Neilia Hunter Biden,	geb. 1942, Joe Bidens erste Frau, Mutter von Beau, Hunter und Naomi, gest. 1972.
Naomi Biden,	geb. 1971, Hunters Schwester, gest. 1972.
Lunden Alexis Roberts,	geb. 1991, ehemalige Stripperin, strengte eine Vaterschaftsklage gegen Hunter an.
»NJR«,	geb. 2018, Hunters Tochter laut Vaterschaftstest.
Devon Archer,	geb. 1973, Hunters Partner, ehemaliger Berater von Senator John Kerry.
Chris Heinz,	geb. 1973, Hunters und Archers Partner, John Kerrys Stiefsohn, Erbe von Heinz Ketchup.
Tony Bobulinski,	geb. 1972, Hunters Partner, ehemaliger Nukleartechniker bei der Navy, CEO von SinoHamk.
James Gilliar,	geb. 1964, Hunters Partner, britischer Geschäftsmann in der Tschechischen Republik.
Rob Walker,	Familienfreund der Bidens, ehemaliger Clinton-Mitarbeiter.

Jeff Cooper,	Biden-Großspender, Asbest-Abmahnanwalt.
Eric Schwerin,	Hunters Partner, Präsident von Rosemont Seneca.
James Bulger,	Hunters Partner, Neffe des Bostoner Mafiosi »Whitey Bulger«.
Michael Lin,	geb. 1962, Taiwanese, Bulgers Partner in Peking.
Jonathan Li,	Partner von Archer und Hunter in chinesischer Investmentfirma BHR Partner.
George Mesires,	geb. 1969, Hunters Anwalt und Freund.
Keith Ablow,	geb. 1961, Hunters Freund und Psychologe.
Elena Baturina,	geb. 1963, russische Oligarchin, Witwe des Moskauer Bürgermeisters.
Mykola Slotschewskyj,	geb. 1966, ukrainischer Oligarch mit Russland-Verbindungen, Burisma-Eigentümer.
Vadym Pozharskyi,	geb. 1979, Slotschewskyjs Stellvertreter.
Viktor Shokin,	geb. 1952, ehem. Generalstaatsanwalt der Ukraine, auf Druck von Joe Biden 2016 entlassen.

Ye Jianming,   geb. 1977, »Vorsitzender Ye«,
Milliardär und Gründer
von CEFC, verhaftet und
verschwunden in China.

Zang Jianjun,   »Direktor Zang«, CEFC Geschäfts-
führer, hochrangiger Kader der
Kommunistischen Partei Chinas
(KPCh).

Patrick Ho,   geb. 1949, Yes Stellvertreter,
2017 in New York verhaftet und
2020 abgeschoben.